JN250759

筑摩選書

境家史郎
Sakaiya Shiro

憲法と世論

戦後日本人は憲法とどう向き合ってきたのか

憲法と世論　目次

はじめに　011

第1章　「世論」不在の憲法論争？　019

パンドラの箱／改憲論争の「波」／憲法論争における重大な欠落／調査結果の不適切な引用／無視できない質問形式の違い／調査法の変化という問題／解釈が難しい「憲法改正に賛成か」型の質問／前例のない網羅的な検討／憲法論争・世論・世論調査の相互作用／誰がなぜ改憲に賛成してきたのか／日本人の憲法観はどれだけ安定的か

第2章　改憲論優位の時代――占領期から「逆コース」の時代へ　051

一般改正質問と九条改正質問／戦後史の時代区分

1　九条「神話」の誕生――占領改革の時代　057

新憲法の誕生／日本の民主化と世論調査／占領下の憲法意識調査／新憲法はどう受け止められたか／象徴天皇制への支持／占領期の九条評価は不明

2　改憲論から慎重論へ――「逆コース」の時代　072
再軍備と主権の回復／内外からの改憲圧力と吉田政権／五五年体制の成立／五〇年代改憲運動の衰退／五〇年代の新聞論調――改憲論から慎重論へ／五〇年代の憲法意識調査／国民は九条をどう評価したか／一般改正質問への賛否／なぜ改憲は実現しなかったのか

第3章　脱イデオロギー化する憲法問題――高度成長期から五五年体制の崩壊へ　103

1　「戦後憲法体制」の確立――高度成長の時代　104
チェンジ・オブ・ペース／六〇年代改憲運動／「自民党システム」の完成／「正式の軍隊を持つための改憲」賛成派の減少／護憲派も改憲派も増加――一般改正質問への回答の変化／「戦後憲法体制」への国民的合意

2　憲法体制と世論の転機――五五年体制の崩壊　123
八〇年代における保守回帰／湾岸危機の衝撃／九〇年代改憲論の特徴／五五年体制の終焉／九〇年代後半の国家的危機／一九八〇～九〇年代の憲法意識調査／「九条維持志向」の飽和――八〇年代の九条意識／湾岸危機と九条意識／「自衛隊海外派遣のための改憲」賛成派の増加／一九九二年という転換点――一般改正質問への回答の変化／九条問題への関心の低下／体制改革機運と改憲志向／改憲意識の多面化

第4章　瓦解する「改憲派連合」——小泉改革から政権交代の時代へ　155
1　二〇〇〇年代の憲法政治　156
小泉改革の時代／安保問題の再争点化／二〇〇〇年代初頭の改憲論／ポスト小泉政権の蹉跌／民主党の路線転換／民主党政権への期待と失望／「危機の時代」の再来／改憲論の再燃／第二次安倍政権の誕生
2　退潮する改憲志向——二〇〇〇年代の憲法意識　178
激増する世論調査とその背景／「改憲派連合」の瓦解——一般改正質問への回答の変化／九条問題の再争点化／九条改正派減少のメカニズム／その他の改正論点への賛否／政権交代と改憲志向／転機としての小泉改革期
第5章　誰がなぜ改憲に賛成してきたのか　205
改憲機運が高まった五〇年代／初期改憲派の肖像／支持政党別に見る改憲志向／戦前的世界への郷愁／高度成長期における改憲派の特徴／「革新主義的改憲派」の意図／転換期としての九〇年代／「新党」支持者と改憲志向／国際貢献と改憲志向／体制改革運動としての改憲論／「革新主義」者の二極分化／九条の再争点化が進むゼロ年代以後／二大政党支持者の憲法意識／政権交代と改憲志向／「体制改革フレーム」から「防衛政策フレーム」へ

第6章　憲法意識の安定性と変化のしくみ　249
有権者は「定見」を持つのか／回答はなぜブレるのか／憲法意識の安定性を問う／世論の変化は漸進的／変化しやすい個々人の意見／政治家と一般有権者を比較する／「憲法改正」とその他の争点を比較する／誰の憲法意識がより不安定なのか／憲法に関する知識量を問う／知識量と意見の安定性はどう関係するか／有権者の意見を左右する「情報環境」／読売新聞「改憲キャンペーン」の検証／憲法意識の普遍性と特殊性／「合理的」な世論

第7章　憲法と世論のゆくえ　289
変容する憲法体制と、不変の憲法典／エリート間論争と世論／「継続性」と「具体性」のある世論調査を／改憲発議の条件

付録　世論調査データの収集方法　305

あとがき　311

参考文献一覧　314

憲法と世論

戦後日本人は憲法とどう向き合ってきたのか

はじめに

二〇一六年に行われた参議院選挙の結果、改憲を容認する勢力が伸長し、衆参両院で三分の二以上の議席を占めることになった。憲法改正の発議に必要な議席数を得たことで、かねてから改憲を持論としてきた安倍晋三首相は、その実現に向け改めて強い意欲を示すようになっている。与党内では目下、一八年中の改憲発議、二〇年からの改正憲法施行を目標に、改正案の具体化が進められようとしている。今年（二〇一七年）は現憲法施行から七〇周年の節目にあたるが、改憲に向けた手続きがこれほど具体的に進展したことは、これまで一度としてなかったといっていい。

こうした状況に刺激されてであろう、このところ、憲法について論じる著作がつぎつぎに出版されている。そのほとんどは、専門的な立場から、「なぜ憲法を変えるべきなのか（変えるべきでないのか）」を示そうとしたものである。言い換えれば、そこではもっぱら「憲法をどのようにみるべきか」が議論の焦点となっている。

こうしたなかで、本書が目指すのは、憲法改正論議に新たな視点を加えることである。具体的には、一般の有権者が「憲法をどのようにみてきたか」を、様々な角度から明らかにしていきたい。日本人はこれまで、どのように日本国憲法と向き合ってきたのか。憲法をめぐる世論の動きやその性質を明らかにすることで、現在の、あるいは将来にわたる有権者の意思を考える手がかりを得たいのである。

憲法改正問題を論じるうえで、世論の動向を無視してよい、と考える人はまずいないだろう。改憲の成否を最終的に決めるのは国民投票、すなわち一般有権者の意思である以上、当然のことである。にもかかわらず、従来の改憲論争において、「世論をふまえる」という視点はあまりにも希薄であった。有権者の政治意識を専門とする研究者においてさえ、この問題について本格的に取り組んだという例を筆者は知らない。実際、戦後の各時期において「誰がなぜ改憲に賛成していたのか」という（素朴な）疑問すら、これまで体系的に明らかにされたことはなかった。

憲法典やその運用のあり方を有権者がどうみているか（本書ではこれを「憲法意識」と呼ぶ）、真正面から検証する試みが現れないのは、世論を理解することが、特別な準備や知識を必要としない、ごく簡単な作業だと考えられてきたためかもしれない。有権者の意向を知りたければ、直近に行われた大手報道機関の世論調査の結果を一瞥すれば十分ではないか――このように考えられてきたのではないか。しかし、世論について正確に把握することは、片手間でできることではなく、むしろ難題中の難題といってよいのである。

最近の調査から例を挙げよう。二〇一七年五月に行われた朝日新聞の全国世論調査によると、改正憲法の二〇年施行を「目指すべき」とした人は一三％にすぎず、大多数（五二％）は「時期にこだわるべきではない」としている（朝日新聞二〇一七年五月一六日付）。ところが、ほぼ同時期に行われた読売新聞の調査によると、二〇年施行について賛成四七％、反対三八％となっており、肯定派のほうが多い（読売新聞二〇一七年五月一五日付）。大手新聞二社の間で、この問題に対する世論の評価は真逆になっているのである。

これは、いずれかの新聞社が意図的に手を抜いて調査を行ったり、ましてデータを捏造したりした結果ではあるまい。現実にはむしろ、どの報道機関の調査部も世論の「実態」に迫ろうと、日々工夫を重ね、巨額の費用をかけ、誠実に調査に取り組んでいる。その意味で、どの調査もそれぞれ価値ある情報を含んでいるはずである。

しかし、調査機関ごとに結果が正反対になるような状況が現にあり（こうした調査結果の不整合はけっして珍しくはない）、しかもどれがより適切な調査かを判断する決め手に欠くとすれば、結局のところ我々は、世論の実像について何もつかめていないに等しいのである。ある調査結果を「つまみ食い」的に引用して世論を語り、それが別の調査結果にもとづく異なる議論と対立した場合、水掛け論に終わるほかないだろう。こうした状況では、政治家から「国民の真意がどこにあるか判断しにくい」（野田佳彦元首相による二〇一七年五月一五日発言）といった声が上がるのも無理のないことで、世論をめぐる理解の混乱は、憲法論議を深めるうえでも支障となっている。

では憲法をめぐる世論について、多くの人が納得、あるいは共有可能な理解・解釈にたどりつくには、どのようなアプローチを採ればよいのだろうか。あるいはそもそも、そうした理解・解釈にたどりつくことは可能なのだろうか。世論調査といういいかげんな方法で、有権者の「真の意思」に迫ることは不可能なのではないか。本書で答えていきたいのは、こうした疑問についてなのである。

本書のもうひとつの狙いは、日本人の憲法観を精査することを通して、戦後政治そのもののイメージを刷新することにある。この本で扱われる時代の範囲は、一九四五年から二〇一六年に至るまで、つまり第二次世界大戦後の全史である。こうしてみると本書は、戦後政治全体をひとつの角度から切り取った通史として読むことも可能だろう。

民主主義国における政治の営みを理解するには、政治家・政党といったエリート層の言動だけでなく、その背後にある有権者の意思にも目を配ることが欠かせない。とりわけ、国民が憲法——政治という「ゲームのルール」そのものを定める基本制度——についてどのような見方をしてきたのかは、戦後日本の政治社会の特質を考えるうえでも重要な視点であるに違いない。

第二次大戦後、占領軍と歴代政権によって構築されてきた「この国のかたち」（憲法典およびその実際的な運用のあり方）と、一般国民の理想とするそれは、どれだけ合致していたのか。これは、戦後の日本政治が、実質的にどれだけ民主主義的に運営されてきたのかに関わる大きな問題である。

もちろん、戦後日本人の憲法観について、今まで何も論じられてこなかったというわけではない。実際にはその逆で、じつに多くの歴史学者や批評家が、各時代の社会的風潮を表す象徴として、有権者の憲法意識について語ってきた。しかし残念ながら、そうした議論には、世論調査を「つまみ食い」的に利用するにとどまるものが多く、それゆえに強引な世論の解釈に終わっているものが少なくない。

そのようにして流布された「神話」の最たるものとして、「憲法制定当初から九条は圧倒的多数の国民から支持されていた」とか、「高度成長期を通し、改憲を望ましいとする有権者は減る一方だった」といった見方を挙げることができる。これらは占領期〜高度成長期に関する定型的なイメージとして、こんにち多くの人に共有されており、「憲法をどのようにみるべきか」を論じる専門家たちもその例外ではない。ところが、本書のなかで明らかにしていくように、じつはこうした主張を支える証拠はきわめて不十分であり、おそらくは誤った認識なのである。

こうした歪んだ世論「理解」にもとづいて、これまで戦後日本政治のイメージが構築されてきた。例えば先の「神話」を信じた場合、「一九五〇年代初頭に高まった政界での改憲運動は、世論を軽視した右翼政治家たちによる反動的暴走にすぎず、それゆえに挫折した」、「五五年体制の時代、社会党は護憲論を頑固に貫いたにもかかわらず万年野党の地位に甘んじた」といった歴史観を招来することになるだろう。しかしこれらの見方は、その前提となっている世論の理解の仕方があやしい以上、疑問とせざるを得ない。

本書で刷新を目指すのは、まさにこうした先入観にもとづく戦後政治の虚像なのである。安倍首相は、憲法改正による「戦後レジームからの脱却」が必要だと繰り返し述べている。この主張に同意すべきか否かを判断する前提として、まずこの「レジーム」は実際のところどのような体制であったのか、また肝心の国民はそれをどう評価してきたのかを十分にふまえるべきであることは、言うまでもあるまい。

以上のような問題意識にもとづき、本書では、戦後に行われた世論調査の集計結果（一二〇〇件超）を網羅的に収集・総覧し、日本国憲法をめぐる世論の推移を七十余年にわたって追った。同時に、有権者調査の個票データ（調査の集計結果ではなく、各個人の回答そのものに関するデータ）を分析することで、各時期における「改憲派」の特徴を明らかにし、憲法意識の変化のしくみについて探った。このようなアプローチで書かれた本は、これまで一冊としてなかったと自負している。

本書全体の構成にもふれておこう。第1章ではまず、有権者の憲法意識について、実証的かつ包括的に検討する必要があることを改めて詳述する。そのうえで、本書の目的を実現するための具体的方策について考えていきたい。

第2～4章では、戦後に行われてきた憲法意識調査の集計結果を網羅的に検討し、日本人の憲法観の変遷を追う。第2章では一九五〇年代まで、第3章では九〇年代までを扱い、第4章で二〇〇〇年代以降の状況を議論する。各調査の結果を解釈するうえで重要なのは、その調査がなされた時期の歴史的な文脈を十分にふまえることである。そのため、これらの章では、戦後の各時期の社会的・政治的状況や、憲法をめぐるエリート間論争のあり方、さらには世論調査法の技術的な変化についても慎重に確認しながら議論を進める。

第5章では、公開されている個票データの分析を行い、どのような有権者層に改憲意識が強かったのかを時期ごとに示していく。各時期の改憲派の特徴（性別・年齢層といった社会的属性、支持政党・イデオロギーといった政治的志向）を明らかにすることは、世論の長期的な変化の要因について理解を深めるための手がかりにもなる。結論としては、集計レベルのデータ（世論調査の集計結果）にもとづいた第2〜4章の歴史記述が、個人レベルのデータの分析結果とも整合的であることが示されよう。

第6章では、一九九〇年代以降のパネル・データ（同一回答者に対して複数時点で調査を行ったデータ）を分析し、有権者個々人の憲法意識の安定性や短期的変化のメカニズムを検討する。あらかじめ結論を述べておけば、有権者の憲法に関する意見は、（おそらく読者が想像する以上に）短期的に大きくブレるものである。ただその一方で、有権者の憲法意識の動きはまったく説明・予測不能というわけではなく、少なくとも集団としてみれば、憲法をめぐる文脈（国際情勢・国内の社会経済状況）の変化に応じて十分「理にかなった」動きをしていることが示されよう。この結果こそ、筆者が世論調査を価値あるものと信じ、憲法論議にも活かすべきだと考える根拠なのである。

第7章は本書全体の結論となる章である。ここまでで得られた実証的な知見にもとづき、今後の憲法論議の発展に向けていくつかの提言を行いたい。

第1章

「世論」不在の憲法論争?

パンドラの箱

日本国憲法が制定されてから七〇年が経過した。

一国の政治体制の大枠を定める憲法は、おそらくどの国のどの時代のものであれ、全国民から祝福を受けて誕生するようなものではない。日本国憲法もまた、内容の是非が問われたことはもちろん、その出自自体の正統性が疑われた——いわゆる「押しつけ憲法」論——点で、生まれながらに大きな傷を負っていたといっていい。しかし同憲法は、誕生当時の姿を完全に保ったまま、結果として戦後七〇年もの月日を生き永らえた。制定以来ひとつの微修正もないまま、これほどの長きにわたって維持された憲法典は、もはや国際的にも歴史的にも稀有な存在である。[1]

日本国憲法の廃棄や修正を求める声はつねにあった。それどころか、「五五年体制」と呼ばれる時代、政権の座にありつづけた自由民主党自体が党是として憲法改正を掲げていたのである。しかし他方で自民党政権は、実際には真正面からこの問題に取り組もうとしたことはほとんどなかった。改憲問題は、「保守」「革新」と呼ばれた二つの政治勢力を分かつ中心的争点であったにもかかわらず——あるいは中心的争点であったからこそ——、歴代政権はその顕在化を慎重に避けた。

一九六〇年、岸信介首相は安保闘争の収束と引き換えに辞任を余儀なくされ、悲願の改憲に向けて踏み出すことができなかった。後を継いだ池田勇人は「寛容と忍耐」をスローガンに掲げ、改憲問題を含む保革対立争点の棚上げを図った。佐藤栄作以降の歴代首相も、憲法問題をタブー視する池田路線を継承していく。七〇年代になると、自民党内で改憲の旗印を下ろすことさえ真剣に検討された。八〇年代、「戦後政治の総決算」を掲げた中曽根康弘ですら、首相在任中の改憲争点化は断念せざるをえなかった。自民党政治の長期安定の陰で、憲法には指一本触れることさえ禁じられたようであった。

こうした状況が、近年大きく変化している。自民党は二〇一二年、全条項にわたる修正案を備えた「日本国憲法改正草案」を発表した。この改憲案は、天皇元首化や国防軍設置などを謳《うた》い、同党が過去に示してきた構想と比べても復古調のとくに強いものである。同年末に首相の座に就いた安倍晋三は、在任中の改憲実現を目指すと繰り返し公言している。加えて一六年参院選の結果、改憲を容認する勢力が衆参両院で三分の二の議席数を超えることになった。これは憲法九六条で定める憲法改正発議の条件が満たされたことを意味した。発議後の国民投票に必要な手続きを定める法律（国民投票法）はすでに〇七年に整備されている。国会では一一年以降、憲法審査会が開かれており、改正項目の絞り込みが視野に入れられている。半世紀以上にわたり封印されてきた「パンドラの箱」が開けられようとしている。[2]

1――日本国憲法は現存する無修正成文憲法として世界最古のものである（McElwain and Winkler 2015）。興味深いことに、「不磨の大典」として一八九〇年から五七年間施行された明治憲法もまた、近代憲法史上きわめて長寿な部類に入る。

図1－1　憲法改正に関連する国会発言／全国紙報道件数の推移

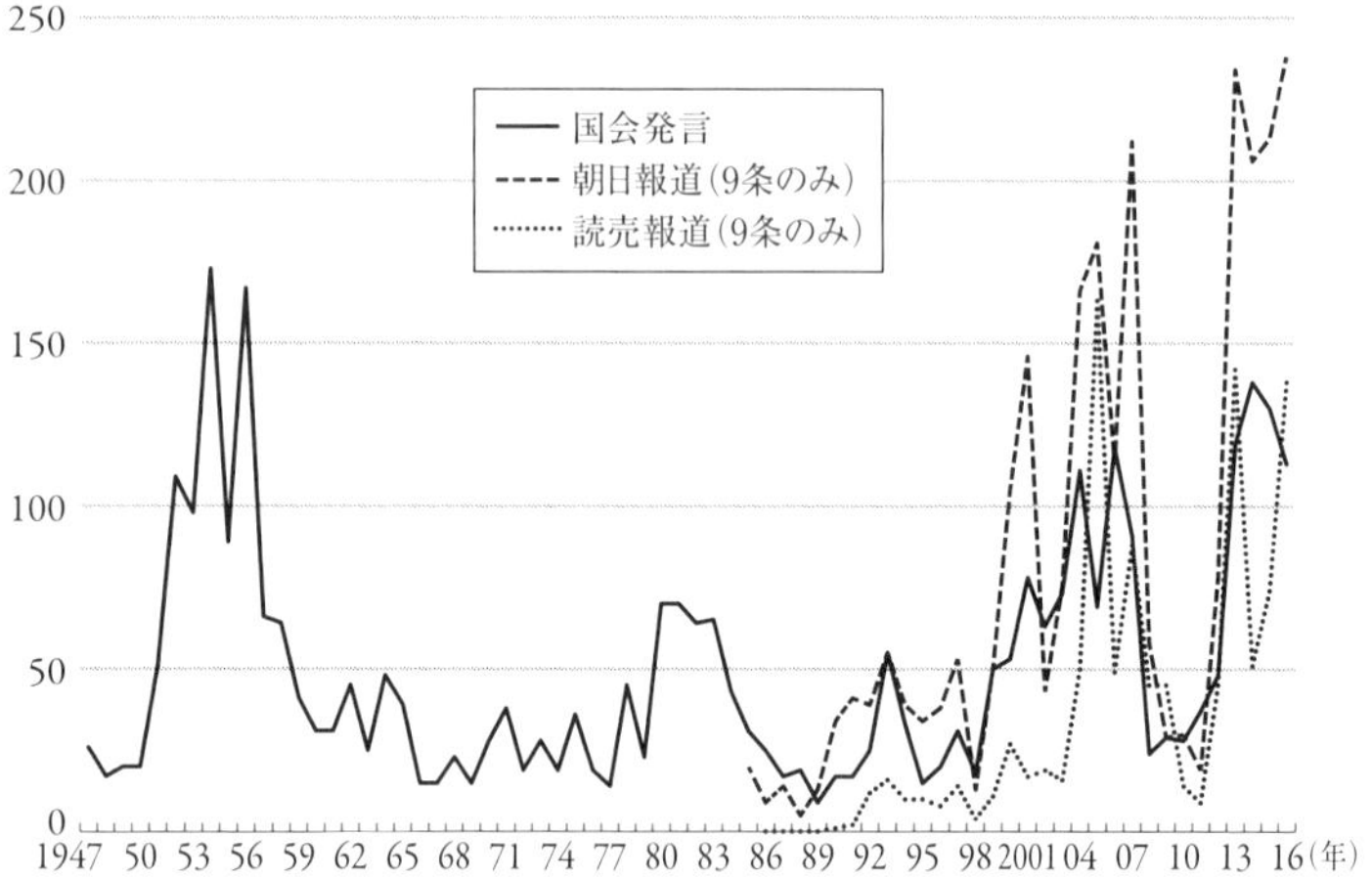

改憲論争の「波」

こうした政治家・政党レベルにおける憲法論争の盛り上がりは、二〇〇〇年代になってとくに顕著となった現象である。図1－1は、憲法改正に関連する国会での発言件数、および全国紙の報道件数の推移を示している。[3] 国会でどれだけ憲法改正が話題となっているか、またメディア報道でどれだけ改憲問題が取り扱われているかは、少なくとも政界における憲法論争の盛り上がり具合を反映するだろう。

図1－1からは、二〇〇〇年代に（二〇一〇年前後を例外として）大きな改憲論争の「波」が起きていることが見て取れる。国会発言件数のグラフを過去にさかのぼれば、一九五〇年代に第一の大波がみられる。しかしそれ以降は九〇年代に至るまで、いくつかの突発的な小波は確認されるものの、

概して改憲論議は低調であったことが分かる。これに対し、二〇〇〇年代の波は全体として、五〇年代のものに匹敵、あるいはそれを上回るほどの規模になろうとしている。国会において、改憲を論議すること自体は今日もはやタブーではなくなっており、その意味で憲法問題は通常の政治過程に乗っている。

二〇〇〇年代の波はメディア報道量の増減からも確認できる。メディア報道を通し、改憲論争の波は国会の外、すなわち社会にまで広く及んでいるのである。今日の日本人にとって、憲法問題について（自らこれを論じることは稀であるとしても）何らかの情報、メッセージを耳にすることは日常的なことであるといっていい。

2——連合国軍最高司令官総司令部（GHQ）で新憲法案起草作業に当たったベアテ・シロタは、繰り返し憲法改正を「パンドラの箱」開放に例えている（**http://www.shinyawatanabe.net/atomicsunshine/BeateSirotaGordon/interview**）。

3——国会発言回数については、「国会会議録検索システム」を利用し、「憲法改正」または「改憲」という語句を含む発言の件数を集計した。衆参両院の発言回数を合算している。朝日新聞（本紙朝刊）、読売新聞（全国版）報道量については、それぞれ記事データベース「聞蔵Ⅱビジュアル」「ヨミダス歴史館」を利用した。いずれも検索条件は「憲法&九条&改正」とした（九条に限定したのは、外国の憲法改正報道を除くため）。日本国憲法の改正という文脈を外れた発言・報道も少数含まれているとみられるが、この点についての考慮は行っていない。また報道件数のデータが一九八〇年代以降に限られているのは検索システム上の問題による。

憲法論争における重大な欠落

こんにち、じつに多くの人が多くの場、多くの媒体で憲法について議論している。ところがこうした盛り上がりの陰で、昨今の論議にはなお欠落した重要な視点がある。それは有権者の憲法に関する意見、あるいはそれを集合的に捉えた概念である世論についての十分な理解である。

憲法改正の是非や実現可能性について論じるうえで、世論を正確に把握することは不可欠な前提と言えるだろう。主権在民を謳《うた》う現憲法の性質上、正統性の観点から改正案の内容には国民の意思がふまえられるべきであるし、そもそも改正手続きには国民投票での賛成多数が必要と定められている以上、世論を無視した改正案が出ても実際上無意味である。日本の法体系において、修正に際して国民投票が義務づけられるのは憲法典に対してだけであり、憲法改正ほど、有権者の意思が直接的に問題になる立法行為はない。

にもかかわらず、従来の改憲論争には、世論の性質や動向を把握するという視点がきわめて弱い。憲法論議のほとんどは、左右両翼——多くは一般有権者から乖離した集団——による価値観の表明に終始している。学術的立場からは法学的ないし政治学的見地にもとづく改憲論の検討が進む一方、有権者の意思に関する実証的分析やそれにもとづく提言はほとんど目にすることがない。

「世論調査があるではないか」と訝《いぶか》られるかもしれない。たしかに今日、大手報道機関を中心に憲法に関する世論調査は定期的に実施されており、その結果も頻繁に伝えられている。こうして公表される情報は、そのときどきの護憲勢力・改憲勢力双方から利用され、政治的に無視できないインパクトを与えている。憲法について論じる研究書・学術論文の類でもこうしたデータはしばしば掲げられており、自説の補強に用いられている。

しかし、従来のほとんどの議論において、世論調査の「引用」はあっても、その「理解」はきわめて浅い、あるいは欠如している、というのが筆者の認識である。世論調査の結果を適切に引用し解釈するためには、社会調査法や統計学の原理、調査の具体的方法とその変化、集計結果の長期的な推移などについて広く知識を持つことが必要となる。こうした面の理解を欠いた調査結果の場当たり的な引用は恣意的なものになりがちであり、危険である。

表1－1は、二〇一六年の憲法記念日前に行われた、主要メディア七社による憲法意識調査の結果を示したものである。いずれも「憲法を改正すべきか」を一般的に問う、似た趣旨の質問にもとづいているが、結果には小さくない差があるようにみえる。「改憲賛成」派、「改憲反対」派それぞれの割合は、

表 1-1　2016 年前期の憲法意識調査の結果

	改憲賛成	改憲反対
朝日新聞	37（%）	55
毎日新聞	42	42
読売新聞	49	50
日本経済新聞	40	50
日本放送協会	27	31
時事通信社	42	41
共同通信社	33	57

朝日新聞 2016 年 5 月 3 日付、毎日新聞 16 年 5 月 3 日付、読売新聞 16 年 3 月 17 日付、日本経済新聞 16 年 5 月 3 日付、NHK 放送文化研究所ホームページ（「『憲法に関する意識調査』（2016 年 4 月）の単純集計結果」）、『時事世論調査特報』1482 号、共同通信 16 年 4 月 30 日配信を参照。読売新聞調査は 1 月～ 2 月末実施と他より時期が早い。他はおおむね 4 月に実施されている。

調査によって二〇%ポイント以上の幅でばらつきがある。また調査によって賛否の偏り方にも大きな違いがある。毎日新聞、読売新聞、時事通信社では賛否がほぼ拮抗しているのに対し、他では明らかに反対派が多数である。朝日新聞と共同通信社では反対派のリードがとくに大きい。このような結果のばらつきがなぜ生じたのか、そのメカニズムを解明しない限り、世論の現状をどうみるべきなのか判断することは不可能である。

改憲論議の参考のためということであれば、世論の現状を把握することに加えて、「将来の」世論にまで見通しを持つことが望ましい。憲法という一国の根本法規は、その内容を頻繁かつ大幅に変更すべきものではない。仮に今日、ある改正案に国民の多数派が賛成しているとしても、明日には反対多数に入れ替わってしまうかもしれないような状況では、改憲発議に踏み切れるものではない。こうした将来予測を説得的に行うためには、その前提として、これまでの長期的な世論の安定性や変化の方向性、また世論変動のメカニズムへの理解が不可欠になってくる。そしてそれは、直近の世論調査の結果をいくつか眺めれば可能になるというほど容易な作業ではない。

憲法に関する世論、あるいは有権者の意識に関する実証的な分析やそれにもとづく提言は、政治学者の職分に入るはずである。[4] ところが奇妙なことに、実際には日本の政治学者はこれまで「憲法と世論」の問題についてほとんど本格的な検討を行わず、沈黙をつづけてきた。[5] 例えば、戦後各時期において「どのような属性（性別や職業など）の有権者が改憲を望んでいたのか」といったごく基本的な論点についてですら、これまで体系的な検証は行われていない。戦後政治において、憲法問題は核心的な争点でありつづけてきたことを考えれば、こうした研究がなされてこなかったことは、それ自体興味深い——つまりは不自然な——現象であるといっていい。

本書の目的は、戦後憲法論争における、こうした欠落部分を埋めることにある。これまでの改憲論議は、多くの人により活発になされてきた半面、世論という要《かなめ》の理解を欠いた「空中戦」に終始してきた。世論の理解が得られない改正案は、いかに政治理論的あるいは法理論的に優れたものであっても、結局のところ画餅でしかない。本書では、戦後日本人の憲法観について体系的な知見を得ることにより、今後の建設的な改憲論議の前提をなす、確固とした基盤の提供を目指したい。イデオロギーではなく、データと歴史に基づいた、新たな憲法論を提示する試みである。

調査結果の不適切な引用

世論とは一般に、公的問題に関する市民の意見を集合的に捉えた、きわめて抽象的な概念である。このような捉え難い対象を把握するために、世論調査によって、有権者個々人の意見を広く集め、分析するということが、これまで行われてきた。[6] 憲法問題についてもしかりである。戦後、じつに多くの機関が膨大な数の調査を行ってきた。そのデータを利用することで、多くの人が憲

4——とくに社会調査や統計学に素養があるはずの、政治行動論といわれる分野の研究者がこの問題を扱うのが自然である。

5——二〇〇〇年代に限られた分析であるが、鹿毛（2013）による研究が例外的なものとしてある。

図1-2 「憲法意識の変遷」を表すとするグラフ

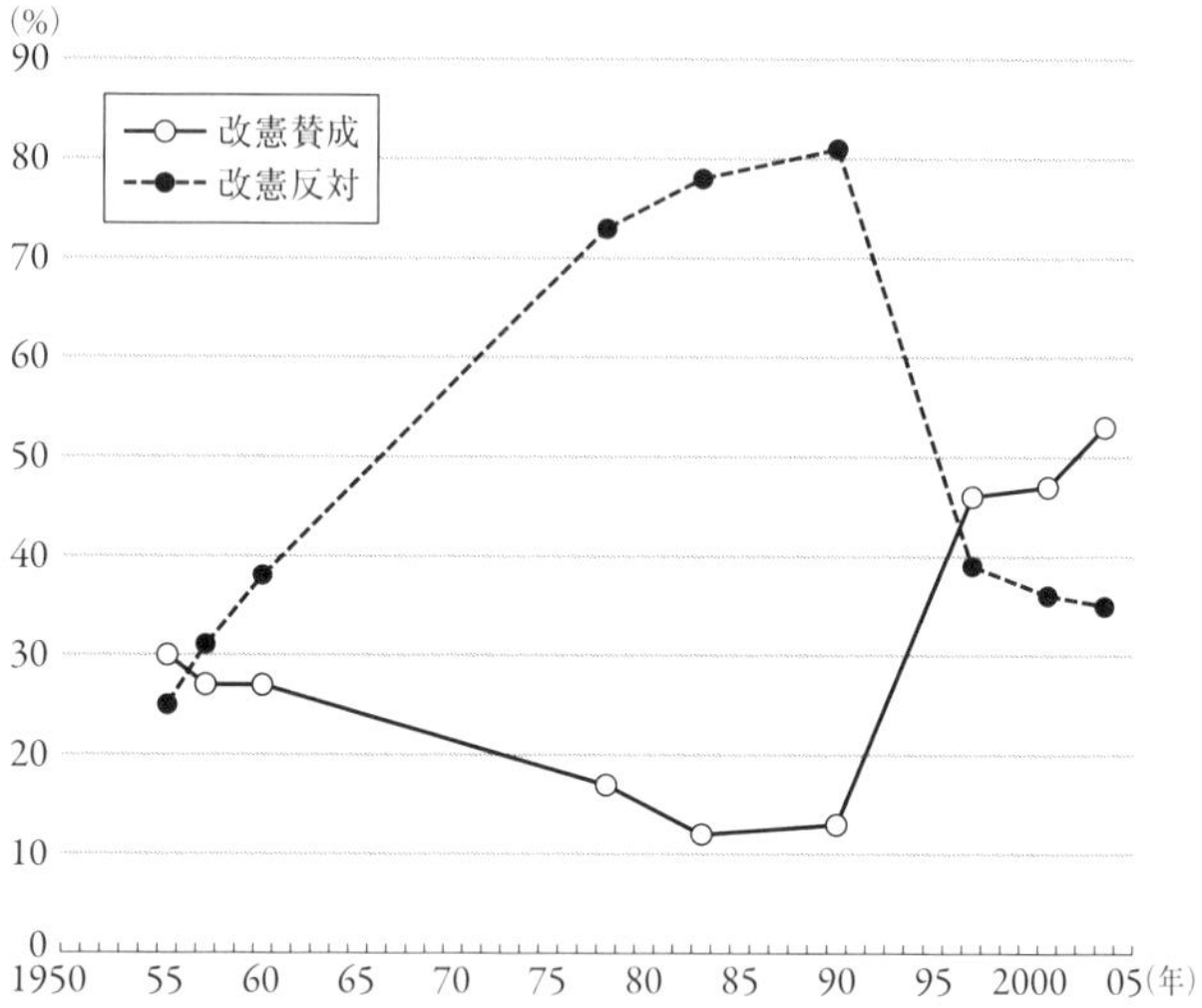

五百旗頭編（2014：106）図3-1をもとに筆者作成。

法について論じてきたのである。

しかし残念なことに、憲法をめぐるこれまでの意識調査の利用の仕方には首を傾げたくなるものが少なくない。数量的なデータを用いてまとめられた一見客観的な言説が、往々にして不適切な調査結果の引用や解釈にもとづいているのである。そのような議論は、本書のなかでいくつも例示していくことになるが、ここでは政治学者による実例を一つだけ示しておきたい。

図1－2は、定評のある戦後日本外交史の教科書（五百旗頭編 2014）に掲載された、「憲法意識の変遷」を表したとされるグラフを再現したものである。ここでは朝日新聞の世論調査がデータソースとなっている。[7]この図は、憲法に対する有権者の見方が戦後、ドラスティックに変化してきた印象を与える。「改憲反対」派は一九六〇年代から八〇年代にかけて大きく伸び、量的にはこの間にほぼ倍の約

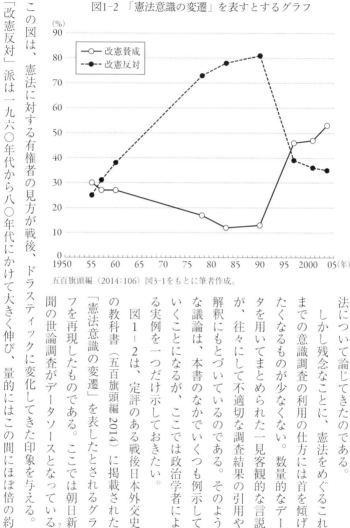

八〇％になっている。ところが九〇年代に入ると、数年のうちにこの集団は一気に半減し、それ以降はむしろ「改憲賛成」派のほうが多数を占めるに至っている。

このグラフに使われたデータに関し、質問の具体的な内容など詳細は明らかにされていないが、この書を読む限り、憲法九条に対する意識の変化を表すものとして扱われている。一九九〇年代初頭の九条意識の急激な変化については、この時期に勃発した湾岸戦争やカンボジアＰＫＯ（国連平和維持活動）への自衛隊派遣をめぐる論争が契機になったとしている。この論争を経て、「国際貢献のために必要ならば憲法９条の修正を検討してよい、との意見が多数派に転じた」（二三九頁）、すなわち「国際的役割を果たすために自衛隊を疑念なく派遣できるよう憲法を改正した方がよいと考える市民層が、改憲を支持するに至った」（三〇六頁）という。

ここでの目的は、こうした解釈の当否を問うことではない。いま問題にしたいのは、先の図において扱われている調査群の比較可能性である。筆者がこのグラフを再現する過程で判明したこ

6――「世論」という概念はこれまでじつに多様なかたちで理解され、定義されてきた。「世論調査で測定される全国的規模における国民の意見分布を世論の実態として捉える」見方はそのうちのひとつの立場であるにすぎず、他にも例えば「総選挙で確定される有権者の総意」や「圧力団体・大衆運動・市民運動などを母体に動員・結集される組織的集合意見」として世論を理解する立場がある（岡田 2001：3）。本書では、長期的に観察可能なデータにもとづく立論を重視する観点から、「調査の集計結果として測定された世論」に議論の射程を限定する。

7――元のグラフには読売新聞調査のデータもプロットされているが、図１－２では省略した。

とであるが、じつは図1－2で扱われている質問には二種類の内容が混在している。具体的には真ん中の三回分、一九七八年から九〇年のデータは、「改憲して正式の軍隊を保有すべきか」について、それ以外では「憲法を一般論として改正すべきか」についての質問から得られている。[8]しかし常識的に考えると、同じ時期で比べれば、「改憲して正式の軍隊を保有すべき」と考える有権者の数は、改憲を（九条以外の改正も含む）一般論として望む人よりはるかに少数であるはずだろう。[9]このグラフは、九〇年代初頭における世論の変動について過剰に強調された印象を読者に与えるもので、ミスリーディングというほかない。

無視できない質問形式の違い

憲法改正の是非を一般的に問うているのか、九条など個別の条項に即して問うているのかの区別は、憲法に関する意識調査の結果を解釈するうえで、最初に確認すべき基本的な注意事項である。しかし内容的に同趣旨の質問の結果であれば同列に並べて比較してよいかといえば、ことはそう単純ではない。同趣旨の質問でも、質問文の表現や選択肢の置き方など、さまざまなバリエーションが存在する。そうした質問形式の違いは、一見些細に感じられるような差でしかないとしても、回答者の反応に無視できない影響をもたらすことがある（谷岡 2000；Schwarz 2008）。

質問形式の違いは、回答結果にどのように影響するのか、憲法に関する意識調査に即していくつか具体例をみておこう。まず質問文の文言（ワーディング）の問題である。九条改正の賛否を問おうとする質問であっても、調査機関ごとに、あるいは同じ調査機関でも時期によって文言にはかなりの幅がある。実際例として、つぎの二つの質問を比較したい。

朝日新聞一九五三年一月調査 「あなたは、憲法で戦争はしない、軍隊は持たないと決めてあるのを改めて、軍隊をつくる必要があると思いますか。改めてまでつくる必要はないと思いますか。」

読売新聞一九五三年三月調査 「あなたは日本を防衛するために憲法を改正して軍備をもつことに賛成ですか、反対ですか。」

この二つの調査はほぼ同時期に行われており、改憲再軍備の是非について問うている点ではま

8――図1-2で用いられている質問の文言は、一九九〇年一二月調査では「日本が正式の軍隊を持てるように、憲法を改正することに賛成ですか。反対ですか」、九七年四月調査では「憲法全体をみて、あなたはいまの憲法を改正する必要があると思いますか。改正する必要はないと思いますか」というものである。ちなみに九七年四月調査には「「戦争を放棄し、軍隊は持たない」と決めている憲法九条を、変える方がよいと思いますか。変えない方がよいと思いますか」という質問も設けられており、その結果は「変える方がよい」二〇%、「変えない方がよい」六九%であった。なぜこちらの結果を採用しなかったのか、理解に苦しむところである。

9――この常識に反した時代がじつはあったことを第2章で論じる。

ず同趣旨の質問といってよいだろう。ところが結果の賛否は逆になっているのである。具体的には、朝日新聞の調査では三一%対四二%で、反対論が多数を占め、逆に読売新聞の調査では四一%対三八%で、賛成論が多数を占めている。

なぜこうした違いが生じたのか。「偶然」という可能性はつねにある（二つの調査では、それぞれ異なる人が回答している）。しかしこの場合は、偶然ではなく質問文の相違点に注目することで、結果の違いは理解できる。朝日新聞の調査では、憲法が軍隊不保持だけでなく、「戦争はしない」と規定していることにもふれている。この質問がいう改憲に賛成することは、読み方によっては九条一項に定められた戦争放棄の原理を変えることまで意味するのである。それに対して、読売新聞の調査では再軍備の是非に限定した質問文となっており、改正に賛成する心理的なハードルは、その分だけ低い。このように、一目では気づけないような質問文の違いにも有権者は敏感に反応し、回答を変えているのである。

質問文だけでなく、選択肢の形式の違いも重要である。同時期に九条改正の是非について問うた、以下の二つの質問における選択肢を比べていただきたい（カッコ内は選択割合）。

朝日新聞二〇〇七年四月調査　「変えるほうがよい（三三%）」「変えないほうがよい（四九%）」

毎日新聞二〇〇七年四月調査　「何らかの改正が必要だ（五九%）」「一切、改めるべきでない（二八%）」

二つの質問は、いずれも九条の規定内容を説明したうえで改正の是非を問うており、表現は同じではないものの、質問文の違いは大きくない[11]。ところがこれに対する回答を比べると、賛否どちらが多数かという点でまったく反対の結果になっている。朝日新聞では九条維持派が、毎日新聞では九条改正派が、それぞれ多数を占めている。

このような違いが生じた一因は、二つの調査の選択肢の違いにあったとみられる。毎日新聞では九条維持方向の選択肢に「一切」という語句が入っている。自衛権や自衛隊保持の明記を含め、まったく改正を許さないという立場を意味する。対して朝日新聞では「変えないほうがよい」と、より表現が緩い。受け取りようによっては、この選択肢は「場合によっては変えてもよい」というニュアンスを含んでいる。朝日新聞調査で九条維持派が多めに出たのは、以上のことから理解できる。

選択肢については、こうした表現上の問題もあるが、そもそもどのような選択肢を設けるか

10――厳密には、朝日新聞調査の選択肢は賛否それぞれ「改正して軍隊をつくる」「改正してつくる必要なし」である。

11――朝日新聞調査では「憲法第9条を変える方がよいと思いますか」とのみ聞いているが、これより前に置かれた質問のなかで九条の規定内容にふれている。

（何択にするか）という点が決定的に重要である。例えば「どちらともいえない」といった中間的な選択肢を置くか、「わからない」という選択肢を用意するかなど、さまざまなオプションがあり得る。そのうち、どの形式を採るかによって、回答結果は大きく違ってくる[12]。

世論調査の回答のあり方に影響を与えるのは、質問文や選択肢だけではない。まったく同じ形式の質問を用いたとしても、それを「どこに」配置するか（どのような質問の後に置くか）によっても、調査結果は変わってくる。例として、読売新聞一九八六年三月の調査を取り上げたい。ここでは、「いまの憲法を改正する方がよいと思いますか、改正しない方がよいと思いますか」と、論点を限定しないかたちで改憲の必要性を聞いている。その結果は改正賛成が二三％、反対が五七％で、護憲派がダブルスコア以上の差をつけて多数となっている。この時期、他機関による同種の調査をみても、たしかに護憲派の割合が改憲派を上回るものがほとんどである。しかしそれにしても、読売新聞のこの調査は他と比べて護憲派の割合が圧倒的に高い。護憲派の割合を他の調査でみると、時事通信社八五年一一月の調査では三七％、朝日新聞八六年一一月の調査では四一％となっている[13]。

読売新聞のこの調査で護憲派が多く出ているのは、当該質問の直前に置かれた質問の影響によるものとみられる。それは九条改正の必要性について問うたものであった[14]。多くの回答者は、次の質問で改憲の必要性について漠然と問われた際にも、九条に関するこの質問の回答に引きずられたのだろう。実際、九条に関する質問の回答結果は改正賛成派が二四％、改正反対派が五九％

であった[15]。これらの数値は、先に掲げた（一般論としての）改憲派割合、護憲派割合の数値に驚くほど近い。多くの回答者が二つの質問に同じ方向の回答をしていたことを強く示唆する結果である。この調査の場合、二つの質問の順序が逆であれば、護憲派の割合はより小さく出た可能性があろう。

ここでは三つの実例を用いて、質問形式の違いがもたらす調査結果への影響をみてきた。同じ目的で行われる調査であっても、質問の形式が異なれば、回答結果に大きな違いが生じる可能性がある。複数時点の異なる調査を比較する際には、その形式面について、どれだけ共通性があるかをまず慎重に判断する必要がある。

12――先の例と同じ時期（二〇〇七年四月）、NHKも九条改正の是非を一般的なかたちで聞く質問を行っている。その選択肢には「どちらともいえない」が用意されており、二五％もの回答者がこれを選んでいる。結果として九条改正派、九条維持派の両方とも比較的小さな割合となっている。

13――改憲派の割合はそれぞれ二五％、二九％であった。

14――先に比較した時事通信社や朝日新聞の調査の場合は、直前に九条に関する質問は置かれていない。

15――「本格的な軍備を持てるように、憲法を改正する」「いまの自衛隊は、憲法違反ではないと思うが、国の自衛権を明記するため、憲法を改正する」「いまの自衛隊は、合憲とみてよいから、憲法の改正は必要ない」「いまの自衛隊は、憲法違反だから、もっと規模を縮小する」「いまの自衛隊は、憲法違反だから、順次、廃止の方向へもっていく」という四つの選択肢の選択割合はそれぞれ三％、二一％、三八％、一六％、六％であった。前二者を改正賛成派、それ以外を改正反対派として集計すると、それぞれの割合は二四％、五九％になる。

調査法の変化という問題

本書では戦後憲法の歴史を、すべて検討の対象に含めようとしている。戦後七〇年の間には、憲法に関する質問内容のあり方が変わっただけでなく、その土台である世論調査の実施方法自体が変化している。戦後史とは日本国憲法の歴史であるとともに、この国における世論調査の歴史でもあった。日本で本格的な世論調査が行われるようになった時期は、新憲法の制定期にほぼ一致する。そこから現在に至るまで、サンプリング（標本抽出法）や調査回収法といった面で、世論調査には大きな技術上の発展と変化があった。こうした点で違いのある調査の間では、質問形式（質問文、選択肢等）が同じであっても、回答結果を単純に比較することはできない。

例えば一九四〇年代の世論調査では、サンプリング（標本抽出）技術の未熟さから、調査対象者の属性に大きな偏りがあることが普通であった。調査の対象となる集団（標本）は本来、有権者全体（母集団）の精巧な縮図であるべきだが、当時の調査はどのように評価してもその基準には達していない。例として次章でも紹介する（こんにちでもしばしば参照される）毎日新聞の四六年五月調査の場合、男性八七％、女性一三％で標本が構成されている。[16] このような調査から得られるデータは、情報としての価値をまったく持たないわけではないが、有権者全体の意見の分布を探るうえではきわめて慎重な取り扱いを要する。

近年では、調査回収法の多様化が、結果を比較するうえで新たな問題となっている。一九九〇年代以降、それまで主流であった面接法（調査員による訪問聞き取り調査）だけでなく、電話法や郵送法といった、新しい調査回収法が普及するようになる。こうした変化は調査法の世界では技術革新といえるもので、近年の世論調査の回数増にも貢献している（前田 2013）。しかし問題は、回収法が異なれば、質問内容が同じであるとしても、回答者の反応に差が生じることがあるという点である。例えば、電話法調査では面接法に比べ、回答者の賛否の意思表示が積極的になり、「関心がない」や「わからない」といった回答が少ない傾向にあるという（松本 2003: 70–73）。時代の離れた調査同士の比較は、このように技術的な面での違いが大きい点でも困難をともなうのである。

解釈が難しい「憲法改正に賛成か」型の質問

憲法に関する意識調査のなかでとくに重視されてきた質問として、憲法改正の是非について条項を指定せずに漠然と問うタイプのものがある。「憲法改正に賛成か」「憲法全体を見て改正が必要と思うか」といった内容の質問がこれにあたる。本書ではこの種の質問を「一般改正質問」と呼ぶ。一般改正質問は一九五〇年代からこんにちまで数多く積み重ねられ、データが蓄積されている。有権者の護憲／改憲志向を測定するために、これまで最も多く参照されてきた質問である

16——毎日新聞一九四六年五月二七日付。

といっていい。

ところがじつのところ、この一般改正質問ほど曖昧で、結果の解釈が難しい質問もないのである。回答者がこの質問に対し改憲賛成の意見であるとして、その人が実際のところ「どのような」改正を意図していたかは、まったく不明である。ある人にとってそれは「自衛隊の明記」かもしれないし、別の人にとっては「首相公選制の導入」であるかもしれない。一般改正質問に対する回答の趣旨は、その質問がどのように受け取られたか、解釈されたかによって異なってくる。

憲法意識調査を利用した既存の言説の多くは、こうした「質問の受け取られ方」の問題に無頓着である。多くの場合、図1－2のグラフでもそうであったように、一般改正質問の結果を「九条改正志向の高低」と解釈して議論が進められる。ここでは、どの時代でも有権者の大勢は一般改正質問を「九条改正の是非を問う質問」として受け取り、回答しているということを、暗黙の前提としている。

しかしこの前提は本当に妥当なのだろうか。こんにち、多くの有権者が九条に注目して憲法問題を理解しているのだとしても、これまでつねにそうであったと断定してよいのだろうか。時代によっては、九条以外の改憲項目が政治的な争点となり、有権者にも意識されたことがあったという可能性はないのか。こうした問題は、最近の調査を比較する分には大きな問題にならないかもしれない。しかし数十年にわたる比較となると、考慮する必要が出てくる。

ここまでの説明から、長期にわたる世論の追跡が容易でないことがお分かりいただけたであろう。本書ではこうした困難をふまえながら、敗戦後からこんにちに至るまでの世論の変化を捉えようというのである。そのために取るべき方策について、次に考えたい。

前例のない網羅的な検討

ここまで述べてきたように、世論調査の結果は、その方法に影響される、本質的に不安定な数値である。それゆえ一部の調査結果を「つまみ食い」的に引用するのでは、自説に都合のよいデータを選んだのではないかという疑念を持たれるにちがいない。データを恣意的に選び出してつなぎ合わせれば、どのような世論史でも描けることだろう。

このように考えると、自分の判断で特定の調査を選び取らないことこそが、世論を理解するうえで重要な指針ということになる。つまり、過去に存在した調査結果を「すべて」検討対象に含めれば、比較的バランスの取れた解釈が見込めるのではないか。同時期に複数の類似した調査が存在するのであれば、そこでの結果の共通性をみることで、その時期における世論のあり方を（大きくは間違わずに）つかむことができるであろう。また多くの異なる趣旨の質問を参照することができれば、一般改正質問のような曖昧な内容の質問の結果を解釈するうえでも有益な手がかりを得られるだろう。

こうした考えから、本書では、戦後に行われた憲法に関連する質問のデータについて、可能な限り網羅的に収集し、総合的な検討を行うこととした。検討の対象としたのは、朝日新聞、毎日

図1-3　本書の収集した憲法関連質問の件数

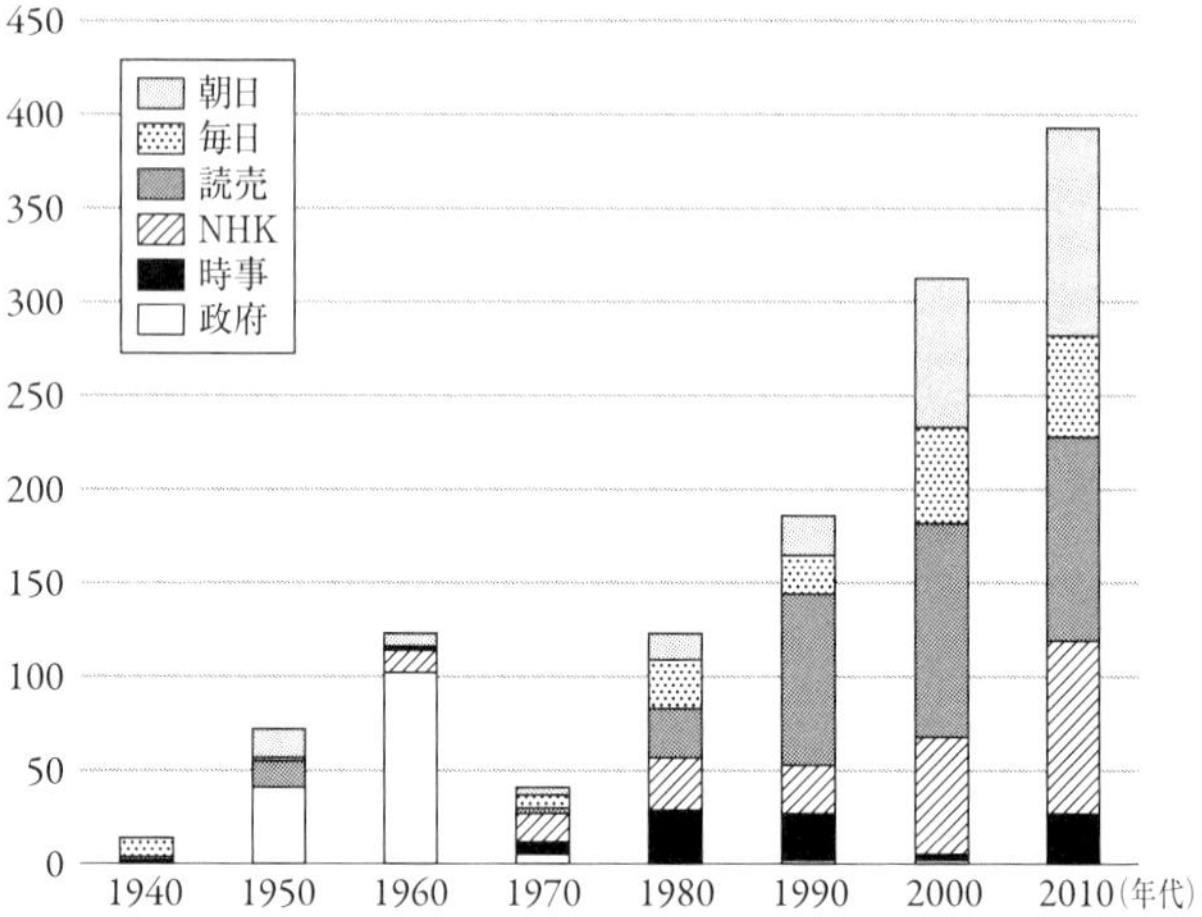

新聞、読売新聞、日本放送協会（ＮＨＫ）、時事通信社、政府による世論調査である。これらの機関は比較的信頼性の高い調査を戦後初期から行っており、かつ今日その資料を追跡しやすいという特徴がある。データ収集に際しては、改憲の是非を聞くものだけでなく、およそ憲法に多少なりとも関連した質問はすべて含める方針を採った（データ収集法の詳細については巻末付録を参照）。

結果として集められた質問の件数は合計で一二〇〇を超えている。図１－３は、こうして収集したデータから、憲法に関連する質問の件数を、年代ごとに集計して示したものである（調査主体ごとの積み上げグラフ）。このすべての質問について、質問内容（質問本文、選択肢）と回答結果のデータのほか、調査時期、調査対象者の数とその選び方（標本抽出法）、回収率といった調査実施方法そのものに関する情報を集めている。

七〇年以上もの長期にわたって憲法意識調査の結果を総覧しようという試みは、過去にまった

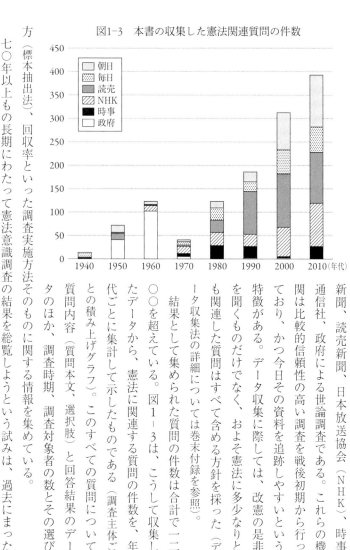

く例のないものである。[17] もちろん、本書が収集したデータ群から漏れた憲法関連質問が一つもないと言うつもりはない。しかしこれほど豊富な情報を集めたうえで世論の理解に挑んだ例はこれまでにないということは断言できる。本書では、過去に行われた取り組みに比べ、より多角的で、より恣意性の少ない世論の解釈を示していきたい。

憲法論争・世論・世論調査の相互作用

次章以下では、収集した世論調査結果のデータを単に並べていくのではなく、各調査が行われた歴史的文脈にも十分な注意を払う。ここで言う「文脈」とは、戦後各時期におけるエリート層での憲法論争のあり方を指す。具体的には政治家間での論議に加え、知識人の言説や新聞社説などメディアの論調もこれに含む。

こうしたエリート層の憲法論争は、二つの意味で世論を左右する。第一に、憲法論争のあり方は、その時期における世論調査の内容、つまり世論の「測定の仕方」を規定する。例えば、一九六〇年代には環境権条項の追加の是非を問うような質問は、どの調査機関も行った様子がない。この時期までの憲法論争ではほとんど話題になっていない論点であるため、当然である。本書の

17——世論調査結果を長期的に収集・検討しようとした試み自体は、過去にまったくなかったわけではない。例として、古い書物であるがＮＨＫ放送世論調査所編（1982）を挙げておく。

観点から重要なのは、質問が存在しない限り調査結果は存在せず、調査結果が存在しない限り政治的な意味では世論は存在しないも同然ということである。[18] このような意味で、エリート層における憲法論争はまず、「どのような問題に関する世論が存在するか」という点に大きくかかわる。

　第二に、エリート層の憲法論争は、有権者が憲法に対して持つ認識のあり方に影響し、結果として世論調査の回答にも影響を与える。政治状況や国際環境の変化などを受け、エリート間では改憲論がときに高揚し、ときに退潮する。こうした「憲法政治」の状況は、メディアを通じて有権者に日々伝えられる。有権者が日常的に接する情報、メッセージの内容が、調査の回答に影響すると考えるのは自然である。改憲論（護憲論）が高まりをみせるとき、そうしたメッセージに多く接することで説得され、自身の考えを改憲（護憲）寄りに改める有権者も現れるであろう。

　エリートの間で、それぞれの時代にどのような改正項目が中心的な議題になっているか、という点もきわめて重要である。改憲論の高揚といっても、どのようなロジックでどのような条項の改正を求める声が高まるかは時期により大きく異なる。こうした議題の違いは、やはりメディアによる媒介を経て、有権者の「憲法問題を捉える視点」に影響する。

　例えば一九七〇年代、政党間の憲法論争は自衛隊や日米安全保障条約の合憲性をめぐる問題、すなわち九条問題に集中していた。こうした時期では、有権者にとっても多くの場合、憲法問題とは九条問題であると認識されていたに違いない。その他の改正論点を想起できるような材料（情報）がそもそも乏しかったのである。それに対して九〇年代では、社会的・経済的な危機が相次ぐなか、改憲による内閣・首相権限の強化が新たな議題となった。こうした流れのなかで、二〇〇〇年代初頭には、小泉純一郎首相の後押しもあり、首相公選制導入論が一時話題になっている。この時期には、統治制度改革の問題を、憲法上の重要争点として理解する有権者も現れたことであろう。

このような有権者の「憲法問題を捉える視点」の違いは、結果として意識調査の回答にも大きく作用する。とくに一般改正質問のような、具体性を欠いた質問の場合に影響が大きい。この種の質問に対して、一九七〇年代の有権者の多くは（憲法問題に多少の関心を持っているとすると）九条改正問題として受け取り、回答したことであろう。少なくとも首相公選制の問題を考慮して賛否を答えていた有権者はほとんどいなかったに違いない。他方で二〇〇〇年代初頭では、九条問題に加え、統治制度改革の問題を考慮してこの質問に答えた有権者も一定程度存在したであろう。二〇〇〇年代の初頭には、改正論点が拡散していた分、同じ質問であるにもかかわらず、より賛成意見が表明されやすい文脈があった、ということになる。

メディアがどう報じるかによって、有権者が公的問題を理解する際の視点が、あるいは問題解釈の「枠組み」が変わってくる。このことを社会心理学の分野では「フレーミング」と呼ぶ（蒲

18――一九六〇年代には公害病が社会問題化しており、有権者に環境問題に関する意識自体がなかったとは到底いえないにもかかわらず、である。

図1-4　憲法論争、世論、世論調査の関係

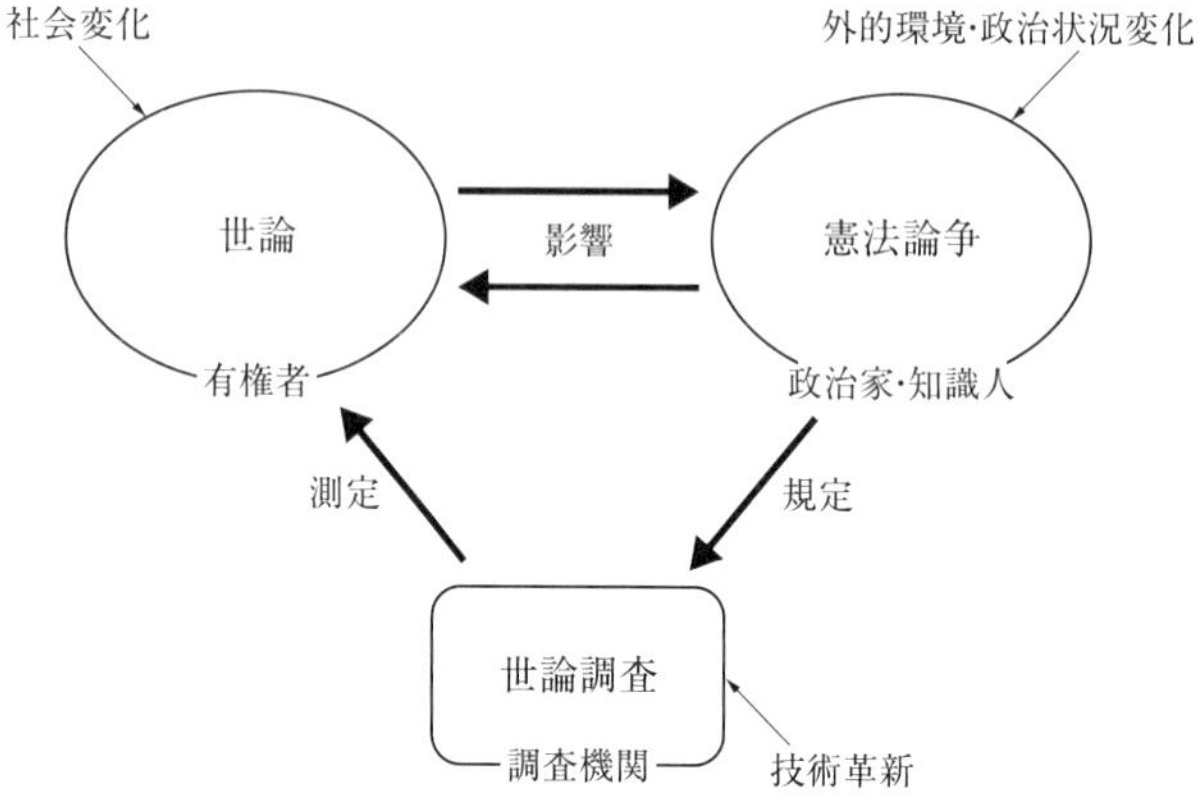

島・竹下・芹川 2007:128)。[19] エリート間の憲法論争のあり方は、メディアによる報道を経て、憲法問題を捉える際の有権者の視点（フレーム）を変化させる。有権者の関心事が異なれば、同じ質問に対しても、それに回答する際の着眼点が変わってくる。社会の大勢でそうした変化があれば、最終的に世論調査の集計結果にも違いとなって現れるであろう。

　以上のようにして、エリート論争は世論のあり方に影響を与える。それとは逆に、世論がエリート論争のあり方を規定することも、戦後日本が民主主義社会である以上、当然ながらあり得る。政治家たちは、必ずしも世論調査の多数派の意見にしたがってつねに行動しているわけではない。しかし世論を完全に無視して行動する政治家もまた稀なのである。こうした意味で、政治家と有権者の関係には相互作用が認められる。

　ここまで論じた、「憲法論争」「世論」「世論調査」の関係をまとめた概念図を図1－4に掲げておいた。エリート層（政治家・知識人等）における憲法論争は、その時点の世論の制約を受け

つつ、その時々の政治状況や国際環境の変化に応じて展開されていく。世論調査は、その時代の調査技術の制約のもと、憲法論争のあり方を反映しその内容を改めていく。世論は、そうした世論調査によって測定される。その世論は、社会状況の変化によって、またその時々のエリート論争の影響を受けて変化していく。

憲法に関する世論の変遷について理解を深めるためには、その文脈を形成する、エリート間の憲法をめぐる論争の歴史を把握することが不可欠であり、それに加えてそれぞれの時代の世論測定法にも習熟する必要がある。有権者の憲法観、エリート間の憲法をめぐる論争、世論調査の歴史は、個別に論じられるべきでなく、そのすべてを視野に収めて理解することが理想である。

誰がなぜ改憲に賛成してきたのか

日本人の憲法観の歴史には、いくつかの重大な転換点が存在する。一般改正質問によって測定された護憲派、改憲派の割合は、少なくとも一〇年単位といった中長期でみた場合、けっして安定してはいない。ある時期には改憲志向の高揚があり、別の時期にはその退潮があった。世論の流れに変化がみられるとき、その転換の要因について明らかにすることは本書にとって

19――フレーミング論の観点から日本人の政治的態度・行動を分析した最新の研究として、稲増（2015）を参照。同書によると憲法問題は、日常生活の経験から直接情報を入手しにくい争点であるため、相対的に「政治的エリートによる公的なディスコースと一般有権者におけるフレームの一致度が高く」（一八三頁）なるという。

大きな課題である。ひとつの方法として、憲法をめぐる客観的な状況（国際情勢、国内政治情勢など）の推移を把握することは、世論が変化する要因を探るうえで重要な手がかりを与えるだろう。例えば、一九九〇年代初頭には九条改正を志向する有権者が増加したとされ、その主因として湾岸戦争の勃発が挙げられてきた（五百旗頭編 2014）。湾岸戦争は、自衛隊の海外派遣の可否をエリート間で争点化する契機となり、日本の国内政局にまで影響を及ぼした、重大な出来事である。このような大事件と、世論が変化したタイミングが一致しているのであれば、これらの間に関連があるとみるのはたしかに自然な推論である。

しかしそうはいっても、このようにタイミングにのみ依拠して、世論が変化する要因を推定するのは、論拠の示し方としてまだ弱い。実際、一九九〇年代初頭に激変したのは国際環境ばかりではない。例えば同時期にバブル経済や自民党一党優位制の崩壊があったのであり、そのいずれもが戦後史の画期をなす大事件である。こうした環境変動のうち、どれが憲法意識の変化に影響していたのかは、改憲派の割合の推移をみただけでは判断が難しい。

世論がいかなる要因で変化したかを、より説得的に議論するためには、なぜ・どのようにしてその要因が有権者の意識を変えたのかという「メカニズム」の問題にまで洞察を進めることが必要になる。そのためには、世論調査の集計結果を眺めるだけでは不十分で、回答者個々人のレベルにまで分析を深めていく必要がある。具体的には、調査の個票データ（個々人の調査回答そのものの情報）を利用し、各時期に「どのような人が」改憲に賛成していたのかを明らかにすれば、その時期に起きた憲法意識の変化についてより深い理解が得られるであろう。

例えばこれまでの説明では、湾岸戦争を契機に自衛隊派遣による国際貢献の必要性が国民に認識されるようになり、その障害とみなされた憲法九条の改正機運が高まったとされている。この見方が正しいとすると、一九九〇年代初頭では、軍事的な国際貢献の必要性を強く認識している有権者ほど改憲志向が強いという傾向があってしかるべきである。こうした傾向を実際に個人レベルのデータから確認することができれば、湾岸戦争を世論変化の契機とみなす従来の主張に対し、より説得的な論拠を与えることができるだろう（この点の確認は実際に第5章で行う）。

以上の観点から本書では、利用可能な個票データをできる限り活用し、戦後の各時期において「誰がなぜ改憲に賛成していたのか」を明らかにしていきたい。過去に実施された世論調査の個票データは近年、データアーカイブと呼ばれる機関による保存・公開が進んでいる。本書の目的のためにとくに中心となるデータは、戦後を通じて政治学者が実施してきた学術用の有権者調査である。学術調査には、回答者の社会的属性（性別、年齢、教育程度など）や政治意識（支持政党、イデオロギー、各政策争点上の立場など）に関するデータが豊富に備わっている。本書では、こうした回答者個々人の特性と憲法意識との関係を分析することで、戦後の各時期における改憲派の

20——日本では、東京大学社会科学研究所附属社会調査・データアーカイブ研究センターSSJデータアーカイブが最大のものである。本書でもこの機関が公開する個票データを複数利用する。

実像に迫る。

日本人の憲法観はどれだけ安定的か

最後に検討したいのは、有権者個々人の憲法意識の、より短期的な変化のあり方についてである。具体的には、一〜二年といった短期のスパンでみた場合に、改憲問題に関する有権者の意見はどの程度安定しているのか、不安定だとすれば、どのようなメカニズムにしたがって意見は変化していくのか、といった点を問題にしたい。

これらは、有権者個々人の憲法意識、ひいてはその集積である世論の「質」の評価にかかわる問題である。有権者が世論調査にまったく何の考えもなしに適当に答えている、いわば「あみだくじ」でも選ぶかのように回答を選んでいると想定してみよう。この場合、複数の時点で調査をすれば、各人の意見は頻繁に、しかもまったく無軌道に変化していくことだろう。世論の内実がこのような選択の集積にすぎないのだとして、それでもなお世論を政治家たちは重んじるべきなのだろうか。一般論として民主主義を望ましい原理として認めるにしても、このような質の世論にしたがって政策決定がなされることが本当に良い政治のあり方といえるのか、疑問を持たれるに違いない[21]。

憲法などという重要な対象に関して人々が無定見であるはずはない、と思われるかもしれない。しかし、『憲法と世論』などと題された書物を手に取られた読者は別として、そもそも一般の有権者はふだんから憲法に関心を持ち、これに関する知識を備えているのだろうか。そうでないのであれば、憲法に関し、そう簡単には変わらない確固たる意見を持っていると、どうしてみなせるのだろうか。

現代日本人の憲法意識は一体どれだけ安定したものなのか。これは実証的な問題である。どの程度の有権者が、一年単位といった比較的短いスパンで、改憲問題での立場を変化させるものなのだろうか。また回答を変えるにしても、その変動の幅はどの程度のものだろうか。護憲派から改憲派、またはその逆といった「転向」は一般的にみられるのか、あるいは、意見がブレるといっても、せいぜい護憲志向の強弱が変わるといった比較的狭い範囲での動きにすぎないのか。憲法意識と他の政策争点に関する意見で安定性に差はあるのか。こうした点に関する実態をまずは確認することから始める必要がある。

仮に有権者の憲法意識が総じて流動的なのであれば、つぎに問題になるのは、その動きが何によってもたらされるかという点である。有権者の短期的な意見の変化は、何らかの（熟慮とは言わずとも）考慮にもとづいた結果であるのか、それとも単なる気まぐれの産物にすぎないのか。有権者にとって調査回答がくじ引きに等しい行為なのだとすると、第三者からみて（あるいは回

21――こうした疑念はこれまで多くの思想家、政治学者から繰り返し提示されてきた。「平均的な市民が民主的市民としての能力を欠いており、民主政治の安定と効率的運営は、賢明さと民主主義的価値に深くコミットしているエリートに委任すべきである」と考えるエリート民主主義理論の系譜である（蒲島 1988:29）。

答者自身にとっても）調査回答の時間的な変化を予測することは不可能なはずである。回答のブレは何に起因しているのか。何らかの形で有権者の回答変化の方向を（適当に選んでいるという以外に）説明することは可能であろうか。

これらの点を検討するためには、前項の場合と同じく、有権者個々人のデータを分析していくことが必要になる。[22] とくにパネル・データと呼ばれる、同じ人に対して複数時点で調査を行ったデータを利用することが、有権者の意見の変化を直接探るうえで有用である。パネル・データの分析から有権者個々人の憲法意識の安定性と変化のメカニズムを考察し、そのうえで個々人の意見の集積である世論の「合理性」について考えることにしたい。

22——集計レベルデータのみから各有権者の意見の安定性について判断することは難しい。いま仮に、二つの時点で同内容の調査を行ったとし、結果はどちらの調査でも護憲派五〇％、改憲派五〇％であったとしよう。この場合に、各有権者の憲法意識がこの間きわめて安定していたと判断するのは早計である。実際、二つの調査間で回答者の全員が憲法意識を真逆に変化させていた（当初の改憲派が全員護憲派に、当初の護憲派が全員改憲派にそっくり入れ代わっていた）としても、護憲派五〇％、改憲派五〇％という集計結果は連続して得られてしまうのである。

第2章

改憲論優位の時代——占領期から「逆コース」の時代へ

一般改正質問と九条改正質問

第2〜4章では、戦後に実施された、主要機関による世論調査の結果を網羅的に検討し、日本人の憲法に対する意識の変化をみていく。憲法意識に関する質問といってもその種類はじつに多様であるが、本書で中心的に検討するのは、憲法改正の是非を問う質問に関してである。

じつのところ、以下で具体的にみるように、憲法改正問題について賛否を問う方法もけっして一通りではなく、むしろ無視することのできない多様性がある。しかし大別すれば、調査の実施者たちはこれまで多くの場合、以下の二種類の聞き方を使い分けてきた。

そのひとつは、具体的な修正点を明示せずに、漠然と憲法改正の是非を問うタイプの質問である。典型的には、「あなたは、いまの憲法を改正する必要があると思いますか、ないと思いますか」、「憲法を改めることに賛成ですか、反対ですか」といった聞き方がなされる。この手の質問を、先に述べたように本書では「一般改正質問」と呼ぶ。また単に「改憲派（護憲派）」と表記した場合、この種の質問において改憲に賛成（反対）した回答者を意味するものとする。

もうひとつは各論的な質問であるが、とくに九条改正の是非を問うものが重要である。いうまでもなく、憲法には九条、すなわち安全保障体制に関する部分以外の争点も多数存在する。しかしこれまで歴史的には、少なくともエリート（政治家・政党）層における憲法問題の「天王山」は九条であったし、マスメディアなど調査機関の側でも九条問題が主要な関心事でありつづけてきた。結果として、この問題については他と比べて高頻度で調査が積み重ねられている。したがって本書でも、九条改正質問に対してとくに詳しい検討を加えていくのは当然のことである。なお、他の条項の改正に関する質問については、各問題が争点化した時期の記述において適宜ふれていくことにしたい。

以上のように、本書では一般改正質問と九条改正質問の区別を重視する。その重要性はしかし、読者には必ずしも自明ではないかもしれない。憲法問題とは、ほとんどの人にとって実際には九条問題のことなのであり、漠然と憲法改正の是非を問おうが、九条を明示して是非を問おうが結局同じことではないか――こうした考えは、世上広く持たれているように思われる。しかし以下で詳しくみていくように、二つの質問に対する回答の関係はこのように単純なものではない。むしろ、この二種類の質問がこんにちまで混在していることは、日本人の憲法意識に関する解釈を無用に複雑化させてすらいるのである。このことは、以下の分析からしだいに明らかになっていくであろう。

さて二種類の質問のうち、九条改正質問については、聞き方のバリエーションの幅が広く、またそれによって回答が大きく影響されてしまうために、調査同士の比較は容易ではない。それに比べれば、一般改正質問はそれほど質問文の表現の幅が大きくないので、結果を比較しやすい。そこでまず、朝日新聞と読売新聞が戦後行ってきた一般改正質問の結果を用いて、護憲派（憲法改正に一般論として反対の人たち）の割合の推移を概観してみよう（図2-1）。この二つの新聞社

図2-1　一般改正質問にもとづく護憲派割合の推移

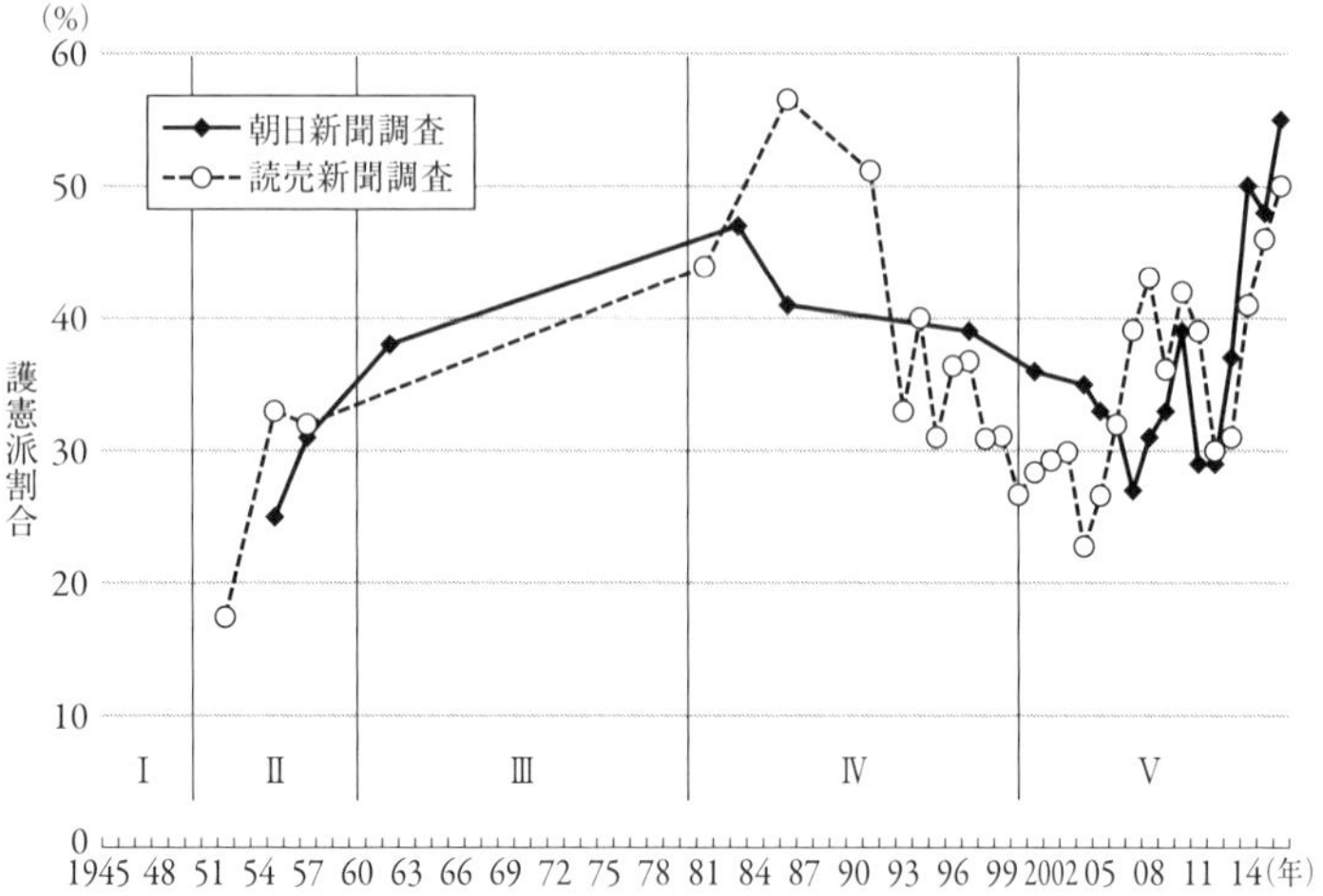

を取り上げたのは、両社が戦後長期間にわたり、しかも比較的一貫した方法で一般改正質問を数多く行っているためである。この図における護憲派割合の水準は、現憲法に対する「支持率」のようなもの、とさしあたりは理解していただいてよい。

図2-1によると、世論変化のタイミングにおいて微妙な違いはみられるものの、全体として、両調査主体による一般改正質問の結果にはかなりの共通性があることが明らかであろう。どちらの機関の調査においても、大雑把にいって、一九五〇年代から八〇年代までは護憲派が増加し、その後二〇〇〇年代初頭までは長期的な減少傾向がみられる。二〇〇〇年代以降は傾向が安定せずジグザグの動きをしているが、とくに近年になって急激に護憲派が増加している点が目につく。

戦後史の時代区分

図2－1からは、日本人の憲法観についていくつかの歴史的転換点が見出せるが、こうした世論の全体的変化は、各時期のエリート層における改憲論議の動きとの連関を感じさせる。そこで本書では、世論の動き、エリートの間での憲法論争のあり方に加え、憲法意識を測定する方法（調査方法）の変化をも勘案し、戦後史を五つの時期に区分して論述していくことにしたい。図2－1に示した縦の区切り線が、その時期区分に対応している。

第Ⅰ期「占領改革の時代」は、一九四五年の第二次世界大戦敗戦から五〇年頃までの期間にあたる。この時期の日本は連合国による占領下に置かれ、多くの非軍事化・民主化改革が施された。日本国憲法の制定もその一環として行われたものである。一般の国民がどのように新憲法を受け止めたのかは重要な論点であり、他の時期と区別して議論する価値がある。しかし他方で、調査の未発達により、世論の動きを探ることが難しい点もこの時期の特徴になっている。

第Ⅱ期「「逆コース」の時代」は一九五〇年代に相当する。この時期、東西冷戦対立の激化とともにアメリカの対日政策に転換があり、国内でも保守勢力による反占領改革運動が盛り上がった。その流れのなかで、政権の内外からきわめて積極的かつ強力な憲法改正への動きが生じた。同時に、五〇年代は憲法意識に関する世論調査が本格化した時期である。改憲運動の興隆にもかかわらず、結果としてなぜ憲法改正は現実化しなかったのか、世論の動向をふまえつつ議論することが求められよう。

第Ⅲ期「高度成長の時代」は、一九六〇年代から七〇年代を対象とする。保守政党の自民党と革新政党の社会党が対峙する、いわゆる「五五年体制」の成熟期にあたる。この時期、「奇跡」とまで言われた高度経済成長のもと、憲法問題は政権によって棚上げされ、改憲運動も停滞した。こうした社会的大変化と戦後憲法体制の安定が、国民の憲法に対する見方にどう影響したのかを探ることが課題となろう。

第Ⅳ期「五五年体制の崩壊」は、一九八〇年代から九〇年代の時期にあたる。九〇年前後に、日本を取り巻く内外の情勢は急激な変化をみせた。国際的には東西冷戦が終結し、国内では自民党による長期一党支配が崩れた。経済面ではバブルが崩壊し、長期停滞の時代に入る。これらの変化とも複雑に関連して、長く眠っていた改憲運動が突如広がりをみせるようになる。社会・経済・政治という、あらゆる面での急激な環境変化は、国民の憲法意識にも多大な影響を与えたに違いない。世論の変化を確認し、その変化の意味について慎重に解釈することが必要になる。

最後の第Ⅴ期「ポスト五五年体制期」は二〇〇〇年代以降である。二〇〇〇年代には小泉改革と二度の政権交代を経験し、日本政治のあり方は大きく変貌することになる。憲法問題はこの間、一九五〇年代に比肩できるほど重要な政治的課題として浮上している。とくに日本の安全保障環境の変化から、九条問題の争点化が顕著になった。国会では改憲問題が積極的に取り上げられるようになり、憲法改正に向けた具体的手続きも整備されつつある。こうしたエリート層の動きに有権者はどのような反応を示しているのか。この点を理解することは、今後の憲法の行方を考えるうえで不可欠の作業である。

以上の時期区分に沿って、戦後日本人の憲法観について歴史的記述・分析を進めていきたい。本章では第Ⅱ期までの内容を扱う。第Ⅲ～Ⅳ期については第3章、第Ⅴ期については第4章でそれぞれ議論する。

1　九条「神話」の誕生――占領改革の時代

新憲法の誕生

日本国憲法は一九四六年一一月三日に公布され、翌四七年五月三日から施行されている。その成立の経緯について、まず簡単に振り返っておきたい。

一九四五年八月、日本政府はポツダム宣言を受諾、連合国に対し降伏した。同月末にはマッカーサー元帥が来日し、連合国最高司令官総司令部（ＧＨＱ）による占領が速やかに行われた。ＧＨＱは日本の非軍事化・民主化を進める改革をつぎつぎに実施していく。そうした占領改革の、最も重要な成果のひとつとして新憲法の制定は行われた。

日本国憲法の源流がどこにあるかは今日なお論争的だが[1]、少なくとも形式的には、GHQのきわめて強い影響下に誕生したことは間違いのない事実である。マッカーサーが幣原喜重郎首相に対し、明治憲法改正の必要性について示唆したのは、一九四五年一〇月のことであった。幣原首相は当初、憲法改正に消極的であったものの、松本烝治《じょうじ》国務相を委員長とする憲法問題調査委員会を設置し、検討を開始した。ところが、翌年二月に明らかになった松本委員会による改正試案は、天皇を統治権の総攬《そうらん》者とするなどしたため、GHQからきわめて保守的な内容と評価された。このためGHQは、自ら憲法改正を主導する方針を固める。ホイットニー准将ら民政局は、のちに「密室の九日間」（鈴木 1995）といわれる超短期間の突貫作業によって草案作成を進めた。

GHQによる憲法草案が日本政府に示されたのは、一九四六年二月一三日のことである。この草案には、象徴天皇制や戦争放棄といった内容が含まれており、非常な驚きをもって日本側には迎えられた。幣原内閣は難色を示したが、天皇制存続を優先するかたちで、結局は受け容れることとなった。当時、連合国側では昭和天皇の戦争責任を問う声が高まっており、ラディカルな憲法改革を早急に進めない限り、天皇制に危険が及びかねないとの観測があったのが、大きな背景としてあった。日本政府はGHQ草案をもとに条文化を進め、三月六日に「憲法改正草案要綱」として政府案を公表した。

一九四六年四月には戦後初の衆議院総選挙が行われ、紆余曲折を経て、幣原内閣の外相を務めていた吉田茂が後継首相に選ばれた。吉田内閣が新憲法案を衆議院本会議に上程したのは六月末のことである。主権在民の明記や九条条文の部分的改変[2]など、重要な修正が加えられたうえで新憲法案は議会を通過し、一一月三日に公布となった。

こうして誕生した日本国憲法であったが、当初から、さまざまな政治勢力による不満の表明があった。一方では、この時期に特徴的なこととして、「左」側からの憲法批判があった。この時期、新憲法に対する最大の反対勢力は日本共産党であった。共産党はそもそも、天皇制の存続を認める新憲法案に対し批判的であった（古関 2009：209）。戦争放棄と戦力不保持を定める九条に対しても、「我が国の自衛権を抛棄して民族の独立を危うくする危険がある」[3]とし、反対意見を公然と表明した。

他方では、象徴天皇制や戦争放棄といった「ゆきすぎた改革」に対する、「右」側からの批判があった。このなかには鳩山一郎、岸信介といった、戦前・戦中の有力な旧指導者層が含まれており、吉田政権にとって潜在的には深刻な脅威であった。ただし、こうした右派勢力はこの時期ことごとく公職追放に処せられており、新憲法に対する攻撃が組織化されるのはしばらく後のこ

1――終戦直後いくつかの民間改憲草案が作成されたが、なかでも鈴木安蔵ら憲法研究会による案はＧＨＱから高い評価を受けたことが知られる。日本国憲法の起草過程については古関（2009）が詳しい。
2――九条については、芦田均の提案により二項に「前項の目的を達するため」という文句が挿入されたことが広く知られる（古関 2009：290–294）。
3――一九四六年八月二四日衆議院本会議における、共産党代議士野坂参三の発言。

とになる。

こうしたなか、吉田政権は当面、新憲法を護持する姿勢を明確にしている。憲法制定直後、連合国側の占領政策の最高決定機関であった極東委員会は、「憲法施行後一年から二年までの期間内に、日本の国会と極東委員会の双方によって再検討を行うこととする」と表明していた。これに対し、施行後二年に迫った一九四九年四月、首相は国会で「政府としては現在憲法改正の意思はまったくない」と言明している（佐藤 1977）。吉田は、九条改憲後の再軍備による財政負担増や旧軍勢力の復活を危惧していたとされる（大嶽 1988:17; 高坂 2006）。

日本の民主化と世論調査

では占領期において、一般の国民は新憲法をどのように見ていたのだろうか。この点はこんにちの関心事であるだけでなく、占領下の日本人にとっても重要な論点であった。民意の把握には、当時、最新技術として導入が進んだ全国世論調査が積極的に用いられることになる。[4]

日本において、世論（輿論）調査の試み自体は戦時期にも多少はなされていた（佐藤 2008:65）。[5]しかしその本格化は終戦を待たなければならない。戦時期からの言論統制法がGHQによって撤廃されたのは、一九四五年九月のことである。これを受けて、多くの報道機関で世論調査部局が置かれるなど調査機関の設立があいつぎ、実際に世論調査が試みられるようになった（川島 1994）。本書でデータ収集の対象とした報道機関では、毎日新聞社で四五年一〇月、朝日新聞社で同一一月、読売新聞社で翌年一月、時事通信社で同四月、ＮＨＫで同六月というタイミングでそれぞれ専門部局が設置されている。

ＧＨＱは、日本の民主化政策の一環として、また占領政策に対する一般国民の反応を把握するために、これらの機関による調査実施を奨励し、自ら技術指導すら行った。一九四五年九月には、ＧＨＱ内の専門部局として民間情報教育局（ＣＩＥ）が設立されている。「当時の日本の調査技術の低さはそのままＣＩＥの分析精度に直結する問題となった［ため］、日本の世論調査機関の把握とその指導・育成がＣＩＥの重要課題」と位置づけられたのである（川島 1995）。

このようにして、終戦直後の混乱期にもかかわらず、一九四五年末以降、世論調査は活発に行われるようになった。新憲法と世論調査がともにＧＨＱの強い影響下で成立、発展させられたと

4——なお敗戦直後の時期には、政府によって、新聞社やラジオ局への「投書」の分析が広く行われていた（川島 1995）。憲法問題に関しては、外務省の報告書「憲法草案要綱ニ対スル内外ノ反響」（一九四六年三月一八日）において「一般国民階層に於ける反響は新聞投票欄乃至社会面等より観測せざるを得ない為正確を期し難いが、大体に於て特殊なる勘に依って今次草案の成立経緯を感知して居るものの如く内容に関しては天皇の地位の存続と戦争放棄の既定の両者に強き印象を有して居るものの様である」（傍点引用者、新字・新仮名に改めた）との記述がある。投書分析では、意見を積極的に表明する国民しか対象に入らない。この点で、国民の「平均的な意見」を知るにはまったく適さない方法であることは言うまでもないだろう。

5——「世論」と「輿論」の間には、表記が異なる以上の意味の違いを汲み取ることができる（佐藤 2008）。しかし本書ではこの点には踏み込まず、以下では原則として、今日一般に用いられている「世論」表記で統一する。

いう事実は、本書にとっても非常に興味深い点である。当時の調査担当者が「わが国の民主主義が敗戦の落し子なら、世論調査もまた敗戦の落し子で（略）双生児」だと述べているように（今村 1951:119）、憲法と世論（の測定）の出発点は奇妙な一致をみせている。

占領下の憲法意識調査

終戦直後から、雨後の竹の子のように行われるようになった世論調査は、当然ながら新憲法に対する民意の把握にも用いられるようになる。ここではその中身について検討していく。

ただし、この時期に行われた世論調査は方法的に試行錯誤の段階にあり[6]、今日からみれば、国民全体の、あるいは平均的な意見を知るためのデータとしては一般に信頼性が低いということを、あらかじめ注意しておかなければならない。とくに問題となるのが、当時用いられた標本抽出（サンプリング）の方法である。標本抽出とは、有権者全体（母集団）から調査対象者を選び出す作業のことをいう。適切に標本抽出を行うには、前提として、全国の人口構成を正確に把握する必要があるが、終戦直後の混乱期にそうしたデータを集めることは困難であったろう。

そもそもこの時期の調査実施者の間では、「無作為抽出法」（ランダム・サンプリング）の技術がほとんど知られていなかった[7]。無作為抽出法とは、「母集団から分析対象事例をランダムに抜き出すというサンプリング方法で、これによっていわば「母集団の精巧なミニチュア版」を作成する」（加藤・境家・山本編 2014:76）ことを目的とする。標本の無作為抽出は科学的調査の基礎であり、客観的な世論把握のための重要な条件であると考えられている。ところが、この時期に国内で行われた世論調査のサンプリングでは、有権者全体を職業集団等で分割し、各集団に適当な人数を割り振るという方法（有意抽出法）が一般的であった。これでは「母集団（有権者全体）の精巧なミニチュア版」を作ることは難しく、調査結果の解釈にはとくに慎重な姿勢が必要になる。

以上の点に留意しつつ、この時期の代表的な全国調査について具体的にみていきたい。最初に紹介したいのは、政府によって一九四五年一一月頃（時期詳細不明）に実施された憲法意識調査である。GHQから憲法改正を促された日本政府は、ただちに世論を把握する必要性を理解したようで、一二月には早くも情報局輿論調査課によって「憲法改正に関する輿論調査報告」がまとめられている。[8] ここに記録されている調査こそが、新憲法に直接関係する最初の全国世論調査で

6――回答の集計結果は残っていても、サンプリングの仕方など方法の詳細がこんにちに伝わっていない調査も多い。

7――もっとも、この時期に無作為抽出法の考え方が浸透していなかったのは日本に限ったことではない。調査先進国アメリカにおいてすら、同方法にもとづく世論調査の実用は一九五〇年代に入ってからのことであるとされる（佐藤 2015：第8章）。同国における世論調査研究発展の歴史についてはConverse（1987）、Fried（2012）も参照。

8――この調査報告は、国会図書館がオンラインで一般公開している（http://www.ndl.go.jp/constitution/shiryo/02/048shoshi.html）。

あるとみて間違いないだろう。[9] 調査方法としては、全国から「財界、労働者、俸給生活者、中小商工業者、地主、自作農、小作農の代表」を選定し二八七件の報告を得たとあるが、選定方法の詳細は不明である。結果については、まず明治憲法の改正が必要であるとする意見が二一六件と圧倒的であった。また「改正にあたり積極的に主張すべき要点」（回答形式不明）としては、「天皇の大権を制限、議会の権限を拡大」を挙げる声が最多（七〇件）を占めた点が注目される。その一方で、天皇制自体の廃止を求める声は三件にとどまった。

なお、時期からして――松本委員会による検討が始められたばかりの頃である――当然であるが、この調査では戦争放棄や戦力不保持に関する質問はなされていない。これらが論点になりうるのは、政府の最終的な新憲法草案がおおやけになる一九四六年三月以降のことである。ただ同年六月に入り、GHQは、占領政策への批判につながるとして、日本政府が政治的事項を含む調査を行うことを禁止してしまう（川島 1994）[10]。これにより、九条問題はもちろん、新憲法の是非に関する調査を政府が直接行うことは不可能になった[11]。

新憲法はどう受け止められたか

民間機関では、毎日新聞が一九四六年五月に全国的な憲法意識調査を実施している。政府による新憲法案の発表後、議会審議入り直前の頃にあたる。調査の目的として、「平和愛好国家としての門出にあたり（略）全国民の総意を集め、叡智を傾けて完璧の新憲法を作り上げる」（傍点引用者）ためであることが謳われている。[12]
この時期の世論調査は数が少ないため、たいへん貴重であるが、結果を解釈する際にはこの調査の特殊なサンプリング方法に十分留意する必要がある。本調査の対象は、（毎日新聞自身の表現によると）二〇〇〇名の「有識階級」に限定されたものである。具体的には、「都道府県別人員は従来のやうな人口比例によらず、文化的水準に重点を置き、それに戦災の有無、人口等も加味して（略）職能及び思想的に極力バランスを保つことを期し」て人選したという。こうして得られた標本には、大学出身者が三九％、官公吏が二四％を占める一方、女性は一三％、農業従事者は六％しか含まれていない。これらの割合は、当時の実際の人口構成から遠くかけ離れたものである。以上の方法によって、この調査の趣旨であった「全国民の総意」を推し量ることはきわめて困難だと言わざるを得ない。[13]

9――調査における実作業は、共同通信社調査部に委嘱して行われた。
10――政治的事項とは、「例えば特定の政治的団体に対する態度、内閣に対する態度、並《ならび》に天皇及天皇制に対する態度等」を意味した（川島 1994）。
11――一九四九年六月に国立世論調査所が新設され、そこが政府の世論調査を担当することになったが、同調査所は法律によって政治関連テーマの扱いを禁じられた。この規制は占領終了後もしばらく残り、結局政府が法的に政治関連調査を行えるようになるのは、五四年七月に同調査所が廃止されて以降のことである（読売新聞一九五六年二月二〇日付）。
12――毎日新聞一九四六年五月二七日付。

こうした標本の偏りを念頭に置きつつ、調査の結果をみておこう。この調査には、新憲法に「戦争抛棄の条項を必要とするか」という問いが含まれている。これは九条に関連する質問の元祖ではないかとみられ、その意味で歴史的な質問である。これに対する回答は「必要」が七〇％で「不要」が二八％となっている。後述するように、これらは後世まで語り継がれる伝説的数字となる。

その他で注目すべきは、天皇の位置づけに関する質問である。「政府草案の天皇制を認めるか」では八五％がこれに同意する一方、「国会の決定に対し、政府または天皇に拒否権を与へる必要」については賛否が割れている（四七％対五二％）。天皇主権の廃止には賛成するにしても、徹底した天皇の脱政治化（象徴化）には、「有識階級」に限ってもなおコンセンサスがなかったことをうかがわせる結果である。[14]なお「天皇制を廃して共和制を採るべきか」という問いでは、八六％がこれに反意を表している。

新憲法草案が議会で審議されているさなか、一九四六年八月には時事通信社が新憲法案全体の評価を問う調査を行っている。この調査でも、サンプリング法の問題から標本にはやはり大きな偏りがあった。この調査には、実施後にＣＩＥから方法上の問題が指摘され、技術指導まで行われたという逸話が残っている。参考までにＣＩＥによる指摘を以下に引いておこう。

偏向の中で最も重大な二つの点は女性と郡部双方の人々の見解が十分に反映されていない

点にある。他の点についても国勢調査と一致しないものがかなりある。アメリカの基準からすれば、この調査方法自体が全く偶然性に基づいており、調査結果の信頼性に極めて重大な疑問を与えている。（川島 1994：5）

こうした不備の多い調査ではあるが、その結果は興味深く、注目に値する。「今議会に提出されている憲法改正案をどう思いますか」という問いに対して、四三%が「満足に思う」と答えているのに対し、三一%が「不満足に思う」、六%が「ゆきすぎである」と回答している。この時期、一般国民にどれだけ新憲法案の中身や起草の経緯が理解されていたかは不明だが、新憲法案に何らかの不満や違和感を持つ国民が少なくなかったことをうかがわせる。

ただし、最終的に議会を通過した新憲法に対して、全体としては「及第点」が与えられたようである。この点について、毎日新聞が一九四六年一一月末に調査を行っている。この調査でもやはり、性別や職業別に適当な人数を割り当てるという方法で回答者が選ばれており、標本には大

13――ご丁寧にも、「貴衆両院議員は国会で意見を述べられるから本調査では除外した」との記述もある。賢明な判断だったと言えるが、そもそも議員をわざわざ特別に標本に加えるという選択肢自体が、こんにちの世論調査ではまったく想定できない点に注意したい。

14――もっとも、「天皇に」ではなく「政府または天皇に」拒否権を与えることの是非を問う質問なので、結果の解釈は慎重に行う必要があろう。

きな偏りがある。しかし職業別の細かい回答結果が合わせて報告されている（毎日新聞一九四六年一二月一六日付）ために、多少掘り下げた解釈が可能である。

まず全体の集計結果であるが、吉田内閣の行った憲法改正について、「成功」とみなすものが三五％、「大体よろし」と評価するものが五七％であったのに対し、「失敗」とするものは五％弱にすぎなかった。職業別の集計をみても、この全体の傾向と大きくずれる集団は存在せず、憲法改正を「失敗」と評価した割合は、最も高い「無職その他」の場合でも一割に満たない。新憲法は、国民各層において、「もろ手を挙げての歓迎」を受けたわけではないにしろ、おおむね良い印象で迎えられたとは言えそうである。

象徴天皇制への支持

問題はこの好印象の背景であるが、毎日新聞は「敗戦以来国民の最大関心となった天皇制が維持されたということが決定的な要因であろうと思われる」との論評を与えている。指導者層と同じく、国民レベルにおいても憲法問題の焦点は（九条ではなく）天皇制にあったと、少なくとも当時の大手メディアはみていたことが分かる。

天皇制存続については、この時期のどの調査でもたしかに圧倒的な支持が与えられており（小林 1963：125）、いかに偏りのある標本からの推論といえども国民一般に強い要望があったことは疑いの余地がない。無作為抽出法にもとづく最初期の全国調査である読売新聞一九四八年八月の調査によると、「天皇制はあつた方がよい」とする意見が回答者全体の九割超を占めたのに対し「天皇制はなくなつた方がよい」とする回答は四％であった。天皇制維持は制憲当事者たちが最も重視した課題であったが、一般国民の間でもこの論点ではコンセンサスがあったとみていい。こうした天皇制への広範な支持がまた、天皇制の存続を保証した新憲法への好評価の基礎にもなったことを注意しておくべきだろう。

占領期の九条評価は不明

天皇制の問題に比べると、九条問題については、この時期、意識調査の対象にほとんどなっていない。今回集めた調査群のなかでは、憲法制定後から一九五〇年までの間、九条への評価を問う類の質問はひとつとして確認できなかった。これが、調査機関がＧＨＱに遠慮した結果であるのか（ＧＨＱは占領政策の是非について問われることを一般に嫌がった）、単に九条が当時の世間の関心事でなかったことの反映なのかは分からない。[15] いずれにせよ、新憲法で規定された「戦争放棄」や「戦力不保持」の原理がどのように一般国民に受け取られたのかは、今となっては不明であると言うほかない。

15――仮に前者の要素があるとすると、当時の調査機関は九条に対する評価が割れているとみていたことになる。天皇制維持のように、広範な支持があるとあらかじめ分かっているような論点に対する質問は行われていることにも注意されたい。

にもかかわらず、占領期における日本人の九条意識はこんにちまでよく語られているのである。しかも、そうした議論は例外なく、戦争放棄・戦力不保持を定める憲法九条は、制定当初より大多数の国民から圧倒的な支持を得ていたと主張している。古今の憲法研究者、批評家の著作からその例を挙げてみよう。

［新憲法案に対し］一般の国民は（略）その予想外の進歩性に驚きながら、大方の人々は民主＝平和主義を率直に歓迎し、一般に非常な好感を示した。（略）［当時の世論調査の数字は］大多数者の支持が政府草案に寄せられていることをよく物語っている。（小林 1963：59）

さまざまな調査からはっきりわかることは、国民の多数は［戦争放棄条項を含む］政府草案を支持していたということである。（古関 1997：25）。

［当時の世論調査の結果によると］象徴天皇制と平和主義という新憲法の原理に対して、大多数の国民が共鳴したと解することができる。（略）日本国民は、「押し付けられてよかった」と感じていた（略）。（辻村 2014：99）

［当時の世論調査の結果によると］日本の一般層（?）・ふつうの人々のほうは、この戦争放

棄条項を、意外にも、平常心で受け入れ、圧倒的多数で歓迎した（略）。（加藤 2015:353）

本書では、従来のこうした通説的な見方には、じつはほとんど根拠がないという点を強調したい。繰り返しになるが、占領期の調査は一般に方法的な不備が多く、さらに九条に関していえば、そもそもその賛否を問う質問自体がほとんど試みられていないのである。

右に挙げた一連の主張はじつは、すべて同一の、そしてただ一つの調査結果に依拠している。[16] それは先に紹介した、毎日新聞が憲法制定前の一九四六年五月に実施した調査である。同調査には「戦争放棄の条項を必要とするか」という問いが含まれており、結果は「必要」とする意見が七〇％と、たしかに圧倒的多数であった。

しかし前述のように、この調査は「有識階級」に意図的に限定して行われたものである。[17] また、その質問も「戦争放棄条項の必要性」という抽象的な内容となっており、例えば「自衛権の放棄」や「戦力不保持」の是非が直接問われているわけではない。侵略戦争の放棄には賛成でも、自衛戦力の不保持までは同意しないという有権者もいた可能性は捨てきれない。

16――古関（1997:25）は「さまざまな調査から」と書きながら、実際には一つの調査しか引いていない。

17――小林（1963:59）は、この当調査のサンプリングの特殊性について認識してはいるものの、「その後の多くの調査結果と対比してみても、大体において当時の一般世論の傾向を把みとっていると推定してよさそうである」と結論づけている。この判断の根拠はまったく不明である。

大戦の惨禍が生々しく残っていたこの時期、九条の掲げる平和主義的精神が、日本人の心を強く打った可能性があること自体は、直感的には否定しがたい。しかしそうした先入観を超えて、先の通説的な見方を支持する説得的な証拠はこれまでほとんど示されていない。「一九四〇年代における国民の九条意識は不明である」という結論は、じつに歯切れが悪いが、最も誠実な答え方ではないかと思われる。

それでもなお、この点についてあえて推理をするとすればどうか、と問われるかもしれない。無理を押して述べるとすれば、筆者はこう回答するだろう――戦後憲法学の有力説である「一切の軍備の不保持」に九条の解釈を限定するとすれば、これを支持した国民はけっして多数ではなかったろう、と。この推論を支える根拠は、その直後の時期に行われた世論調査の結果にある。節を改めて、続く時代について検討を進めることにしよう。

2 改憲論から慎重論へ――「逆コース」の時代

再軍備と主権の回復

日本の徹底的な非軍事化というアメリカの占領当初の方針は、東西冷戦対立の激化とともに変化を始める。一九四九年に中国大陸で共産党軍が内戦に勝利し、翌年には中ソ軍事同盟が成立するなど、北東アジアにおける共産主義勢力の脅威は深刻の度を増していた。緊迫した国際情勢のなかで、アメリカは日本を反共の防波堤として利用すべく、占領政策を転換していく。

一九五〇年六月に勃発した朝鮮戦争は、日本再軍備の直接的な契機となった。朝鮮半島に動員された米軍の穴を埋めるべく、マッカーサーは迅速な軍備再建を要求、日本政府はこれに応じて八月に警察予備隊を創設した。この後も、アメリカはたびたび軍備拡大を要求した。軽武装・重商主義路線を目指す吉田首相は大規模な軍備増強には消極的であったが、結局は外圧に押される格好で、五二年一〇月には保安隊を、五四年七月には陸海空「三軍」を備える自衛隊を発足させることになる。こうした吉田政権による事実上の再軍備政策は、憲法九条二項の「戦力不保持」規定との矛盾を表面化させることになった。

他方で、一九五一年九月にはサンフランシスコ講和条約が締結され、翌年四月に日本は主権を回復している。日本政府は講和条約と同時に日米安全保障条約を結び、「自由主義陣営」の一員としてアメリカと共同歩調を取る姿勢を明確に示した。独立回復により、憲法の内容を含む安全保障体制のあり方は、（原理的には）日本自身が主体的に決められる問題となり、一気に国内政治上の大争点となった。

内外からの改憲圧力と吉田政権

占領統治の終わりは、政局面においては、多くの公職追放者の復帰を意味した。政界の前線に戻った鳩山一郎や岸信介ら戦前・戦中派政治家たちは、戦後体制を形作ってきた吉田政治のあり方を批判し、とりわけ新憲法の制定過程やその内容について問題視した。上記の九条問題に関して、これら右派勢力は、自衛軍の存在を憲法中に明記するなど九条を改正することによって、憲法と現実との非整合を解消すべきであると主張した。

この間、アメリカからも改憲の要請が強まっていた。一九五一年一月末には、国務省顧問ダレスが来日し、軍備増強を円滑に進めるための憲法改正を日本政府に直接求めている。また五三年七月から日米相互防衛援助協定（ＭＳＡ協定）をめぐる交渉が始まると、対日経済支援の前提として、改憲をともなった軍備拡張要求がさらに強まった。同年一一月に来日したニクソン副大統領は、アメリカにとって憲法九条制定は誤りであったとする趣旨の発言をしている（渡辺 1987: 244–245）。

こうした内外からの改憲圧力のなか、一九五四年には保守政党のなかで憲法改正に向けた動きが活発化していく。吉田政権下で与党の自由党は、鳩山など党内早期改憲派の意向に応じて、三月に憲法調査会を設置した。第一野党であり、改憲派議員の牙城であった改進党も、この動きに遅れまいと翌月には同様の調査会を発足させている。

二大保守政党の憲法調査会は精力的な活動を行い、それぞれ一九五四年のうちに具体的な憲法改正案をまとめている。これら五〇年代の改憲構想の特徴は、当時改進党議員だった中曽根康弘の以下の主張によく表れている。

我々が、自主憲法を作ろうというのは（略）敗戦、無条件降伏、ポツダム宣言、占領政策のための日本弱体化憲法（略）に耐えられず、敗戦と占領と無条件降伏から脱出して、真の独立日本になるために、自主憲法を作ろうというのだ。従つて一部を改正するのでなくて、全面的に新しく書き改めるのだ。（中曽根 1955：9–10）

要するに、「押しつけ憲法」の全面的な再検討によって、これを丸ごと作り直そうというのが、五〇年代改憲運動における公約数的な目標であった（渡辺 1987：265–273）。実際、二大保守政党の改憲案では、九条改正（軍隊保持の明記等）はもちろんのこと、天皇の元首化と国事行為の拡大、人権制限、国民義務の拡大、参議院制度改革、地方自治制限、改憲手続きの緩和など、まさに全面的な憲法の見直しが主張された。

一方、革新政党の側では、講和条約への対応をめぐって日本社会党が一九五一年に分裂していた。このうち左派社会党（左社）は、この時期左傾化を強めていた労働組合の全国組織、日本労働組合総評議会（総評）の支援を受けていた。総評はその組織力から左社の集票マシーンとして機能し、その力を背景として同党の政策方針にも強い影響を与えるようになった（原 2000:89–94）。こうして左社は、吉田政権の進める「なし崩し再軍備」を、一連の「逆コース」（戦前回帰）的政策の最たるものとして捉え、批判を強めるようになる。同党は憲法問題では護憲の立場を明確にし、とくに九条問題では「非武装中立」の原則から、自衛隊の存在および安保条約にもとづく米軍の国内駐留を問題視した。こうして、自衛隊・日米安保体制と憲法維持の両立を図った吉田政権は、左右両翼から挟撃される格好となった。

五五年体制の成立

一九五四年一一月、自由党を離れた岸信介、鳩山一郎らが改進党ほかと合流し、一大改憲派政党となる日本民主党が結成された。翌月、同党によって内閣不信任案が提出され、ついに吉田内閣は総辞職に追い込まれる。代わって誕生したのは、鳩山を首班とする民主党政権であった。翌年一月、鳩山首相は施政方針演説でつぎのように述べ、改憲への意思を早速、表明している。

わが国の自主独立の達成のためには、占領下において制定された諸法令、諸制度につきましても、それぞれ所要の再検討を加えて、わが国の国情に即した改善をいたしたいと考えるのであります。特に国家の基本法たる憲法については、制定当時の事情と、これが実施の結果にかんがみまして、国情に即した修正を施す必要があることは、これを認めざるを得ないところであります。[18]

さらに三月には、国会において日本国憲法無効論を主張する（のち発言取消）など、[19]首相は露骨に憲法軽視の姿勢を示した。

一九五五年は戦後政治の画期をなす年である。この年の二月には衆院総選挙が行われている。この選挙で、「鳩山ブーム」に乗った民主党は六〇議席増（一八五議席獲得）という勝利を収めている。その一方、総評による組織的支援を受けた左派社会党も伸び、革新勢力は合計で、衆院において改憲阻止可能な三分の一の議席を占めることになった。

同年後半には革新、保守それぞれの陣営で政党間の大連合がなされた。まず一〇月に、左右に分裂していた社会党が再統一された。社会党は新たに採択した綱領において、社会主義革命の達成を目標に掲げるとともに、資本家階級が「平和憲法の無視と改悪」を企図しているとし、九条擁護の姿勢を明らかにした。[20]

18――一九五五年一月二二日衆議院本会議における発言。
19――三月二九日、参議院予算委員会における発言（梶居 2012）。
20――少なくとも一九五〇年代前半までは、社会主義憲法への移行を主張した左派社会党綱領（原 2000:110）にみられるように、「左方向への改憲論」も議論として存在した。しかし保守勢力による復古的改憲論の是非が中心的な争点となっていくにつれ、革新勢力側は一般有権者向けの訴えとして護憲的主張を強調するようになっていく。

対する保守勢力の側でも民主、自由両党の合同機運が高まり、一一月には自由民主党の結党に至った。自民党は、社会党とは対照的に、憲法改正を党是とする方針を明確にした。合同の過程で採択された「党の使命」および「党の政綱」では、「現行憲法の自主的改正」が目標として明記されている[21]。自民党結成を受けて新たに発足した第三次鳩山内閣は、三大目標のひとつに改憲を掲げた[22]。

このようにして、保革二大政党が対峙する、いわゆる「五五年体制」の構図が確立した。二陣営間の中心的な対立点は安全保障体制をめぐる方針であり、なかでも最も重要な焦点として憲法九条の改正問題が置かれることになった。

五〇年代改憲運動の衰退

自民党は、一九五五年末には早くも党内に憲法調査会を発足させ、改憲案の具体的な検討に入った。この調査会の席上、鳩山総裁は、保守合同により「憲法の改正のめど」がついたと述べ、改憲実現に向けて自信をのぞかせている（渡辺 1987 : 290）。

しかしこの後、改憲積極派の思惑通りには事態はなかなか進展しなかった。憲法調査会は、その後一九五六年四月に中間報告「憲法改正の問題点」を公表したものの、最終的な改憲草案の確定には至らなかった。そのひとつの理由は、自民党改憲派内の足並みの乱れにあったとされる。改憲派議員のなかでも、自衛軍保持の明記はともかく、天皇権限の強化など復古色の濃い改正案については賛否が分かれていた（渡辺 1987：288–304）。

さらに早期改憲派にとって誤算となったのは、改憲発議の足掛かりになると期待されていた衆院選挙制度改革が頓挫したことであった。鳩山内閣は保守合同ののち、大政党に有利とされる小選挙区制の導入を図っていた。これが実現すれば、改憲発議の要件である衆院議席三分の二を自民党が獲得できる可能性は高まるものと目された。しかし一九五六年三月から審議入りした公職選挙法改正案は、区割り案の恣意性などが問題となり、自民党内外から強い抵抗を受けた結果、廃案となってしまう。この過程では、吉田派など反主流派から、自民党執行部の足を引っ張る動きが見られたという（中北 2014：33）。

こうした状況で迎えた七月の参議院選挙が、結果として五〇年代改憲運動の決定的な曲がり角となった。この選挙で社会党は四九議席を獲得する躍進をみせ[23]、共産党と合わせ、改憲に反対する勢力が参院においても三分の一の議席を超えることになる。自身の任期中の改憲の可能性が事

21――両文書は自民党ホームページ上で公開されている。
22――朝日新聞一九五五年一一月二二日付夕刊。
23――同参院選における社会党伸長の大きな要因として、同党の選挙戦術の巧みさ（もしくは自民党の戦術の拙さ）が挙げられる。全国区において自民党と社会党の相対得票率はそれぞれ三九・七％、二九・九％であったのに対し、獲得議席数はそれぞれ一九、二一と、社会党の方が多くなっている（石川・山口 2010）。社会党が候補者を二九人に絞り得票数の調整（票割り）をうまく行ったのに対し、自民党では五四人の候補が乱立し共倒れの結果を招いたのである。

実上閉ざされた鳩山首相は、以降この問題に対する意欲を失っていく（渡辺 1987：312）。

鳩山内閣はソ連との国交回復を最後の花道として退陣し、一九五七年二月には岸信介を首班とする内閣が誕生した。岸もまた憲法改正にただならぬ熱意を持っていたが、改憲発議は事実上不可能という国会の状況に変わりはなかった。同年七月より岸は政府の憲法調査会を始動させた（会の設置自体は鳩山政権期）が、改憲に関し、それ以外の策を積極的に打ち出すことはなかった。憲法問題を迂回する代わりに岸内閣が注力したのは、不平等性が強いとされた日米安保条約の改定作業であった。

五〇年代の新聞論調――改憲論から慎重論へ

以上のような動向に対し、当時のマスメディア、とくに新聞はどのように反応していたのだろうか。[24] 報道のあり方は世論にも影響を与えるであろうから、この点を確認しておくことは有益だろう。一九五〇年代の憲法に関する新聞論調については、地方紙まで含めたきわめて詳細な検討が梶居佳広によって行われているので、以下この研究（梶居 2012）に依拠したい。

まず一九五〇年に至るまでの状況であるが、新憲法は「ほぼ全ての新聞」から当初は高評価を受けていたとされる。五〇年までの憲法記念日では、「「平和主義と民主主義」を特徴とする日本国憲法の意義を説いた上で日本の現状が「封建制の残存」や「自由の履き違え」など憲法が謳った理想に達していない事実を指摘して「国民の自覚」を求め憲法の普及啓蒙を促す」類の社説が大半を占めていた、という。

ところがこうした論調は、一九五〇年六月の朝鮮戦争勃発と同年八月の警察予備隊の発足によって一変する。全国紙では、読売新聞が九条改正・再軍備を許容する立場を示すようになった。論説記事の配信で地方紙に影響力を持つ共同通信も、五一年の憲法記念日には九条改正論をとるようになる。他の新聞でも、憲法の意義を「啓蒙」するような論説はほぼ姿を消した。

一九五一年九月の講和条約と日米安保条約の調印は、こうした流れに拍車をかけることになる。独立回復を契機に、日本国憲法の制定過程を明らかにする報道がなされたことも、「押しつけ憲法」論を浮上させる重要な意味を持った。[25] 五二年の憲法記念日の新聞各紙では、全面改正論を積極的に打ち出す社説こそ少数であったものの、改憲絶対反対を主張する新聞はひとつとしてなかった、という。

国内外からの憲法改正を求める声が高まっていた一九五三年後半から五四年にかけては、新聞での改憲論調がさらに強まった。自衛軍保持のための九条改正を不可避とする新聞が増加したの

24——テレビが一般家庭に普及するのは、一九六〇年代以降のことであり、この時期の国民の情報源としては新聞が圧倒的な重要性を占めていた。
25——一九五一年に刊行されたベストセラー『ニッポン日記』(マーク・ゲイン『シカゴ・サン』紙特派員著)のなかで新憲法制定の実態が「暴露」されたことが、「押しつけ憲法」論浮上のひとつの契機といわれる(河野 2010:155)。

みならず、その他の条項の改正にまで言及する論説も目立つようになった。

　この時期、改憲に慎重な新聞社であっても、絶対反対という論陣を張るところはほとんどなかった。付け加えれば、日本の再軍備そのものを完全に否定する主張はほぼ皆無であった。全国紙のうちこの時期唯一改憲に消極的であった朝日新聞も、「有効なる自衛の力を《ママ》必要である」（一九五三年一二月一六日付）とし、再軍備の必要性自体は認めている。

　こうした改憲機運の高まりを受けて、一九五四年はいよいよ「憲法問題の年」になるとの予測が示された（同年正月の共同通信配信）。この年の憲法記念日の新聞論説では「改正賛成二五、反対八、中立七」で、改憲派が優勢であった、という（半谷 1964）。全国紙のなかでは毎日新聞（一九五四年五月三日付）が、九条のみならず多くの点で憲法は「現状に即しない」とし、「改正への意思をはっきり持つべき」と、明確な改憲論を主張するに至っている。

　ところが結果的には、この時期が新聞各紙における改憲論のピークとなる。論調が変化する直接的な契機となったのは、一九五五年二月の総選挙であった。前述のように、この選挙の結果、革新勢力が衆議院で改憲阻止可能な三分の一以上の議席を占めるようになった。こうして憲法改正が当面難しくなったことを受け、各紙の論調にも変化がみられるようになった、とされる。同年の憲法記念日では、とくに地方紙において改憲に積極的な論調はほとんどみられなくなり、むしろ懐疑的な見方が強まった。

　こうした転換の背景には、一九五四年頃の保守勢力による憲法「全面改正」運動があったとみられる。天皇権限の強化をはじめ、ここで提示された改正案が復古的に過ぎると評価されたため、九条改正はやむを得ないと考えていた新聞も慎重な姿勢に転じたのである。そもそも憲法問題が保革対立の焦点となったことで、「一県一紙」体制を謳う（つまり県民全体から広く読まれることが前提の）地方紙にとって、この問題は扱いが難しいテーマとなっていた。

保守合同以降も、こうした流れは変わることがなかった。鳩山内閣が政府憲法調査会を設置するなど改憲への動きが具体化し始めると、保守政権の進める「権威主義的」な改憲運動への批判はさらに目立つようになった。結果として、一九五六年の憲法記念日の新聞論説は「改憲賛成五、改憲反対六、慎重二五」（半谷 1964）という色分けとなった。[26] それまで九条改憲を強く主張しつづけてきた読売新聞も、この段階で慎重派に転じている。

一九五六年の参院選を経て、改憲の現実味がなくなると、多くの新聞では「社説のみならず報道においても憲法問題はほとんど忘れ去られるように」なった。[27] 改憲になお前向きな姿勢をみせていた新聞も、その多くは五〇年代末までに沈黙するか、慎重論に転じるようになる（梶居

26――梶居によれば、このうち「慎重」派の多くは実質的に「改憲反対」に近いという。
27――筆者の調べでは、毎日新聞において「憲法改正」が見出しに含まれる記事の数は、一九五四年が二七本、五五年が二九本、五六年が二八本であるのに対し、五七年では八本に激減している（オンライン・データベース「毎索」を利用し、東京版朝刊にもとづき集計）。なお五八年では一本、五九年では二本と、これ以降は八〇年（七七本）に至るまで、ほとんど「憲法改正」は見出しに使われていない。

2012：表3）[28]。

以上のように、一九五〇年代は、有権者を取り巻く憲法に関する情報・メッセージの内容（情報環境、第6章で詳述）が大きく変化した時期である。こんにち忘れられがちであるが、五〇年代前半の改憲論はけっして一部の右翼政治家だけが唱えた極論ではなかった。改憲論が世の大勢だった、とまでは言えないにしろ、少なくとも九条改正論はごく一般的な言説であったことに十分留意しておきたい。もっともこうした風潮は、政治家・政党間における改憲運動の衰退と軌を一にして、五〇年代後半には急速に失われていった。

五〇年代の憲法意識調査

以上の時代状況を念頭に置いたうえで、世論調査の結果をみていきたい。一九五〇年代に入り、科学的調査（無作為抽出法にもとづく全国調査）の方法が確立し、普及し始めたこともあって、信頼性の高い憲法意識調査が行われるようになった。内容的にも、改憲が現実的な争点となったことから、各条項への評価にとどまらず、その改正の是非が直接問われるようになった。

この時期に確立された質問の方法・形式は、その後の憲法意識調査にも多大な影響を残しており、その検討は今日的にも重要な意義を持つ。そこでまずは、一九五〇年代の憲法改正問題に関する「設問のあり方」について、全体的な傾向をみておきたい。

図2－2は、一九五〇年代における一般改正質問と九条改正質問の頻度を年ごとにみたもので

図2-2　1950年代における憲法改正関連質問の頻度

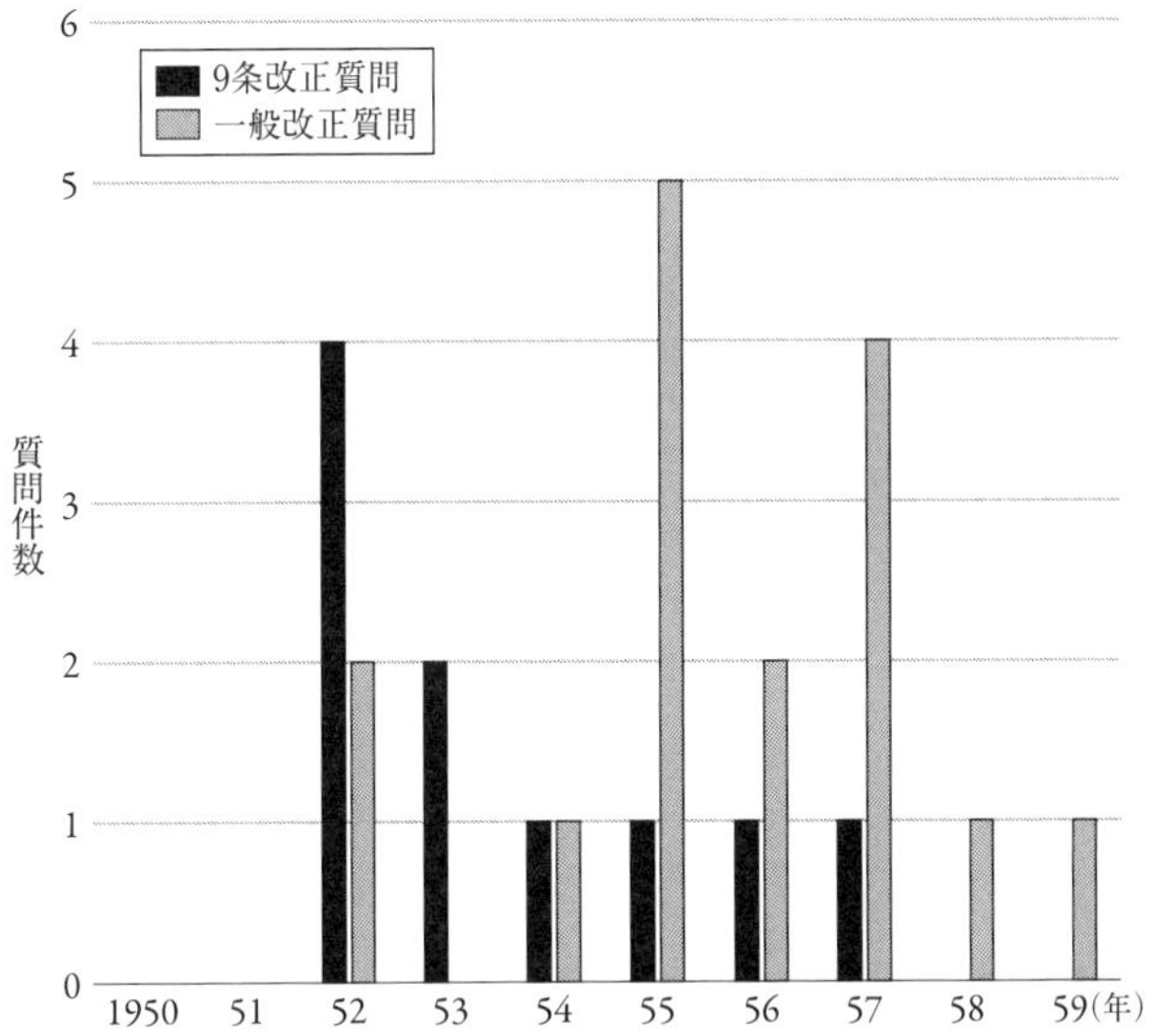

ある（本書で検討対象としたすべての調査機関の質問を含む）。このグラフから、二つのことが見て取れる。まず全体的な調査頻度についていえば、五二年が憲法改正に関する調査「元年」であること、とくにその年と五五年は活発に調査がなされたことが指摘できる。つぎに質問内容別に分けてみると、五〇年代前半までは九条改正に関する質問が多かったのに対し、後半ではほとんど一般改正質問で占められている点が目につく。

　こうした傾向が、当時の政治情勢や社会的関心に沿ったものであることは明白である。一九五二年になって改憲問題が急に世論調査の対象となったのは、日本

28――全国紙で最後まで改憲論を唱えていた毎日新聞も一九六〇年代に入り改憲慎重ないし反対派に転じた。

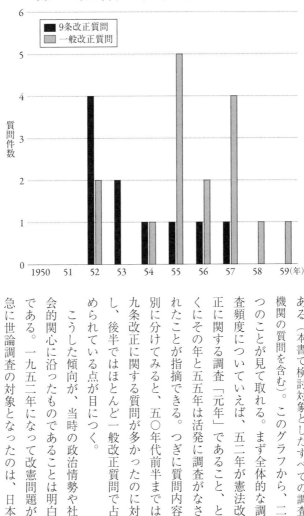

の独立回復に合わせた動きである。占領統治の終焉と同時に、ただちに改憲の是非が国民に問われることになったという歴史を、我々は記憶しておくべきだろう。こうした調査の動きがあったこと自体、いかにこの時期、新憲法の行く末が不透明であったかを象徴している。

質問内容は、当初は九条改正質問が中心であった。その背景には、一九五〇年に朝鮮戦争が勃発して以来、争点化していた再軍備問題があるだろう。その一方で、独立回復を機に、GHQの影響下で生まれた憲法それ自体の正統性が問われ、九条論とは切り離された質問として、憲法改正の是非を総論的に問う質問がなされるようになった。これが本書にいう、一般改正質問の起源である。とくに一九五四年頃から保守改憲派が自主憲法制定論を前面に打ち出し、憲法の全面的改正を求めるようになると、調査のほうでも一般改正質問が増え、五〇年代後半では（九条問題のような各論よりも）むしろ標準的な問い方になった。

要するに、「具体的条項を指定せずに憲法改正の是非を問う」という質問形式はこの時期特有の政治的文脈のなかで生まれたもので、その目的は当初「新憲法全体の正統性をどう評価するか」あるいは「全面改憲論に賛成か」を問うことにあったのである。全面改憲論はこの時期以降、総じて訴求力を失っていく。しかし、憲法意識の問い方として、一般改正質問の形式はこんにちに至るまで継承されていくことになる。

ちなみに、全国規模で一般改正質問が行われた最初の例は、読売新聞の一九五二年一月調査ではないかとみられる。その質問文は「平和条約発効後憲法を改正すべきだといわれていますがこれに賛成ですか反対ですか」というもので、新憲法全体の正統性をめぐる問題が、主権回復を契機に浮上したことがうかがえる。

この種の質問が当時、（少なくとも調査する側の意図として）憲法の全面的改正の是非、すなわち「憲法を丸ごと入れ替えるべきか否か」を問うニュアンスを持っていた点を認識しておくことは重要である。なぜなら、こんにちでは一般改正質問がなされるとき、「憲法のどこかを修正するべきか否か」という質問として意図されており、またそのように理解して回答している有権者が圧倒的多数だと思われるからである。いうまでもなく、「憲法にどこか一カ所でも修正すべき点があるか」という問いと「憲法を全面的に改めるべきか」という問いへの答え方は（このように明示的に聞き分けたとすれば）異なってくるだろう。以上の点は、一般改正質問に対する調査結果を、とくに時間軸に沿って比較して解釈する場合、注意を要する。

一九五〇年代の特徴としてもうひとつ述べておくべきことは、この時期、政府が憲法意識に関する調査を精力的に行っていたという点である。憲法改正問題に関し、政府が最初に意識調査を行ったのは、吉田政権末期の五四年一〇月のことである。鳩山政権誕生以降になるとその数は顕著に増加し、五五年以降でみると、図2－2の対象である質問一六件中、九件までが政府によるものとなっている。この時期に保守政権が本気で改憲の機会をうかがっていたことの表れといえよう。なお、これら質問の内容はほぼすべて一般改正質問であり[29]、当時の保守勢力が全面改憲を志向したことがここからも分かる。

国民は九条をどう評価したか

こうした大局的な動向をふまえたうえで、世論調査の結果を具体的にみていきたい。まずは一九五〇年以降、事実上の再軍備が進むなかで浮上した九条問題に関してである。

最初に、一九五〇年代初頭における、九条に対する一般国民の評価を示す貴重な調査があるので紹介しておきたい。朝日新聞が五二年二月に行った、「日本は憲法で、戦争はしない、軍隊は持たないときめていますが、このようにきめたことは、よかったと思いますか、まずかったと思いますか」という質問がそれである。

回答の結果は、「よかった」が二七%なのに対し、「仕方がなかった」が二七%、「まずかった」が一六%というもので、九条への消極的な評価が目立っている。九条の内容に国民全体が「心服」していたなどとは到底言えない状況だったことは明らかである。この質問に「よかった」と答えた人においてさえ、「今後は再軍備が必要だという意見をもつものと、その必要はないという考えのものとがほゞ同じ割合」[30]いたというから、完全非武装主義を理想として九条を積極的に支持した人の割合は、全有権者のせいぜい一割強というところだったろう。

このような状況であったから、独立回復直後において、再軍備を進めるための九条改正に対し賛成派の国民が多数であったことは驚くに当たらない。毎日新聞一九五二年三月調査では、「軍隊を持つための憲法改正」に対し賛成四三%、反対二七%と、大差で改憲派が優勢になっている。[31]

同様の質問を行った読売新聞一九五二年四月調査でも、賛成四八％、反対三九％と、やはり改憲派が多数である。いずれの調査でも、有権者の約半数は、軍備再建のための九条改正に同意していたことになる。

以上の調査結果から考えると、独立直後の時期に、もし最低限の防衛戦力保持の可否に絞って憲法改正の国民投票がなされていたとすれば――吉田首相はこれを望まなかったが――、その改正案が通った可能性は十分にあった、と言えそうである。前節の末尾で、一九四〇年代の憲法意識について、「「一切の軍備の不保持」に九条の解釈を限定するとすれば、これを支持した国民はけっして多数ではなかったろう」と推察したのも、これらのデータをふまえてのことである。少なくともこの時期まで、国民の多くは、反軍国主義ではあったとしても反軍主義ではなかった。

ところが吉田政権による「なし崩し再軍備」が進むなか、九条をめぐる国民意識にも変化の兆しが現れてくる。読売新聞一九五三年三月調査は、保安隊創設後に行われたものであるが、「軍備をもつための憲法改正」について、賛成四一％、反対三八％と、互角に近づいている。

自衛隊発足（一九五四年七月）以降の調査をみていくと、「正式の軍隊を持つための改憲」派の

29――九条改正質問は一九五六年に一度だけ行われている。
30――朝日新聞一九五二年三月三日付。
31――この調査では一六歳以上を対象にしており、注意が必要である。ただし二〇歳以上だけの結果も、賛成四四％、反対二六％となっており、標本全体と大差ない（毎日新聞一九五二年四月一四日付）。

劣勢が明瞭になってくる。この点、一九五五年一一月と五七年一一月に行われた朝日新聞の調査は、まったく同じ質問文[32]が用いられており、貴重なデータとなっている。その結果によると、五五年一一月の時点で賛成三七％、反対四二％と、改憲派がすでに少数になっている。これが二年後の調査になると、賛成三二％に対し反対が五二％と、もはや九条維持派の圧倒的優勢が疑えない状況になる。五〇年代後半には九条改正質問はあまり行われていないが、総じていえば、五〇年代を通して「正式の軍隊を持つための改憲」への反対論は強まったとみてよさそうである[33]。

ここで急ぎ強調しておかなければならないのは、こうした世論の変化は、完全非武装主義、すなわち自衛隊廃止論の高まりを意味するのではまったくないという点である。そもそも、憲法改正に絡めずに、単に「再軍備」や「軍隊保有」という行為そのものに対する是非を聞く質問では、この時期のどのような調査でも、つねに賛成派が多数を占めていた。自衛隊の必要性を問う質問でも、その発足当初から圧倒的に賛成派が多い（ＮＨＫ放送世論調査所編 1982：171–173）。

つまりは一九五〇年代までの時期、「国家たるもの、ある程度の軍事力を備えることは当然」との認識が一般的であった。このことをふまえれば、当時の多くの国民にとって九条問題とは、九条を改正して「正々堂々と軍隊を保有する」べきか、同条をそのまま維持して「現有以上の軍備拡大に対する歯止めを設けておく」べきかという争点であったと考えるべきである。この選択において、国民の多くが後者を選択するようになっていった、というのが五〇年代を通して起きていた世論の変化だといえる。

当時、一般の国民にとって自衛隊の必要性自体は当然のことであり、その法的位置づけを明確化するための改憲であれば、一定以上の理解を示していたのである。読売新聞一九五四年七月の調査によると、「自衛隊が発足したのにともなって憲法を改正した方がよいと思いますか、その必要はないと思いますか」という問いに対し、「改正した方がよい」が三八％、「その必要はない」が三〇％と、明確に改正賛成派が多数になっている。この質問では「正式の軍隊を持つための改憲」とは書いていない点がポイントで、先にみたように、そうした趣旨の質問をした場合には、この時期すでに賛否が拮抗し、あるいは改憲派が少数になっていた。

こうした世論の動きが意味するのは、結局のところ、日本の安全保障体制の変化によってもたらされた、九条の「許容」である。現憲法のもとで一定の自衛力が確保されたという状況をふまえ、九条の趣旨は「自衛隊を超える軍事力は持たない」ことにあると読み換えられ——これは政府の公式見解でもある——、同条はようやく国民から安定した支持を得られるようになった。自衛隊を質・量で超える水準の軍備といえば、当時の日本人には、軍事費負担の増大とともに、兵力増強のための徴兵制復活が想起され、懸念されたに違いない。[34]

ただしそうは言っても、自衛隊が発足した後でも、改憲のうえで「正式の軍隊」を持つべきだと答

32——「日本に、正式の軍隊がもてるように憲法を改正することに賛成ですか、反対ですか」という質問文。
33——二つの朝日新聞調査の間に行われた政府調査（一九五六年一月実施）をみると、ここでも改憲派は少数になっている（「陸、海、空軍をもてるように憲法を改正すること」に対し、賛成三〇％、反対三九％）。

表 2-1　一般改正質問と 9 条改正質問の回答比較

		読売 52 年 4 月	朝日 55 年 11 月	朝日 57 年 11 月
一般改正	賛成	42%	30%	27%
	反対	17	25	31
	DK	41	45	42
	計	100	100	100
9 条改正	賛成	48	37	32
	反対	39	42	52
	DK	14	21	16
	計	100	100	100

「DK」は「わからない」「意見なし」等の回答を指す。

えている有権者が、いずれの調査でも三割以上存在していた点も忘れるべきではない。この時期、国民の圧倒的多数が軍隊アレルギーを持っていたなどという見方は、後世の先入観にもとづいた、やはりひとつの神話だといってよい。軍国主義の記憶が強く残っていたこの時期、軍隊は、ある意味では今日よりはるかに日本人にとって身近な存在だったのである。

一般改正質問への賛否

一九五〇年代における一般改正質問への回答には、他の時期にはみられない性質がある。それは、一般改正賛成派のほうが九条改正賛成派より少ない、という点である。一般改正質問と九条改正質問を同時に行った、読売新聞五二年四月調査、朝日新聞五五年一一月、五七年一一月調査において、いずれもそのような結果になっている（表2－1[35]）。もし回答者の多くが、一般改正質問のことを「（九条を含む）憲法のどこか一カ所でも修正すべきか」という意味として受け取っていたとすれば――今日の一般的な受け取り方と思われる――、これは論理的にはありえない現象のように思える。ちなみに各調査を分析した記事によると、九条改正賛成派のうち一五〜一七％の人が一般改正反対派となっている。[36]

この一見不思議な現象に対しては、二つの説明の仕方が可能であろう。第一に、憲法改正がエリート層の間で初めて本格的な争点となったこの時期、一般国民の間ではまだ、新憲法の何が問題であるか理解されていなかったか、そもそも、改憲問題という争点が存在すること自体、それほど知られていなかった可能性がある。それゆえ、漠然と「憲法を改正する必要があるか」と問われても、すぐには判断のつかない有権者が多かったのではないだろうか。実際、表2－1によると、一般改正質問ではいずれの調査でも四割超というきわめて高いＤＫ（「わからない」「意見なし」等の回答）率が記録されている。これに対し、九条改正質問ではそれほどＤＫ率は高くない。これら九条改正質問では「正式の軍隊がもてるように……」など改憲目的を明らかにするような説明書きが入っているため、回答者も何を問われているのかイメージしやすかったに違いない。[37]

34――徴兵制復活が国民から懸念されているという認識は、当時の改憲派保守エリートに広く共有されていた。例えば一九五五年二月、民主党幹事長であった岸信介は「必要最小限度の自衛力保持には、志願兵制度で十分である。したがってわが党は、徴兵制をしくことを政策として打ち出したことはなく、徴兵制をしく意図を有しない」と弁明している（内田 1969: 79）。

35――政府一九五六年一月調査でも、一般改正質問と九条改正質問の両方がなされているが、前者が有権者対象なのに対し、後者は一八歳以上を対象としているため、単純な比較ができない。

36――読売新聞一九五二年四月一六日付、朝日新聞五七年一一月二七日付の調査報道をもとに計算した。

図2-3　1950年代における一般改正質問の結果

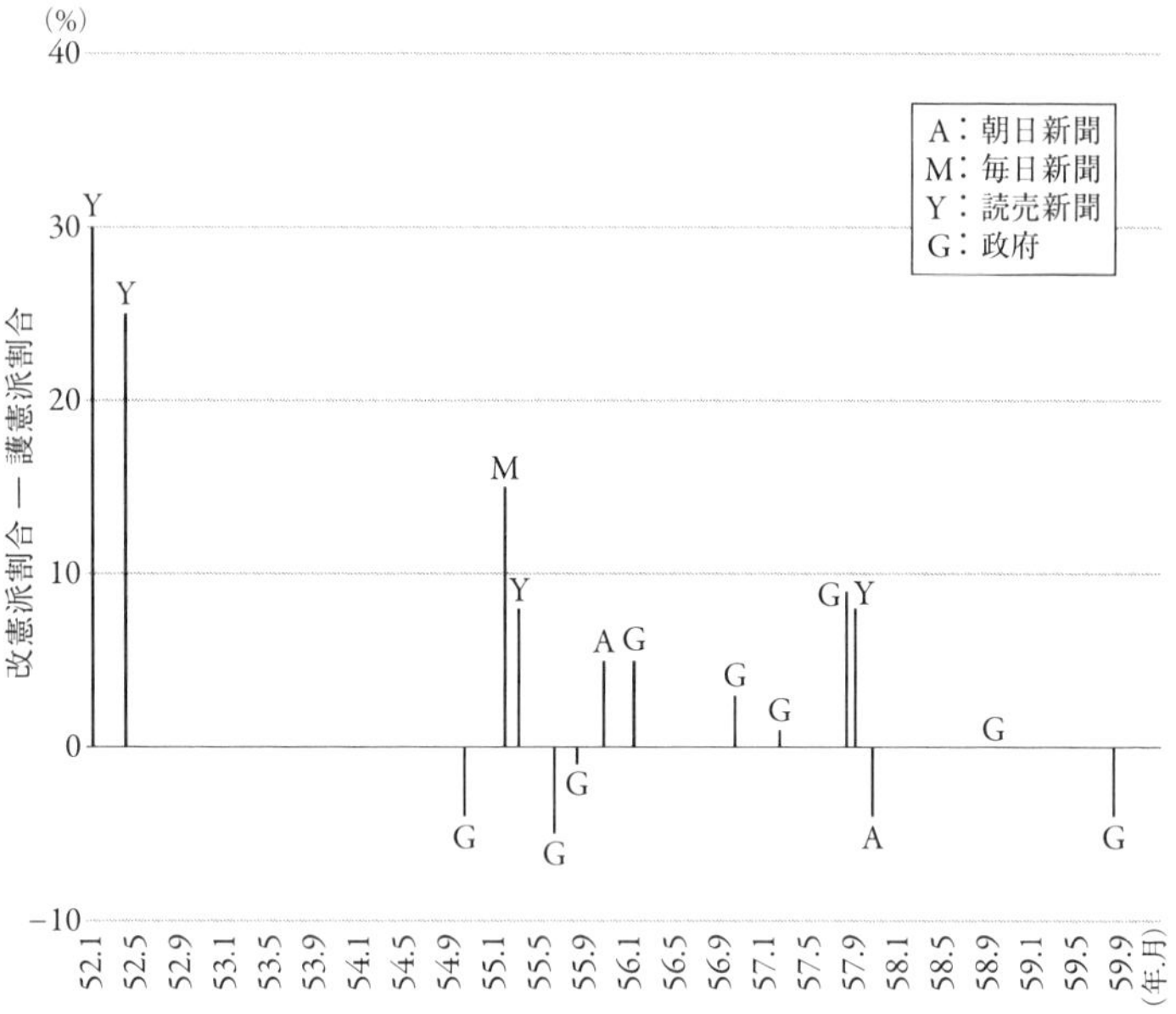

第二の説明として、当時の回答者のなかに、一般改正質問を憲法の「全面的改正」をめぐる是非として捉えた人がいた可能性が考えられる。一九五〇年代当時の調査者が、全面改憲論への是非を念頭に置いてこの種の質問を行っていたことは前に触れた。その意図通りに一般改正質問を「憲法を全面的に入れ替えるべきか」という質問として受け取った場合、これに賛成するための心理的ハードルは、九条「だけ」の改正に賛成の場合よりも高くなるはずである。九条改正に賛成でも全面改正には反対・DKとすることは、筋の通った回答としてありえる。[38]

以上のことをふまえつつ、一般改

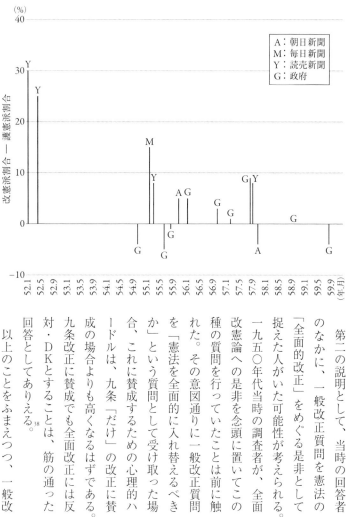

正質問の結果を時系列にしたがって、みていこう。図2−3は、一九五〇年代に行われたすべての一般改正質問について、改憲派と護憲派の割合の差を示したものである（護憲派の割合自体の推移については図2−1を参照されたい）[39]。棒グラフが上に伸びていればいるほど、その調査において改憲派が優勢であることを表している。

全国レベルで一般改正質問を行った最初の調査は、読売新聞の一九五二年一月調査とみられる。前述のように、同年四月の独立回復を見越して登場した質問である。読売新聞は同年四月にも同様の質問を行っているが、図2−3をみると、どちらの調査でも改憲賛成派が圧倒的多数であっ

37——三つの調査では、いずれも九条改正質問より先に一般改正質問が問われている。この順番が逆であったならば、一般改正質問への回答は（九条問題を想起しやすくなるので）また違ったものになっていただろう。

38——一般改正質問を全面改憲論の是非として受け取った回答者が、一九五〇年代当時どれだけいたかを示す直接的なデータはない。ただ、五〇年代の一般改正賛成者が挙げる改憲理由の内訳をみると、「国情に合わないから」とか「押しつけだから」といった、自主憲法制定派が当時常套句のように唱えていた理由を選択している人がかなり多いことは指摘できる。例えば、読売新聞五二年三月調査によると、改憲賛成の理由は「現状にそわぬから」が三六%、「外国から与えられた憲法だから」が一〇%であるのに対し、「再軍備のため」は二一%である（読売新聞五二年四月一六日付）。毎日新聞五五年二月調査では「わが国の国情に合うようにするために」が七四%と圧倒的で、「再軍備するために」の一八%を大きく上回っている（毎日新聞五五年二月一三日付）。

39——本書では以下でも同様の方法を用いて一般改正質問の回答傾向を示していく。改憲派・護憲派の割合そのものではなくその差に注目しているのは、憲法改正実現の可能性を考えるうえでは「改憲派が護憲派より多いかどうか」が重要との判断からである。

たことが分かる。細かく結果をみれば、一月調査のほうでは、護憲派が一七％なのに対し改憲派が四七％と、ダブルスコア以上の差をつけている。この結果について、読売新聞は「新憲法は日本の国情にそわないとして批判の声がある現状に鑑み国民は現憲法には大した執着はもっていないようである」と評している。[40]

この二つの調査以降、同趣旨の質問はしばらくの間、確認できない。しかし一九五四年後半になって、保守政党から全面的改憲構想が具体的に提示されるにおよび、多くの調査機関が一般改正質問を試みるようになる。口火を切った五四年一〇月の調査は政府によるもので、この時期の保守勢力の改憲への意気込みが表れている。

しかし、世論はそうした改憲派エリートの思惑とは逆の方向に動いている。一九五四、五五年あたりの結果をみると、調査ごとに結果の振幅はあるものの、総じて五二年の読売新聞調査に比べて護憲志向の高まりが見て取れる。なお読売新聞が五五年二月に行った質問の結果では、改憲派、護憲派がそれぞれ四一％、三三％となっており、なお改憲派が優勢ではあるものの、割合の差は三年前の調査に比べてだいぶ縮まっている。

さらに一九五九年までの動きをみると、全体としては、改憲派の多数がさらに失われていく傾向がうかがえる。[41]護憲派のほうが最終的に優勢になったとまで主張することは、質問の事例が多くないので難しい。しかし、五〇年代を通して、一般改正賛成派と反対派の割合は伯仲するようになった、ということは最低限言えそうである。

以上の結果は二つの評価に結びつきうる。一方では、こうした世論の変化の方向性に着目して、新憲法は全体として国民のなかに定着しつつあったという評価が可能であろう。九条に関して議論したように、この間における護憲派の増加傾向は、現実に再軍備が進んだことから改憲の必要性が薄れたと認識されたことの表れかもしれない。あるいは当時、一般改正質問が「全面的改憲の是非」の問題として受け取られていたという前提に立てば、エリート層の間で進められていた復古主義的な自主憲法制定運動への反発の高まりを示していると解釈することも可能である。例えば一九五五年八月の政府調査によると、天皇権限の拡大の是非について、天皇が「政治にたずさわってほしい」とする意見は二四％であったのに対し、「今のままでよい」は六〇％と圧倒的に多い。この時期、改憲派が唱えた全面改憲論には天皇の元首化や権限強化が含まれていたが、こうした戦前回帰的な改憲案には反対が強かった。

他方で一九五〇年代末にあっても、一般国民の間ではなお、新憲法はせいぜい賛否両論の評価を得ていたにすぎないという点も無視されるべきではない。先に検討したように、この時期にはもはやエリート層での改憲運動は下火になり、新聞各紙をみても、改憲志向は退潮していた。しかしだからといって、新憲法は、国民の大多数からそのまま受け入れられたわけではなかった。

40――読売新聞一九五二年二月八日付。
41――この時期に護憲派優勢（いずれも微差だが）になっている調査の大半は政府によるもので、具体的な要因は不明ながら、政府調査の方法にそうした偏りをもたらす「クセ」のようなものがあったことを思わせる。

「自衛隊の明記」といった比較的簡単な改正案についてはもちろん、新憲法の全面的改正を主張することすら、当時の社会ではけっして異端でなかった点には十分留意しておきたい。

なぜ改憲は実現しなかったのか

一九五〇年代、占領統治の終焉と同時に右派からの強力な改憲運動が起こり、中期以降には政権中枢そのものを早期改憲派（鳩山、岸内閣）が占めることになった。憲法改正を求める強力な「外圧」もあった。マスメディアも、少なくとも五〇年代中期までは、九条改正に対し必ずしも否定的ではなかった。こうしてみると、むしろなぜこの時期に改憲が実現しなかったのか、とすら思えるほどである。その後、現憲法が古今未曾有の長命に至ることを思うと、五〇年代を無傷で通過したことは、現代政治にも多大な影響をもたらしているといっていい。

なぜ日本国憲法は、「五〇年代の危機」を切り抜けられたのだろうか。この点については、当時の一般有権者における強い護憲志向が歯止めになった、という理解が一般的である。戦前回帰的な改憲運動が挫折したのは、それを訴えた保守政党が有権者の怒りを買って議席を失ったからであり、また選挙への悪影響を恐れた保守政治家が自身の主張を抑制したためだというのである。そうした主張の例をいくつか挙げておこう。

一九五二年（昭和二十七）から五三年にかけて行われた三回の国政選挙の結果を判断すると、

改憲・再軍備を掲げた改進党と分党派自由党の二政党が不振に終わった理由の一端は、「とくに青年層で占領改革が肯定的に捉えられていたという」事情に重なるのではなかろうか。（河野 2010:157）

「一九五五年総選挙に際して日本民主党、自由党ともに」選挙戦では改憲を主張することはできなかった。こうした状況は、支配層の上部の改憲についての楽観的見通しと熱意にもかかわらず、改憲が〝意外〟にも国民に不評であり続けており、それを直接肌で感じた候補が軒並み改憲消極に回ったことを示していた。（渡辺 1987:280，傍点原文）

五五年の衆議院選挙では護憲派が護憲に必要な議席を獲得した。これは日本国民が主体的に憲法を選びとったことを明白にあらわしている。言い換えれば、このときに初めて日本国憲法体制が成立したのである。（雨宮 2008:92）

一九五六年七月、鳩山内閣は参議院選挙で日ソ国交回復と憲法改正を争点とする選挙に打って出た。結果は社会党を中心とする革新派が改憲阻止に必要な三分の一の議席を確保した。国民の憲法擁護の熱意は冷めていなかった。（中村 2005:69）

しかし、一般国民の護憲志向の強さに改憲失敗の原因を求めるこうした議論は、（そもそも革新政党の議席が三分の一を少し超えたという程度の〝勝利〟が、どれだけ有権者の護憲志向の強さを示すものなのか、という点はさておくとしても）当時の世論調査の結果をみる限り疑わしく、少なくとも誇張のある主張である。先に検討したとおり、当時の有権者の改憲問題への意見は賛否が拮抗しており、とくに一九五〇年代中葉までに限れば、どのようにみても護憲志向が多数という状況ではなかった。天皇主権復活のような復古色のきわめて濃い論点についてはともかく、少なくとも自衛権・自衛戦力保持の明記といった、ハードルの低い論点については、改憲派議員が世論をそれほど恐れる必要はなかったはずなのである。

さらに投票者、すなわち実際に選挙で投票を行っていた集団に限って議論をすれば、有権者全体の平均よりもさらに改憲志向が強かったことは疑いない。詳しくは第5章で議論するが、一九五〇年代において改憲志向は、男性や高齢者、農林漁業者でとくに強かった。これらは同時に、投票率の比較的高い有権者層である。例えば性別についていえば、五〇年代までの選挙では男女間で投票率に大きな差があり、五五年衆院選でも男性八〇%、女性七二%というギャップがあった（総務省選挙部 2017）。選挙の当落を政治家が気にするということであれば、男性有権者の意向を優先し、むしろ改憲を積極的に訴えていても不思議はなかったとさえ言えるのである。

当時、保守政党議員から「憲法ではあまり票にはならない」「地元が動いてくれない」といった声が上がっていたと記録されているが（渡辺 1987：288, 292）、これらをもって、彼らが改憲派であることの露顕を極度に恐れていた証拠とするのは強引な解釈である。世論調査をみる限り、当時の改憲派エリートがそこまで憲法問題の争点化を恐れる理由はなかったと判断すべきだし、彼らがこうした調査結果を知らなかったはずはない。先の保守政党議員の発言は、国民の強い護憲志向に対する危惧というよりはむしろ、憲法問題に関する一般選挙民の認識や関心の低さに対する嘆きとみるべきではないだろうか。

一九五〇年代の改憲運動が頓挫した要因は、結局のところ、保守勢力内における足並みの乱れと憲法改正発議要件（九六条）の厳しさに求めたほうがよい。[42] 五〇年代半ばまでに、自衛隊の明記など焦点を絞った改憲案が短期決戦的に発議され、国民投票まで持ち込むことができていたとすれば、賛成多数が得られる可能性は十分にあった。しかし、そうした発議は実際には行われることはなかった。そもそも、保守勢力のなかでも吉田茂および自由党吉田系議員たちは、政策的判断として財政負担増や旧軍勢力の復権を招きかねない早期の九条改正には消極的であった。即時改憲派の鳩山一郎が政権を掌握し、自民党一党支配が確立したのちも、今度は改憲派内で各論の不一致があり、改正草案をまとめ上げることができなかった。

保守政党側が改憲の具体的な手続きにもたついているうちに、革新政党の側が組織を固め、選挙で幾分の対抗力をつけたことは、その後の改憲運動にとって致命的な帰結をもたらすことにな

42――この点は梶居（2012）の見解と重なる。

る。一九五五、五六年の国政選挙の結果、革新政党の国会議席率が三分の一を超えると、いかに鳩山や岸が与党執行部となり政権中枢に座ろうとも、改憲の発議を行うことはもはや制度上不可能となった。この状況を覆す可能性のあった小選挙区制導入案は、ほかならぬ自民党内の改憲消極派からの妨害もあって失敗に終わった。こうして憲法問題が持久戦化し、自衛隊・日米安保体制という現実が現憲法下でつづくなかで、メディアの論調は変わり、国民意識においても改憲の切実さは徐々に薄れていくことになった。[43]

以上のようにして、日本国憲法は一九五〇年代の危機を辛くも切り抜けた。このことは、戦後政治のその後の展開を考えるとき、決定的な意味を持っている。岸は晩年、「憲法改正論は私で切れてしまった」(岸・矢次・伊藤 2014:149)と苦々しく回想している。この言葉のとおり、一九六〇年代以降、改憲運動は沈滞し、憲法問題そのものがその重要性にもかかわらず――あるいはむしろその潜在的重要性ゆえに――争点として忘れられていくのである。このあたりの消息についいて、章を改めたうえでさらに検討を進めたい。

43――実際のところ、憲法九条と自衛隊の共存状況の持続は、改憲派保守エリートにおいてすら、改憲の緊急性の認識を弱めることになった。一九五五年二月の時点ですでに、鳩山首相は「憲法の範囲で国土は防衛できるので、自衛隊を持たなかったころとは、憲法改正論に緩急の度の違いがあるのは当然で、急いで憲法改正の必要はない」と述べている(内田 1969:79)。選挙対策用の弁明とも受け取れるが、その後の鳩山政権の振る舞いをみる限り、ある程度までは鳩山の本心であったと思われる。

第3章

脱イデオロギー化する憲法問題——高度成長期から五五年体制の崩壊へ

1　「戦後憲法体制」の確立——高度成長の時代

チェンジ・オブ・ペース

岸信介政権は憲法改正問題を迂回し、不平等条約とされた日米安全保障条約の改定に注力した。岸は当初、安保改定に楽観的な見通しを持っていたが、現実には険しい道のりとなった。アメリカとの新条約調印後、国内では安保反対の大衆運動が高揚し、結果として戦後保革対立の最高潮とされる大規模な騒動に発展する。この間よく知られるように、国会構内に突入したデモ隊と機動隊の衝突により、死者まで出す事態を招いた。結局、一九六〇年六月に岸内閣は、新安保条約の成立と引き換えに退陣表明を余儀なくされた。

六〇年安保では、憲法改正の是非が直接的な焦点となったわけではない。それにもかかわらず、一九六〇年は戦後憲法政治における画期をなす。ひとつには、岸の辞任によって、早期改憲に慎重な勢力の手に再び政権の座が戻った。六〇年七月、池田勇人による組閣がなされ、六四年一一月からは佐藤栄作政権に引き継がれた。二人はいずれも「吉田学校」の優等生として知られ、まぎれもなく保守主義的価値観の持ち主であったが、拙速な明文改憲には消極的であった。

さらに重要であったのは、これらの指導者が六〇年安保の経験から政権運営上の大きな教訓を得たことである。新安保条約は旧条約よりも日本側に有利な内容であったにもかかわらず、革新勢力の動員により、自民党支配を揺るがすほどの大規模な反対運動が生じた。政権エリートにとって安保闘争の経験は、将来、改憲の手続きを進めた場合に深刻な反発が起き得ることを予測させた。

こうして池田は、岸の取った保革対決路線から舵を切り、「低姿勢」で政権運営に臨むようになる。一九六〇年一〇月に行われた施政方針演説では「寛容と忍耐」をスローガンに掲げ、以下のように述べて改憲に慎重な姿勢を明示した。[1]

憲法改正については基本的な問題だから多数で押し切るようなことは民主的な考え方ではないと思う。社会党は「自民党が三分の二の多数を取ったら憲法を改正する」といっているようだが、それは〝水鳥の飛び立つのにも恐れる…〟のたとえのようなものだ。

この発言の直後に迎えた衆院総選挙では、安保闘争から半年も経たない時期であるにもかかわらず、自民党は選挙前より議席を伸ばすことに成功した。さらにその三年後（一九六三年一一月）に行われた総選挙でも政権による憲法問題棚上げはつづき、[2]結果はやはり自民党の圧勝に終わっ

1――朝日新聞一九六〇年一〇月二一日付夕刊。

ている。[3] これらの選挙は、池田内閣による「チェンジ・オブ・ペース」（経済中心主義への転換）の成功と自民党政権の安定化を印象づけることになる。

六〇年代改憲運動

一九六〇年代、自民党主流派が憲法問題の棚上げに終始するなかで、傍流となった早期改憲派も、ただ手をこまねいていたわけではない。六一年に再始動した自民党憲法調査会や、その翌年に福田赳夫ら反主流派議員によって結成された党風刷新懇話会（のち党風刷新連盟）は、改憲派議員の牙城として、折に触れ、憲法問題の争点化を回避しようとする党執行部を牽制した。[4]

六〇年代改憲論の特徴が最も集約されたかたちで表れたのは、政府憲法調査会の攻防においてである。前章でふれたように、この調査会はすでに岸内閣時代に始動していたが、社会党が参加を拒否したり、池田政権が憲法問題を棚上げにしたこともあって、長らく日の当たらない存在であった。しかし調査会は地道に活動をつづけ、池田内閣末期にようやく最終報告をまとめる段になり、にわかに注目を集めるようになる。

この調査会で示された改憲派の主張は、一九五〇年代のそれと比べ、いくつかの点で相違がある。まず指摘できるのが、日本国憲法に対する全体的な評価の高まりである。自主憲法制定派として知られてきた中曽根康弘でさえ、現憲法の成果として天皇制護持、日本の国際社会への早期の復帰、主権在民、人権といった概念の確立を挙げ、「この成果のいい所はあくまで確保すべきである」と述べている（渡辺 1987：391）。日本国憲法の完全な廃棄、あるいは「全面的改正」を求める主張は、改憲派内部においても後退していた。

個別の論点でみても、戦前体制への回帰に直結するような復古的改憲論は力を失った。それまで保守改憲派にとって最大の目標とされたのが、天皇制に関する規定および九条の改正であった。そのうち前者については、憲法調査会での議論をみる限り、もはや天皇の元首化や権限拡大に固執する者は少なくなり、現行の象徴天皇制を認める意見が大勢を占めるようになっている。

他方、九条改正は改憲派の最大の目標でありつづけたが、この問題においても、かつて主流であった、反米ナショナリズムにもとづく九条改正・自主防衛論――国内からの米軍撤退と日本自身の武装強化を含意する――は影を潜めるようになった。代わって一九六〇年代の改憲論では、自衛隊・日米安保体制の存続をあくまで前提にし、むしろそうした体制を法的に位置づけて安定させるための九条改正論がその中核にあった。

総じて一九六〇年代の改憲論は、それまでの主張に比べて穏当になっている。それにもかかわ

2――朝日新聞一九六三年一〇月二二日付。
3――この選挙で自民党は若干議席を減らしたものの、池田内閣は信任されたものと捉えられた。逆に社会党は、ほぼ現状議席を維持した（一議席減）にもかかわらず「敗北声明」を出した。
4――例えば、自民党憲法調査会は一九六二年参院選の際、憲法問題の争点化に消極的であった党執行部を牽制し、改憲が党是であることを改めて確認させている（渡辺 1987：360–362）。

らず、改憲派はこの時期、政府による憲法棚上げ方針に対し、何らの影響も与えられていない。六四年七月に提出された政府憲法調査会の最終報告書も、高柳賢三会長が改憲に消極的な姿勢を示したり、改憲派内の足並みが揃わなかったりしたため、一貫性のない不明瞭な内容に終わってしまう（渡辺 1987：430）。六〇年代改憲論争の山場であった政府憲法調査会の攻防はこのようにして幕を閉じ、これ以降、明文改憲を目指す運動はまったく行き詰まることになる。

「自民党システム」の完成

池田内閣による路線転換以降、安定した政局が続き、日本経済は未曾有の活況を呈した。一九六〇年一二月に閣議決定された国民所得倍増計画は、一〇年後までに国民総生産を倍にすることを目標としたが、現実にはその計画を優に超える水準での経済成長が達成された。六四年には東京オリンピックが開催され、戦後復興の象徴となった。「奇跡」ともいえる高度経済成長は佐藤内閣期にも継続される。

一九六〇年代における急激な経済成長は、社会全体を大きく変貌させていく（吉川 2012）。若い労働力が農村から都市へと集中的に流れ、第一次産業人口が減少、産業構造の高度化が進んだ。国民のライフスタイルは劇的に変化し、世代間や階層間で政治的価値観の乖離が目立つようになる（綿貫 1976：第2章）。

この時期、自民党議員たちは高度成長の果実の分配、すなわち利益誘導による集票システムの構築に注力した。自民党の支持団体・業界には、各種補助金や経済規制の導入など、さまざまな便宜供与がなされた。各選挙区では、中選挙区制——複数定数制により自民党候補者間の「同士討ち」が強いられた——のもと、公共事業誘致等による露骨な利益誘導競争が繰り広げられることになった。

こうした戦後日本の政治・経済体制のあり方を、蒲島郁夫は「自民党システム」と呼ぶ（蒲島 2014:3）。すなわち「経済成長を進めながら、その成長の果実を、経済発展から取り残される社会集団に政治的に配分することによって、政治的安定を達成しようとするシステム」のことである。一九七〇年代には石油危機の影響などで経済成長は鈍化したが、この時期に自民党システムはむしろ完成をみせる。

自民党執行部はこの間、憲法問題が争点化することを慎重に避けつづけた。池田以後の佐藤栄作をはじめとする各首相も、明文改憲には手を出さず、むしろ「在任中は改憲をしない」「現段階で憲法改正の意思はない」等と宣言することが自民党政権の通例になる。改憲派の頭目としてかつて池田内閣を批判した福田赳夫ですら、その例外ではなかった[6]。一九七〇年代も後半になる

5——綿貫（1976:51–52）は、一九七〇年代初頭の調査結果から、この時期、高年齢層や低学歴層に「工業社会」的価値観、低年齢層や高学歴層に「脱工業社会」的価値観の持ち主が多かったことを明らかにしている。工業社会的価値観とは「社会秩序」や「物価安定」を、脱工業社会的価値観とは「決定への参加」や「言論の自由」を社会目標として重視する立場を指す。

と、国会で保革伯仲（与野党の議席数接近）が進むなか、改憲の実現はまったくの夢物語となっており、政権がこの問題を争点化する実益はなくなっていた。

そもそも政権主流派からすれば、以前の時期に比べて改憲の切実性自体が失われていた。歴代内閣は、現行憲法の枠内で自衛隊・日米安保条約の運用は可能だと主張してきたが、こうした憲法解釈には砂川事件最高裁判決（一九五九年）[7]を経て、司法からも一定のお墨付きが与えられることになった。[8]マスメディアの論調も、一九六〇年代になると事実上、政府の方針を是認するものが大半となる。この時期以降、新聞の多くは明文改憲には批判的でありながら、[9]自衛隊の存在など現実の防衛政策については大筋で承認する姿勢を取るようになったのである（渡辺 1987：477）。

国際情勢面でも、一九六二年のキューバ危機以降、米ソ間の緊張が相対的に緩和し、政府にとって防衛政策を大きく転換する必要性は強くはなかった。かつて執拗に改憲を求めたアメリカも、この時期になると自民党政権の憲法棚上げ政策に理解を示すようになっていた。安定した政治のもとで経済成長が進んでいる日本の状況は、西側陣営の首領たるアメリカにとっても歓迎すべきことであった（五百旗頭編 2014：109）。

こうした状況のなか、一九七〇年代には自民党内における改憲派の影響力はますます低下した。七二年には党憲法調査会によって「憲法改正大綱草案」が発表されているが、こうした活動は非主流派議員がかかえる不満の「ガス抜き」的なものでしかなく、執行部の方針にはほとんど影響を与えていない（渡辺 1987：466）。

一九七〇年代も半ばになると、自民党内で、綱領的文書から改憲政党の色彩を消す、ないしは薄めようとする動きすら現れている（渡辺 1987: 552–555; 中北 2014: 79–82）。七四年には石田博英らが「自由民主党綱領草案」を発表しているが、ここでは憲法改正についてまったくふれられていない。その翌年に河野洋平を中心に作成された「新政綱案」においても、憲法問題は軽い扱いにとどめられた。これらの新政策綱領案は、青嵐会[10]など右派議員の抵抗により採用には至らなかったが、以上のような動きが表面化すること自体、この時代の改憲派の苦境を表していた。

他方、自民党の対抗政党たる社会党はといえば、安保改定問題を契機に党内右派が離脱して以来、左翼政党として純化し、護憲と非武装中立を党是として掲げつづけていた[11]。一九六九年一月

6――一九七七年一一月、福田首相は記者団に向け、憲法改正について「今は適当な時期ではない。やるとなると大変な消耗になる」と述べている（朝日新聞一九七七年一一月五日付）。
7――砂川事件最高裁判決（一九五九年三月三〇日）では、「アメリカ合衆国軍隊の駐留は、憲法九条、九八条二項および前文の趣旨に適合こそすれ、これらの条章に反して違憲無効であることが一見極めて明白であるとは、到底認められない」とされた。
8――法学者からも、政府の憲法解釈を正当化するような学説が提唱された。代表的なものとして、高柳賢三の「九条＝政治的マニフェスト」説がある（高柳 1963）。この説に従うと、九条とは理想の表明にすぎず、為政者を直接拘束するような規範ではない。高柳は政府憲法調査会の会長も務めている。
9――全国紙のなかで護憲主義への転換が最も遅かったのは毎日新聞であるが、同紙も一九六〇年代には護憲派に転じている。
10――青嵐会は石原慎太郎らを中心に一九七三年に発足した。会の趣意として「自主独立の憲法を制定」することが掲げられた。

に採用された綱領的文書「非武装・平和中立への道」はそうした姿勢の端的な表れであり、社会党政権実現の暁にはただちに日米安保条約を解消し、自衛隊を解体する旨が明記されている（原 2000：206）。高度成長期、自民党政権が経済運営と利益の分配に専念するなか、社会党は公式的にはあくまで憲法問題、防衛問題を政権攻撃の軸に据えつづけた。しかし自民党の側が正面から改憲を訴えないような状況では、こうした社会党の政権批判は「暖簾に腕押し」状態となり、選挙戦術として有効性を欠くようになる。[12]それだけでなく、社会党が非武装中立論にこだわりつづけたことは、民社党など中道政党との協調を困難にし、野党勢力分断の要因になったという意味で、かえって自民党支配の長期化に貢献すらした。

「正式の軍隊を持つための改憲」賛成派の減少

以上のように、高度成長期には全体としてエリート層の改憲論は退潮傾向にあった。その背景にあった、一般国民の憲法意識はどのようなものであったのか。一九六〇〜七〇年代には憲法に関する意識調査もかなり低調になるが、[13]限られた情報を総合して検討を進めよう。

まず九条意識に関してであるが、この時期の質問で時系列にしたがって直接比較できるのは、朝日新聞による「日本に、正式の軍隊がもてるように憲法を改正することに賛成ですか、反対ですか」という質問くらいである。この質問は一九五五年に初めて採用され、その後じつに九〇年に至るまで使われつづけている。図3－1にそのすべての集計結果を示した。

図3－1からは、九条維持派が緩やかに増加し、九条改正派が緩やかに減少している傾向が明らかである。一九六〇～七〇年代は、そうした非常に長期的で安定的な流れのなかにある。六二年八月の段階ですでに「正式の軍隊を持つための改憲」賛成派は二六％、反対派は六一％であった。七八年一二月の段階では両派の割合のギャップはさらに開き、それぞれ一七％、七三％となっている。

補足的なデータを、朝日新聞による別の九条改正質問から示しておこう。「日本の憲法では戦争を放棄し、軍隊を持たないときめています。この憲法の取決めは「いまの世に合わないから改正したい」という意見があります。あなたは、この意見に賛成ですか。反対ですか」という問いに対し、一九七〇年六月ですでに反対派がダブルスコアの優勢であった（賛成二七％、反対五五％）。これが時期を下って（本節の対象時期を少し超えるが）八一年三月になると賛成二四％、反

11――一九六〇年代以降、党内右派（構造改革派）の代表格として知られる江田三郎ですら、明確に非武装中立主義の立場を取っていた（原 2000:201）。

12――社会党内では、むしろ非武装中立主義へのこだわりこそが党勢拡大への道だとする見方も根強くあった。一九八〇年に『非武装中立論』を著した石田政嗣はそうした論者の代表格で、委員長就任後には大々的な「非武装中立キャンペーン」を実行に移している（森 2001:第4章）。もっとも社会党のこうした戦術が、少なくとも政権交代を目指すという目標に対して有効でなかったことは、歴史の証明するところである。

13――政府の行った調査では、改憲の是非を問う質問は一九六五年を最後にみられなくなるが、これは政府憲法調査会が解散した年でもあり、まことに象徴的である。

図3-1 「正式の軍隊がもてるように憲法を改正すること」への賛否（朝日新聞）

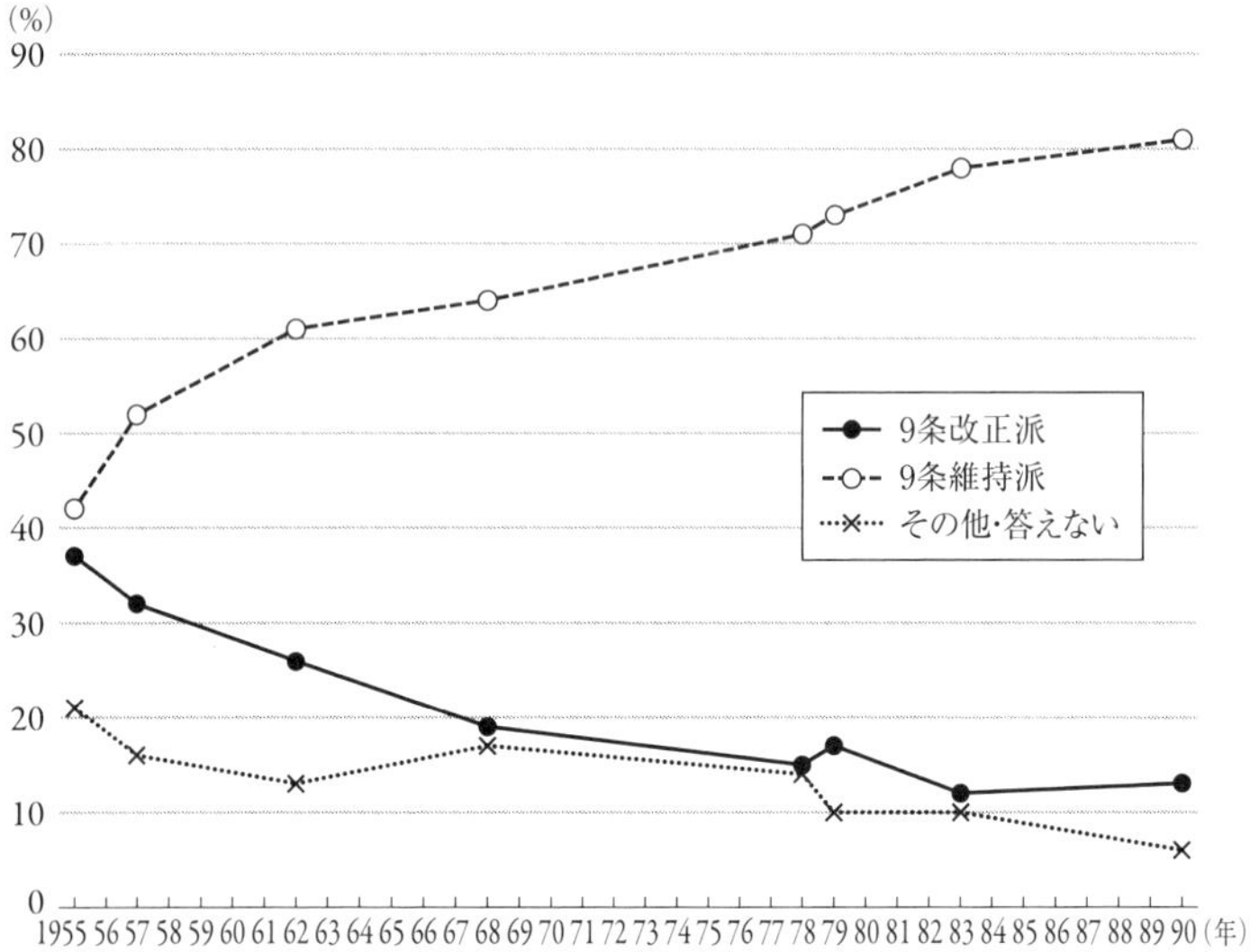

1968年調査は他と若干質問文の表現が異なる。79年時にプロットされたデータは78年12月調査の結果。

対六一％と、さらに差が拡大している。

他の機関の調査については、こうした比較を直接行うことは困難であるが、ここでは参考までに読売新聞一九七〇年五月調査の結果をみておきたい。質問は、「憲法九条には「陸海空軍その他の戦力を持たない」とあります。これを改めて本格的な軍隊を持てるようにすべきだという意見がありますが、この意見に賛成ですか」というものである。対する結果は賛成一六％、反対五〇％となっており、やはり九条維持派が圧倒的である。読売新聞が五二年四月に行った類似の調査では九条改正賛成四八％、

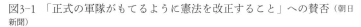

反対三九％という結果であった。この二〇年間での意識の変化には目を見張るものがある。

以上のように、一九六〇～七〇年代には、その前の時期と比較して「正式の軍隊（本格的な軍隊）を持つための改憲」派が減少し、絶対数からみてもかなり少数になったことは疑いない。自民党内の早期改憲派の多くは、この時期なお、九条を改正し、国軍の保持を憲法に明記することを理想としていたと考えられるが、そうした改憲案が国民投票において支持される可能性はまずなくなっていたとみていい。

他方で、前の時代でもそうであったように、「正式の軍隊を持つための改憲」派の減少は、自衛権・自衛隊否定論の高まりを意味してはいない。それどころかこの時期、自衛権や自衛隊の位置づけを明確化するためであれば改憲も認めるという意見は珍しくなかった。

例えば、政府は一九六〇年代前半に、「今の憲法の規定を改めて、日本にも自衛のための権利があることを明らかにし、そのための軍隊をもつことを認めるべきだ」という意見への賛否を複数回、聞いている[14]。その結果はいずれの調査においても三割程度が賛成で、反対派とほぼ同じ割合となっている。

一九七〇年代では、読売新聞が「もし最高裁で自衛隊の憲法違反が確定した場合、あなたは自衛隊をどうすべきだと思いますか」と問うている（七三年一〇月調査）。これに対し、自衛隊を

14――一九六一年八月、六二年八月、六三年八月にそれぞれ調査が行われている。

「解体すべきだ」と明確に非武装主義の貫徹を希望した人は一〇%にすぎず、その倍（二〇%）の回答者が「憲法を改正してすっきりした軍隊にすべきだ」と、むしろ改憲に賛成している。[15]

さらに、一九七〇年代後半以降になっても、自衛隊明記のための改憲については、控えめにみても賛否が拮抗していた証拠がある。朝日新聞の（厳密には本節の対象時期を超えるが）八〇年一二月調査によると、「自衛隊を憲法ではっきり認めるよう、憲法をかえること」に対し賛成四四%、反対四一%となっている。同時期に朝日新聞が行った「正式の軍隊を持つための改憲」の賛否の結果（図3－1）と比較すれば、その差は歴然たるものがある。

九条条文自体はこの時期でも国民から神聖不可侵とみられていたわけではなく、否定されたのはあくまで「正式の軍隊」保有論であった。こんにち、高度成長期における国民の九条意識が議論されるとき、こうした点が強調されることは稀で、図3－1のような結果から「九条の平和主義が国民に定着した」などと単純に総括されがちである。しかしより丹念に検討すれば、定着したのは現行憲法の枠内での自衛隊による防衛体制、すなわち当時の自民党政権の方針そのものであったことが分かる。間違っても、社会党が唱えた――憲法学界における有力な九条解釈でもあった――完全非武装主義が浸透していたわけではない点には改めて注意を促しておきたい。

護憲派も改憲派も増加――一般改正質問への回答の変化

つぎに、条項を限定せずに憲法改正の是非を尋ねる、一般改正質問についての検討に移ろう。

一九六〇〜七〇年代においては、一般改正質問の件数も多くはないのであるが、幸いにも同一の調査機関（ＮＨＫ）が集中的にこの種の質問をしており、時系列比較を行ううえで貴重な情報となっている。図３－２が、ＮＨＫによる一連の調査の結果である。

この図からは、全体として護憲派が漸増していることが見て取れる。この点は先にみた九条維持派の増加傾向（図３－１）と軌を一にする。しかし、九条意識（改憲により正式な軍隊を持つべきか否か）の場合とはまったく異なる点として――またおそらくは一般的な理解に反して――、ここでは護憲派とほぼ同じ程度で改憲派も増えて<u>いる</u>のである。結果として、一九六〇〜七〇年代を通して護憲派と改憲派の割合は拮抗状態を保っている。

補足的なデータとして、時事通信社の一九七〇年五月調査をみておくと、ここでも護憲派二八％、改憲派二九％と賛否が拮抗している。二八〜二九％という数字自体も、同時期のＮＨＫ調査とそれほど乖離していない。以上のデータをみる限り、「遅くとも一九六〇年代半ばには、憲法改正反対で国民的合意が形成され」（大嶽 1999:4）たなどと単純に結論づけることは難しそうである。

図３－２にみられる改憲派の増加は、この時期における一般改正質問の「受け取られ方」の変化に関係している、と筆者はみている。前章で述べたように、一九五〇年代まで、改憲の必要性について漠然と問う一般改正質問は、多くの有権者にとって趣旨がはっきりしない質問であった

15――他の多くは自衛隊を「縮小すべき」（一三％）か「総選挙で民意を問うべき」（三二％）としている。

図3-2　1960～70年代における一般改正質問の結果（NHK）

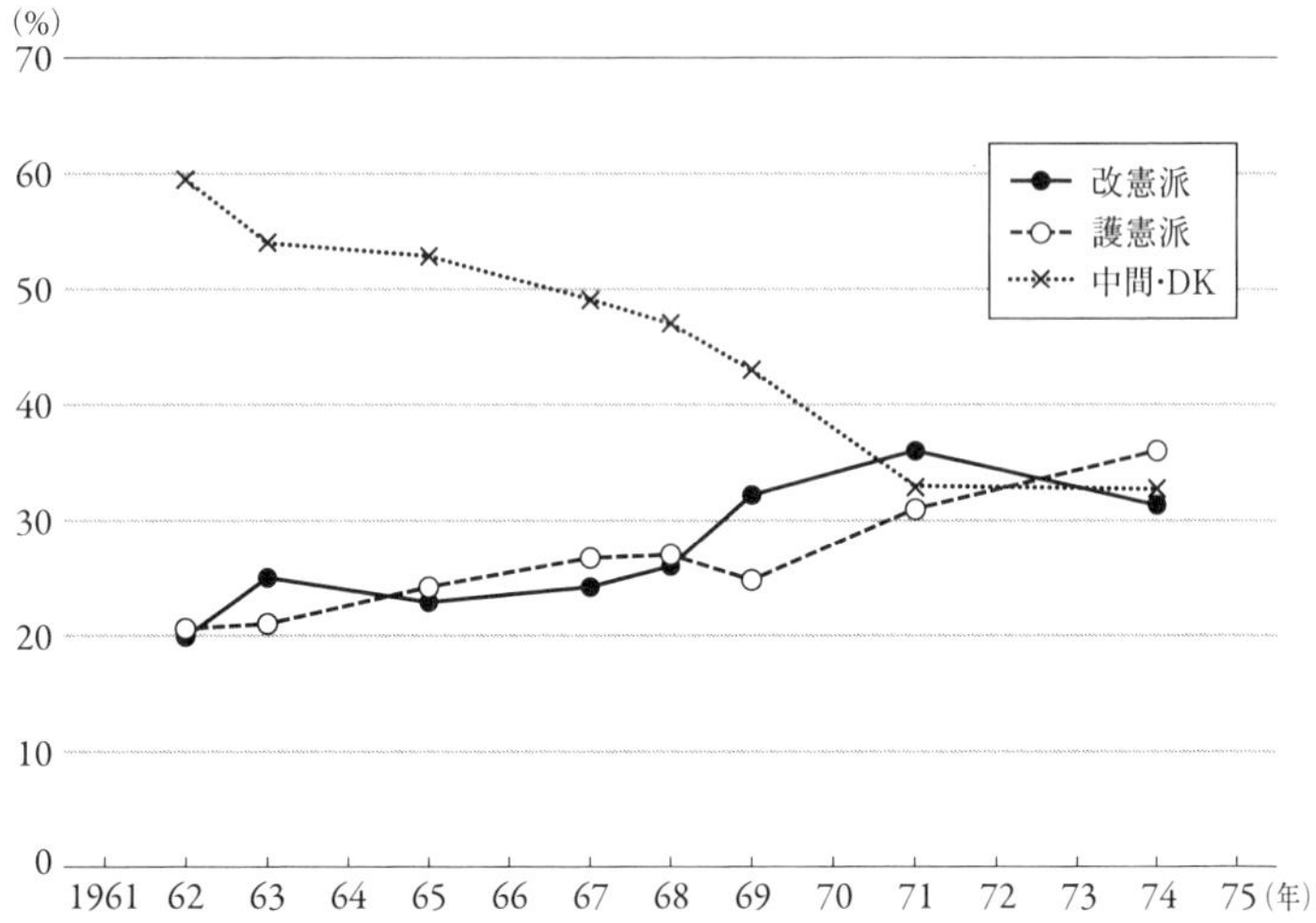

「中間・DK」は、「どちらともいえない」または「わからない」と回答した者を指す。両回答の割合を合計してあるのは、NHKから公表されている数値自体が調査年によっては合算されているため。

か、あるいは当時の改憲派エリートの意図に沿って「憲法の全面的改正の是非」として受け取られていたとみられる。これが六〇年代以降になると、この質問は「九条改正の是非」を意味するものとして受け取られる傾向が強まったのではないだろうか。エリート層における憲法論争が、天皇元首化などを含む全面的改正の是非から九条解釈論へと収斂していったこの時期、憲法問題とはすなわち九条問題であるとの認識が有権者の間にも広がったとみることは自然である。

一般改正質問が九条改正論の文脈で理解されるようになった結果、回答者にとってこの質問の趣旨は明確なものとなり、その分、意見を答えやすくなった。実際この時期、図3－2で確認できるように、一般改正質問に対し「どちらともいえない」とか「わからない」と答える人の割合（「中間・DK」率）は顕著に減少している。賛成反対いずれであれ、この質問に対し意見を明確に表明できる人が増えたのである。

図3-3　「正式な軍隊を持つための9条改正」賛成派と一般改正賛成派の割合（朝日新聞）

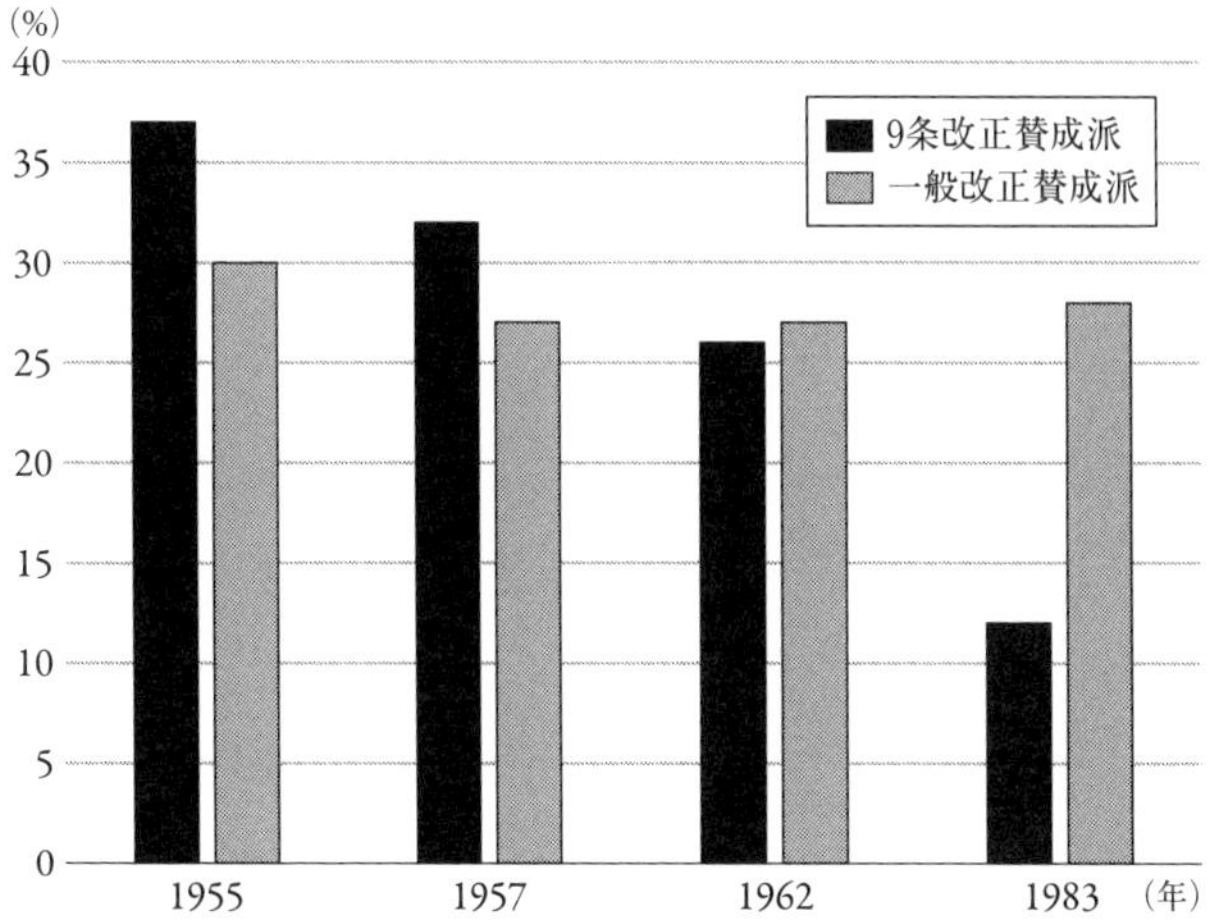

1983年についてのみ、一般改正質問と9条改正質問が同一調査内ではない（それぞれ5月、11月の調査）。また同年の一般改正質問の質問文はそれ以前のものと若干の相違がある。

そのうえで問題となるのは、当時の一般改正賛成派が志向した九条改正の具体的中身ないし目的である。難しい問題であるが、まず「正式な軍隊の保有」志向が主流でなかったことは最低限の主張として言える。図3－3は、一九五五～八三年にかけての、朝日新聞調査における一般改正賛成派と（正式な軍隊を持つための）九条改正賛成派の割合の推移を示している。これによると、五〇年代において一般改正賛成派は九条改正賛成派より少なかったのが、六二年の時点でほぼ同率になっている。さらに、（本節の対象時期を少し外れるが）八三年の段階になると、九条改正賛成派よりも一般改正賛成派のほうが大幅に多くなっている。高度成長期を通して、一般改正質問への賛成は、「正式な軍隊を持つための九条改正」への賛成よりもはるかに心理的ハードルの低い質問へと変質していたことになる。

筆者は、一九六〇～七〇年代に現れた一般改正賛成派の多くは、「自衛権や自衛隊の明記」を意図していたとみている。当時の有権者の意図を推測するには、世論調査の集計結果をみるだけでは不十分で、回答者個々人のレベルのデータ分析が求められる。その作業は第5章で行うので、ここでは以上の結論を述べるにとどめたい。いずれにせよこのように解釈すれば、高度成長期に改憲派が増えている（少なくとも、減っていない）という現象は理解可能になる。繰り返しになるが、九条といっても、この時期、「自衛権や自衛隊の明記」に論点を絞れば改正賛成派はけっして少なくなかったのである。

「戦後憲法体制」への国民的合意

ＧＨＱや吉田茂によって構築された、日本の戦後体制には二つの支柱があった。ひとつは、象徴天皇を備えた国民主権制であり、もうひとつは今日「吉田ドクトリン」として知られる、外交・安全保障政策における「軽武装主義、日米同盟路線」である。これらの柱は、保守勢力内部に異論を抱えながらも、結果的には自民党政権によって長らく維持されることになった。

このうち第一の柱「象徴天皇を備えた国民主権制」は、新憲法の制定意図そのものであり、最初期から国民に支持されていた。前章で論じたように、天皇制自体の廃止を求める声は終戦直後からほとんどみられなかった。他方で、明治憲法型の天皇主権制に対しても、少なくとも一九五〇年代には反対論が圧倒的に優勢で、戦後早い時期から象徴天皇制は大きな違和感なく受け入れられていたとみていい。こうした世論を背景に、高度成長期には、天皇元首化といった復古的改憲案やそれを含む全面改憲論は、自民党内においてすらもはや主張されることは少なくなった。

第二の柱についても、「軽武装主義、日米同盟路線」という方針そのものには、じつのところ早い時期から国民的な支持はあった。自衛隊程度の実質的な防衛力を備えることについてはつねに賛成論が多数であったことは前章で述べたとおりであるし、日米安保条約についても、主権回復後ほとんどの期間[16]で肯定派が多数であった（NHK放送世論調査所編 1982:169）。

ただこの路線の難点として、現実の外交・安保政策と憲法九条条文との整合性の問題があった。吉田内閣以来、政府はいわゆる解釈改憲の方針によってこの問題を処理し、一九六〇年代以降になると憲法問題は存在すらしていないことを公式見解とした。こうした保守政権の対応についても、世論は基本的に支持を与えた。多くの有権者にとって自衛権・自衛隊の保有を憲法典に明記することに強い反対はなかったが、だからといって、そうした改正を急がなければならないとい

16 ——六〇年安保時とベトナム戦争最末期を例外とする。

う認識もなかった。憲法典と現実に矛盾があるとしても、実際に世界は動いており、しかもそれはきわめて順調に推移しているようにみえた。

こうして、高度成長期において国民は、戦後憲法体制に「お墨付き」を与え、自民党政権は安定の時代を迎える。一九七二年七月、首相の座に就いた田中角栄——彼自身は他の指導者と同様、けっして原理主義的護憲派ではなかった——は以下のように述べている。[17]

現行憲法は、成立の過程にいろいろ問題がある。しかし、憲法は四分の一世紀以上の歴史の中で国民に消化され、定着した。いまのわが国の状態の中での憲法は守ってゆくべきだ。国民が不磨の大典として守ってゆける憲法と考える。（略）改正の必要は認めない。

たしかにこの時期、日本国憲法はもはや「不磨の大典」となったように思われた。ただ、こんにち振り返ってみると、高度成長期にみられる日本人の現状維持志向は、この時期特有の政治的・社会的文脈——永遠につづくと思われた安定と成長——に支えられていたのである。国民は実際には、憲法に対して柔軟な考えを持っていた。多くの有権者は、（解釈改憲を含む）戦後体制を支持していたにしても、憲法条文そのものを金科玉条のごとく神聖視していたわけではなかった。冷戦構造や経済成長といった、五五年体制の前提となる条件が崩れたとき、このことが問題となって表面化してくるのである。

2　憲法体制と世論の転機――五五年体制の崩壊

八〇年代における保守回帰

自民党は結党後、国会の議席を徐々に減らし、一九七〇年代後半には与野党伯仲の状況が進んでいた。ところが七〇年代末から、同党はいっとき復調の兆しをみせる（中北 2014：113-117）。その傾向が明確になったのが、八〇年六月の衆参同日選挙であった。この選挙では、投票日直前の大平正芳首相の急死も影響してか、与党が両院で安定多数を確保する大勝を収めている。

この直後から、自民党内では久々に改憲運動が活発化するようになった。[18] きっかけとなったのが、同年八月の奥野誠亮《せいすけ》法相による国会発言であった。奥野発言の趣旨は、自主憲法制定への期待感の表明にあったが、野党側はこれに強く反発し、大臣更迭を求めた。これに対して鈴木善幸内閣は「とくに問題にするにあたらない」との立場を示し、法相の擁護に回っている。[19]

17――朝日新聞一九七二年七月二〇日付。
18――朝日新聞一九八〇年一〇月一五日付。
19――朝日新聞一九八〇年八月二八日付。

一九八〇年一〇月には、この騒動に触発されたかたちで、七三年から休止状態にあった自民党憲法調査会が再開されている。同調査会はその後継続的に活動を行い、八二年八月には「中間報告」をまとめている。これは自民党が過去に発表したものと比べても、きわめて具体的で包括的な改憲構想であった。自民党の外では「自主憲法期成議員同盟」[20]の活動が活発化し、八一年には本格的な改憲構想を公表している。

こうした動きは、一九五〇年代以来の改憲運動の興隆であると評価してよい。しかし結果としては、これらの運動が政府の方針に大きく影響することはなかった。八二年一一月には、戦後最初期から筋金入りの改憲論者として知られてきた中曽根康弘が、ついに首相の座に就いている。しかしその中曽根ですら、首相在任中に「憲法改正を政治日程にのせない」旨を言明し、過去の内閣の方針を踏襲している（服部 2015：204）。その宣言の通り、中曽根内閣は明文改憲の手続きには踏み込まず、代わって防衛費の「GNP一％枠」を破るなど実質的な解釈改憲をさらに進める方針をとった。八五年には自民党結党三〇周年に合わせて綱領的文書の見直しがなされたが、そこでは自主憲法制定の旗を降ろすことさえ真剣に検討された（中北 2014：125）。この時期、明文改憲を早急に求める運動は、依然として自民党傍流の枠内にとどまっていたと考えてい[21]い。

湾岸危機の衝撃

一九八九年一月に昭和天皇が崩御し、平成に改元された。この出来事は、偶然にもこの時期を境に、日本を取り巻く内外の環境が大きく変化したという点で、象徴的であった。

一九八九年は、戦後国際政治の前提であった冷戦構造が本格的な終わりを迎え、新しい世界秩序の模索が始まった年である。同年一一月にはベルリンの壁が崩壊し、一二月には米ソ冷戦の終結が宣言された。このように国際関係の枠組みが流動化するなか、九〇年八月にイラクがクウェートに侵攻する。これに対し、イラクに対する即時撤退要求が国連で決議されるなど国際社会は強く反発し、翌年一月には米軍を中心とする多国籍軍がイラク空爆を開始した。

湾岸危機／戦争は、日本にとって対岸の火事どころか、国内政局に多大な影響をもたらすことになる。焦点となったのは、多国籍軍に対する日本の協力のあり方、とくに軍事的支援の可否とその方法についてであった。自民党の小沢一郎幹事長らは、即座に自衛隊派遣を含む積極的な国際貢献の必要性を主張した。こうした声に押されるかたちで、海部俊樹内閣は一〇月に国連平和協力法案を国会に提出したが、憲法上の問題から野党は強くこれに反対し、廃案となってしまう。政府は多国籍軍や紛争周辺国に対し巨額の資金供出を行ったが、人的貢献が不十分であった日本に対し関係諸国からは不満の声が上がった。

20——自主憲法期成議員同盟は超党派の改憲派議員連盟として、一九五五年七月に発足している。
21——一九八二年「中間報告」をまとめた時期に自民党憲法調査会に属した鳩山邦夫は、「すぐに憲法を改正しようという雰囲気ではなかった。自民党の中でも、むしろ護憲的な意見が強かった」と、のちに述懐している（舛添 2014：25–26）。

政府は結局、内外からの強い要請に追われるかたちで、湾岸戦争停戦後の一九九一年四月に自衛隊掃海部隊のペルシャ湾派遣に踏み切っている。この歴史的決定を画期として、その後、国連平和維持活動（ＰＫＯ）への自衛隊参加も検討されるようになった。最終的には九二年六月、宮澤喜一政権がＰＫＯ協力法を難産の末に成立させ、九月にはカンボジア、翌年五月にはモザンビークのＰＫＯ活動に自衛隊を出動させている。

こうした一連の経験は、憲法九条と現実との整合性の問題を改めて惹起し、長く停滞していた憲法改正論議を再び活性化させることになる。渡辺治は戦後の主だった改憲構想を列挙しているが（渡辺 2005：25–26）、これによると、政党等により提案・公表された「主な改憲案」の数は一九七〇年代に一、八〇年代に三であったのに対し、九〇年代には一二に及んでいる。改憲構想や憲法見直し提言が顕著に増加するようになったのは、カンボジアＰＫＯへの自衛隊派遣直後、九二年末以降のことであった。

九〇年代改憲論の特徴

一九九〇年代に登場した改憲論の特徴として第一に挙げられるのは、九条改正論の内容およびその正当化のロジックの変化である（渡辺 1994：第2章）。八〇年代まで、九条をめぐってエリート間で議論されてきたのは、まずもって自衛隊をどう位置づけるかという問題であった。しかし湾岸危機後の憲法論議では、自衛隊の海外派遣の可否が争点となるに至り、自衛隊自体の合憲性はもはや議論の前提として問題視されなくなった。こうした論点の転化にともない、日本自身の安全確保のためというだけでなく、国際貢献を十分に果たすという目的のためにも改憲が必要であると主張されるようになる。

九〇年代改憲論における第二の特徴は、九条問題以外への改正論点の広がりである。この時期に現れた憲法見直し案の多くは、九条以外にも、「新しい人権」規定導入（環境権、「知る権利」等）や統治制度改革（首相公選制導入、二院制改革、地方自治制度改革等）など多様な改正論点をセットで提示している。[22] 論点が広がったといっても、人権規定の拡充提案を含んでいる点から分かるように、五〇年代の復古主義的な憲法全面改正論とは性格を異にする。

第三に、政治的に最も重要な特徴として、九〇年代における改憲運動は、その担い手という面でも大きな広がりをみせた。湾岸危機後に憲法見直し論の口火を切ったのが小沢一郎幹事長や金丸信副総裁ら自民党執行部の面々であったことは（渡辺 1994：80）、それまで改憲論が党内傍流の枠にとどまっていたことを考えれば、大きな状況の変化を象徴していたといっていい。

一九九〇年代において憲法改正ないし見直しを訴えたのは自民党首脳だけではない。九三年初頭には、公明党が憲法見直し論を主張し始めただけでなく、それまで非武装護憲主義を党是とし

22――「新しい人権」導入論は、アイデアとしては一九八二年に自主憲法期成議員同盟が発表した改憲草案（第一次憲法改正草案追加案）ですでに示されている（渡辺編著 2015：上巻327）。

てきた社会党の幹部からもそうした声が上がった。[23] さらに重要なことには、この時期に誕生した「新党」の多くが改憲積極派であった。細川護熙らによって結党された日本新党は、九二年一二月に発表した政策要綱において以下のように謳っている（東大法・蒲島郁夫ゼミ編 1998:137）。

われわれは（略）政治を改革することを目指している。改革は（略）憲法問題に及んでいる。（略）国内・国外両面にわたる施策の基礎として憲法の問題を徹底的に検討するために、国会に憲法調査会を設置することを提唱する。（略）憲法のことを真正面から考えることこそ、政治改革の具体的第一歩と考えるからである。

少し後に小沢一郎が結成した新生党を含め、当時「改革派」と位置づけられた勢力が改憲に前向きであったことは、逆に護憲主義を「守旧派」的位置に追い込んだ点で決定的な意味を持つことになる。

民間団体では経済同友会など経済団体が積極的に改憲の提言を行い、労働組合のナショナルセンターからも憲法見直し容認論が現れた。[24] 全国メディアもまた、主体的に改憲論を打ち出すようになった。とくに重要なのは、最大規模の発行部数を誇る読売新聞による改憲キャンペーンの展開である。読売新聞社では、湾岸危機を契機として一九九二年から憲法見直しの論陣を張るようになる（読売新聞社編 1994）。とくに、九四年一一月三日の紙面に発表された「憲法改正試案」は、きわめて包括的・具体的な改憲構想として注目された。

五五年体制の終焉

一九九〇年代は、国際環境のみならず、国内政治のあり方という面でも一大転機となった。高度成長期に発達した「自民党システム」（蒲島 2014）は、都市部で生み出された利益を地方や低成長部門に分配する仕組みである。この政治・経済体制は、政治の安定と国際的にも稀な低格差社会を実現したと評価できる半面、一党長期支配による構造汚職や財政悪化、非効率的な経済規制といった問題をはらんでいた。これらの弊害が九〇年代になって自民党支配そのものの土台を掘り崩す要因になるのである。

五五年体制の「終わりの始まり」は、一九八九年に行われた参議院選挙であった。ここで自民党は参院議席の過半数を割る歴史的大敗を喫する。竹下登内閣期に消費税が導入されたこと、またリクルート・スキャンダルが発覚し、政治問題化したことが、選挙結果に影響したことは明白

23――山花郁夫社会党書記長（のち委員長）は一九九三年一月、「創憲論」を唱え、従来の社会党の護憲主義の転換を示唆した。

24――一九九三年一月、日本労働組合総連合会（連合）会長山岸章は「近い将来、平和憲法の精神を踏まえて護憲的立場から、新しい時代に憲法をどう適応させるかとの観点で本格的な検討が必要だ」と発言している（朝日新聞一九九三年一月一六日付）。

であった。この選挙で最多当選者を出したのは土井たか子を党首とする社会党で、同党はつづく九〇年衆院選でも大きく議席を伸ばすことに成功する。

保守支配が危機に瀕するなか、争点として浮上してきたのが政治改革、とりわけ選挙制度改革の問題である。従来の衆院選で用いられてきた中選挙区制は政治腐敗の温床であると捉えられ、他の選挙制度、なかでも小選挙区制の導入が急務とされた[25]。与党に巨大な議席を与える可能性のある小選挙区制の導入は、かつて鳩山一郎内閣が失敗したように、改憲への一里塚として理解され、強い反対を受けてきた。ところが一九九〇年前後の一連の汚職事件（リクルート事件、東京佐川急便事件等）の露見により、小選挙区制導入は憲法問題から切り離して論じられ、多くの政治学者やマスメディアから称揚されるようになる。

選挙制度改革問題はその後の政局を大きく左右し、一九九三年六月には自民党の大分裂を引き起こすことになる。結果、自民党の議席は衆院過半数割れとなり、翌月の衆院選後、ついに同党は結党以来はじめて政権の座から下りることになった。代わって発足したのが、日本新党など八党・会派を連立与党とする細川護熙内閣である。紆余曲折のすえ、この内閣のもとで九四年三月、小選挙区比例代表並立制導入を含む政治改革四法が成立している。

こうして突如実現した政権交代であったが、非自民連立政権は内部対立により瓦解し、自民党は短期間のうちに政権に復帰することになる。しかしこれ以降の政党間競争のあり方は、五五年体制期のそれとは根本的に異なるものとなった。一九九四年六月に誕生したのは、村山富市社会党委員長を首班とする、自民党・社会党・新党さきがけ三党連立内閣であった。不倶戴天の敵であったはずの自民党と社会党の提携は、戦後政治の転換を象徴する出来事だった。

この過程で、自民党ではタカ派色の強い政策方針を抑制する必要が生じた。[26] 一九九五年三月には「理念」「新綱領」「新宣言」という三つの新たな綱領的文書が採択されているが、ここではついに、自主憲法制定の党是自体が事実上棚上げされるに至っている（中北 2014：173）。他方、社会党の側では村山首相が自衛隊・日米安保条約を容認し、従来の路線を一八〇度転換させた。その影響もあり、以後同党は少数勢力に転落してしまう。

社会党に代わって有力野党となった新興勢力をみると、新進党（一九九四年末〜九七年末）にせよ、民主党（一九九六年結党）にせよ、外交・安全保障政策面ではかつての社会党とは比較にならないほど保守主義的立場をとっている。例えば新進党は、一九九六年一二月に発表した「憲法問題調査会中間報告」において、現行憲法の枠内で国連平和維持活動への参加は可能との立場を示している（渡辺編著 2015：上巻463）。当然ながらこれらの新党は、自衛権、自衛隊保持の合憲性などは自明のこととしていた。

こうした政界再編過程は、結果として憲法問題の「脱（保革）イデオロギー化」とも呼べる状

25——一九八〇年代末以降の選挙制度改革の具体的過程について佐々木編著（1999）を参照。
26——改憲強硬派の筆頭とみられてきた石原慎太郎さえ、この時期、社会党との提携を優先するため、「九条はここ当分、例えば五年なり十年間棚上げ」を提案したという（中北 2014：171）。

況をもたらすことになる。自衛隊保持の合憲性といった個別的自衛権をめぐる問題については、主要政党間の立場が収斂し、もはや実質的な対立争点ではなくなった。当初は合憲性が疑われた自衛隊の海外派遣についても、結局は（明文改憲なしに）政府によって実行に移され、ＰＫＯ協力法など法的整備が進められた。こうして自衛隊の活動範囲がなし崩し的に広げられ、多くの政党がそれを許容していくなかで、九条改正問題は緊急性を失い、争点としての重要性を低下させた。以下にみるように、これ以降の憲法問題をめぐる政党間対立は、安保政策を焦点とする保守主義派と革新主義派の争いというより、統治制度改革問題を焦点とする（主として保守陣営内での）「改革派」と「守旧派」の争いとして枠づけられていくことになる。

九〇年代後半の国家的危機

自社さ連立政権（村山内閣、橋本龍太郎内閣）の時期、日本はさまざまな社会的・経済的危機に見舞われることになる。一九九五年一月に発生した阪神淡路大震災は、その後の困難を象徴する出来事となった。同年三月には東京都心で未曾有のテロ事件（地下鉄サリン事件）が起き、戦後日本の安全神話を揺るがせた。

一九九〇年代後半はバブル経済崩壊の影響がいよいよ顕在化し、その対処が政治問題化した時期でもある。九六年の「住専国会」では、金融機関への公的資金投入問題をめぐり、与野党が激しく対立した。九七年末には都市銀行や大手証券会社の破綻が相つぎ、その翌年にはアジア通貨危機の影響も受けて、日本経済は実質マイナス成長に転じた。

一連の危機は、内閣の指導力や官僚機構の統治能力全般に対する信頼を低下させることになる。村山内閣は阪神淡路大震災に際して初動の遅れが非難され、危機管理能力の欠如が指摘された。橋本内閣は不況のさなか、緊縮財政政策と消費税増税を推進し、結果として経済危機を一層悪化させたと評価された。同じ時期に発覚した薬害エイズ事件や大蔵省接待汚職といった不祥事もまた、政府・官僚機構に対する不信の源となった。

こうした状況下で行われた一九九八年七月の参院選で、自民党は惨敗を喫することになる。これ以降、野党が参院多数を占める「ねじれ国会」のもとで、政権運営には一層の困難が生じた。

一九八〇年代末からつづく国内外の情勢の変転と政局の混乱は、エリート層に統治制度改革の必要性を強く認識させることになる。なかでも、内外の危機的状況への機動的対応という要請から、内閣・首相の指導力強化が重要な課題とされた。そのための処方箋としてさまざまな提案がなされ、橋本内閣期には実際に省庁再編や内閣機能強化、首相権限強化をともなう大掛かりな行政改革が実施されている。この他にも九〇年代を通して、選挙制度改革、政治資金制度改革、地方分権改革、司法制度改革など、さまざまな政治・行政制度改革案が示され、実行された。

こうした「改革の時代」（牧原 2013）のなかで、憲法問題も体制改革論の一環として扱われるようになる。「政治に対する国民の信頼を回復し、内外情勢に的確かつ機動的に対応できる政治を実現する」（読売新聞社編 1994:16）ために改憲が必要であるとする主張は、一九九〇年代初頭、政治改革運動が盛り上がるなかですでに登場していた。こうした認識は、先に述べた国家的危機を経験するなかで、九〇年代後半になると政治家の間で一層共有され、「旧体制」批判のスローガンとして用いられるようになる。典型的な主張は、九六年一二月の新進党による「憲法問題調査会中間報告」に表れている。ここで同党は、憲法改革の具体的な論点として国会制度改革、内閣機能の強化、司法制度改革、地方分権改革、国民投票制度の導入、情報公開制度の確立などを挙げ、その背景として以下のような状況認識を述べている。

我が国の統治機構は、内外の諸問題に適切に対応できなくなっていることにみられるように、立法・行政・司法の全般にわたり機能不全の状況に陥っており、国民の間には政治に対する閉塞感が蔓延しつつある。（略）このような状況を打破し政治にダイナミズムを取りもどしていくためには（略）憲法改正も視野に入れ、一切のタブーを排して、統治制度の改革を行っていく必要がある。[27]

こうして一九九〇年代末には、「改革派」新党たちが改憲運動を主導することになった。九九年には、政局の鍵を握っていた小沢一郎自由党党首、鳩山由紀夫民主党代表（同年九月就任）があいついで明文改憲論を発表している。[28]同じ年の七月には、議員立法のかたちで、衆参両院に憲法調査会が設置されることが決定された。[29]国会に憲法調査会が置かれるのは、憲政始まって以来初のことである。この時期、旧来型政治の象徴とみなされた自民党は、憲法改革問題においても受け身の立場に置かれている。こうした構図が大きく変化するのは二〇〇一年、この政党が自ら強力な「改革派」を指導者に迎えてからのことである。

一九八〇～九〇年代の憲法意識調査

これまで述べた時代状況をふまえたうえで、一九八〇～九〇年代の憲法意識調査およびその結果についてみていきたい。

当時の全体的な特徴としてまず指摘できることは、その前の時期と比較して調査頻度が激増したことである。一九六〇～七〇年代に低調であった憲法意識調査は八〇年代に再び活発化し、九〇年代に入ってからはさらに頻度を増した。例えば、読売新聞は五七年以来、久しく実施してい

27――こうした認識をもたらした具体的事件として、新進党はとくに「薬害エイズ、住専問題」を挙げている（渡辺編著 2015：上巻468）。
28――小沢一郎「日本国憲法改正試案」『文藝春秋』一九九九年九月特別号、鳩山由紀夫「ニューリベラル改憲論自衛隊を軍隊と認めよ」『文藝春秋』一九九九年一〇月特別号。
29――一九九九年二月に民主党、公明党、改革クラブの野党三党が憲法調査会設置にまず合意し、その後、超党派議連（憲法調査委員会設置推進議員連盟）の総会で自民党、自由党がこれに加わったという経緯であった（衆議院ホームページ http://www.shugiin.go.jp/internet/itdb_annai.nsf/html/statics/ugoki/h11ugoki/h11/h11kenpo.htm）。調査会設置を決める国会法改正案には、共産党、社民党以外の政党が賛成に回った。

なかった一般改正質問を八一年に復活させ、以後九〇年代末までに計一〇回の調査を行っている（前章図2－1参照）。八〇年代初頭の自民党内の動きを含め、この時期におけるエリート層の改憲論議の盛り上がりに対応したものとみていい。

一九九〇年代以降の調査に関しては、憲法に関する質問が単に量的に増加しただけでなく、内容的にも多様化が進んだ点が注目される。この後詳しくみるように、九条改正の是非を聞くにしても、問い方の幅がかなり広がっている。また憲法改正の論点として、九条以外の条項に焦点をあてた質問がしばしばなされるようになっている。具体的には環境権、プライバシー権といった「新しい人権」条項の追加、首相公選制の導入、国会制度改革といった論点についてである。こうした世論調査の傾向は、政治家やメディア上の憲法改正をめぐる言説において論点が多様化したという時代の趨勢に対応している。

「九条維持志向」の飽和――八〇年代の九条意識

個別の質問に関して、まずは九条改正質問について検討していきたい。その際、一九八〇年代と九〇年代を区別して論じることが有益である。

一九八〇年代は、端的にいって、九条維持志向の高まりという、それまでの流れが飽和する時代とみなせる。ここでいう「九条維持志向」とは、戦後初期から論点となってきた、「正式な（本格的な）軍隊を持つための改憲」に反対する立場を指す。こうした意味での九条維持志向が八〇年代にきわめて広く持たれていたことは、朝日新聞の継続的な調査（図3-1）ですでに確認したとおりである。八三年一一月調査では「正式の軍隊がもてる」ための改憲賛成派は一二％にすぎないのに対し、反対派は七八％という圧倒的高率になっている。

他の機関による調査結果も示しておこう。読売新聞は一九八一年一月、一一年ぶりに九条改正の是非を問うている。その結果は、「本格的な軍隊を持てる」ための改憲賛成派が一四％、反対派が七一％というものであった。NHKによる八六年一〇月調査[30]では、自衛隊を「正式な軍隊」にするための九条改正について、賛成が九％、反対が八〇％となっている。以上の結果にはかなりの共通性があり、反対方向での幅広い合意が確認できる。この時期にはもはや、軍隊保有の是非を論点とすること自体、一般国民には時代錯誤と捉えられたに違いない。

このように、一九八〇年代には自民党内で改憲運動が突発的に盛り上がったものの、国民意識の面ではなお高度成長期からの流れの延長線上にあった。こうしたなか、中曽根内閣が従来の政権の方針を踏襲し、改憲問題の争点化を避けようとしたのは自然なことであったといっていい。

湾岸危機と九条意識

一九九〇年前後の九条意識の変動については従来から注目を集めており、すでに政治学者や報

30――この調査は一六歳以上が対象である点に注意が必要である。

道機関による検討が加えられている。その多くは、湾岸危機以降に高まった自衛隊の海外派遣論を契機として、国民の九条改正志向が強まった、という見方を取る。例えば五百旗頭真らによる以下の主張はその典型的なものである。

湾岸危機／戦争からカンボジアPKOにかけての経験は、日本国民の認識に大きな変化をもたらした。（略）掃海艇の仕事が国際的称賛を受けると、世論は軍事面での国際貢献にもいくらか寛容になった。（略）カンボジアPKOが成功に終わった後、決定的に自衛隊によるPKO参加への支持が多数となった。のみならず、国際貢献のために必要ならば憲法9条の修正を検討してよい、との意見が多数派に転じたのである。（五百旗頭編 2014：238‒239）

しかし、こうした見方の根拠となっている世論調査の分析は、少なくとも不十分なものであり、ときにはミスリーディングですらある。例えば五百旗頭らの主張の論拠となっているのは、第1章で紹介した図1‐2のグラフである。すでにそこで指摘したように、この図では一九七八〜九〇年の九条改正質問（「正式な軍隊を持つための改憲」の是非を聞く質問）と九七年以降の一般改正質問の結果が一緒くたに提示されている。

本書で再三議論してきたように、この二つのタイプの質問を単純に並べて時系列比較することはまったくのナンセンスである。図3‐3でみたように、一九八〇年代以降の有権者は九条改正質問よりも一般改正質問に対して賛成しやすい傾向があったことを考えると、図1－2に表れているとされる、九〇年前後の九条改正志向の〝高まり〟には明らかな誇張がある。[31]

その他の論者を含め、一九九〇年前後の九条をめぐる国民意識の変化について説得的な分析を行った例を筆者は知らない。[32] しかし、この問題を実証的に議論するのはたしかに難しいのである。これは、九〇年代前後に、各調査機関とも九条改正質問の形式を大きく変えたことによる。九条に関するそれまでの標準的な聞き方であった、「正式な軍隊（本格的な軍隊）を持つための改憲に賛成か」というタイプの質問は、九〇年代にはほとんど用いられなくなる。朝日新聞の場合、この種の質問は九〇年一二月を境に消えていることは、すでに図3－1で確認したとおりである。

これ以降の九条改正質問は、同条をどのように変えるべきか明確にしない聞き方をするか、具体的に聞く場合でも、「自衛隊国際協力のための改正」の是非を問うなど、論点がそれ以前と異なっている。このような質問のあり方の変更と多様化は、時代状況の変化に即したもので、調査

31――さらにいえば、図1－2で取り上げられている九条改正質問は、いずれも「自衛隊海外派遣のための改憲の是非」について聞いたものではない。このグラフから、「国際貢献のために必要ならば憲法9条の修正を検討してよい、との意見が多数派に転じた」などという主張を導くことはまったく無理である。

32――読売新聞社世論調査部編（2002:48–51）は一九八一年以降の一般改正質問の集計結果を並べたうえで、「一連の国際貢献、国際的な責務をめぐる論議が国民の憲法観に大きな影響を与えたことは疑いない」と論じている。これも一般改正質問に対する賛成意見を九条改正論と単純にみなしている点でやはり説得力を欠く主張である。

図3-4 「憲法第9条の戦争放棄の規定と自衛隊との関係について」(読売新聞)

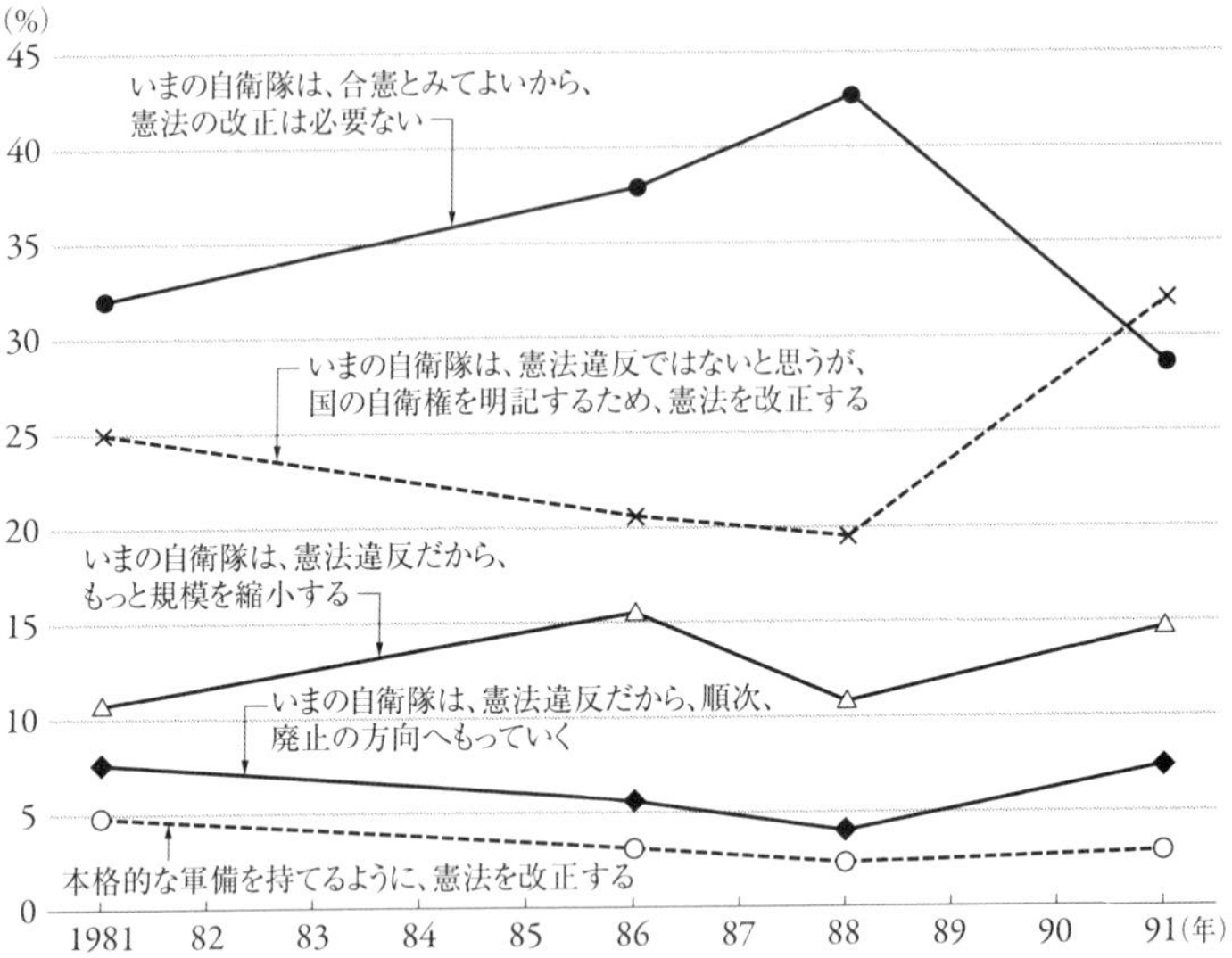

機関としては当然の対応である。しかし、九条をめぐる国民意識の時系列比較を難しくする点で、本書にとっては大きな障害になる。以下、利用可能な情報を多角的に検討しながら、慎重に議論を進めていきたい。

まず従来からの論点である自衛隊の合憲性の問題について、国民意識はどのように変化したであろうか。この点について参考になる調査を、読売新聞が一九八一年から九一年にかけて行っている。「憲法第九条の戦争放棄の規定と自衛隊との関係について」、五つの意見のなかから自分に近い考えを選択するという形式の質問である。図3-4にその集計結果をまとめた。

この図からは、一九八〇年代の三回

の調査と九一年のそれとで、明らかに異なる傾向が見て取れる。八〇年代では、「いまの自衛隊は、合憲とみてよいから、憲法の改正は必要ない」とする意見が増加傾向にある。ところが九一年（三月）の調査ではこれが減少に転じ、代わりに「いまの自衛隊は、憲法違反ではないと思うが、国の自衛権を明記するため、憲法を改正する」という意見が大幅に増加して首位になっている。九〇年前後に、「自衛隊を明記するための改憲」という論点において、たしかに国民の意識は変化している。

タイミングからみて、この変化の要因を湾岸危機／戦争以外に求めるのは不自然である。この危機を契機に盛り上がった自衛隊の海外派遣論争を通じて、有権者の間でも、（海外派遣の前提として）自衛隊の存在と九条条文を整合化することが改めて求められるようになったということであろう。[33]

なお（自衛隊保持の前提となる）自衛権の明記のための改憲については、一九九〇年代以降、圧倒的多数が賛成と回答するようになっている。[34] 読売新聞は九五年以降、毎年、憲法に「国として

33――一九八八年から九一年にかけて、若干ながら「いまの自衛隊は、憲法違反だから、順次、廃止の方向へもっていく」とする意見も増えていることからも、この間に、国民の間で自衛隊と九条条文の不整合感が強まったことがうかがえる。ただ、より多くの国民は、その不整合感を自衛隊廃止によってではなく、憲法のほうを修正することによって解消することを望んだのである。

34――残念ながら一九九〇年代以前には似た調査が確認できないため、過去どうであったのか比較検討することはできない。

自衛権を持っていることをはっきり書いたほうがよい」かを賛否二択で聞いているが、こうした形式の質問ではつねに回答者の七割までもが賛成を表明しており、反対論は二割程度にとどまっている。

「自衛隊海外派遣のための改憲」賛成派の増加

では湾岸危機／戦争への対応としてより直接的な争点となった、自衛隊の海外派遣についてはどうだろうか。かつては、自衛隊を海外に出すための九条改正など、仮に国連活動の一環であったとしてもまったくの問題外とみられていた。一九六〇年代初頭の政府調査[35]によれば、「国連から求められた場合には、国連に対する義務を果すため、海外派兵もできるように今の憲法の規定を改めて、軍備をもつことを認めるべきだ」という意見に賛成の人は一割程度にすぎず、反対が四割を占めている。

一九七〇～八〇年代にはどの調査機関でもこの種の質問が行われた形跡はないが、賛否について改めて聞くまでもない「合意争点」であったということだろう。ちなみに、読売新聞は八〇年代に複数回、憲法とは関係なく自衛隊の海外派遣の是非を問うているが、いずれの調査でも、「国連の平和維持活動には派遣できるようにする方が望ましい」が二割程度であるのに対し、「一切海外へ出ない方が望ましい」が六割超となっている（読売新聞社世論調査部編 2002:55）。九条を改正すべきかどうかという以前に、自衛隊の海外活動自体に懐疑的な見方が圧倒的だったのである。

ところがこうした世論の状況は、湾岸危機／戦争と自衛隊のＰＫＯ参加を境に一変する。まず、自衛隊の海外派遣に対する抵抗感は一九九〇年代に明らかに弱まった。読売新聞の調査では、九〇〜九三年の間に、海外派遣容認論が反対論と（控えめにみても）拮抗する状態になっている（読売新聞社世論調査部編 2002:55）。朝日新聞による調査でも同じ時期に、自衛隊の海外派遣に関し、「賛成が増加し、反対と拮抗するか、上回るようになっている」傾向が認められる（和田 1994:171）。

こうした意識の変化に付随して、「自衛隊海外派遣のための改憲」に対する賛成意見も増加したことを示す証拠がある。カンボジアＰＫＯ（一九九二年九月〜九三年九月）に自衛隊が派遣されたのちの一九九三年四月、毎日新聞は「憲法9条を改正して、自衛隊が国連平和維持活動（ＰＫＯ）や国連による軍事的行動に協力できるよう明記すべき」かどうかを問うている。結果は賛成が二五％、反対が三三％であった。反対意見が優勢であるが、質問文が「軍事的行動」の可否にまで言及していること、またこの調査がカンボジアで日本人ボランティアが殺害された翌日から実施されたものであったことを考えれば[36]、二五％もの回答者が賛成を表明している点がむしろ印象的である。

モザンビークＰＫＯ（一九九三年五月〜九五年一月）以降の調査をみると、「自衛隊海外派遣の

35——一九六二年八月、六三年八月調査。
36——一九九三年四月八日に国連ボランティア中田厚仁氏が殺害された。毎日新聞調査は四月九日から一一日にかけて実施されている。

ための改憲」を容認する傾向は一層明瞭になる。読売新聞は一九九五年以降、憲法に「国際機関の平和活動や人道的支援に、自衛力の一部を提供するなど、積極的に協力することをはっきり書いた方がよい」かを聞いている。その結果は毎年かなり安定しており、つねに改憲賛成派が七割弱で、優勢を保っている。

他の調査機関ではこれほど直接的な質問をみつけることができないが、参考までに、朝日新聞一九九七年四月調査の結果を示そう。ここでは、「国際紛争の解決に協力を求められた時、日本はいまの憲法で、十分な役割を果たせると思いますか」という問い方をしている。結果は「十分な役割を果たせる」が二四％であったのに対し、「十分な役割を果たせない」が六〇％であった。後者の集団がみな九条改正を望んでいたわけではないだろう。しかし少なくとも、現行憲法が日本の国際貢献の障害になっているという認識が九〇年代に広く持たれるようになったことは疑いがない。

以上の結果を総合的にみると、九条に関する国民意識には一九九〇年代初頭に重大な変化が生じていたと考えるのがやはり自然である。その変化のタイミングや方向性からみて、「湾岸危機／戦争の経験、カンボジアＰＫＯへの参加が国民の九条意識を変えた」とする巷間の見方は、（根拠の示し方はこれまで不十分であったにせよ）結論的には十分に首肯できる。

一九九二年という転換点――一般改正質問への回答の変化

以上をふまえたうえで、つぎに一般改正質問の検討に移ろう。一九八〇～九〇年代には、一般

図3-5　一般改正質問の結果（1980～99年）

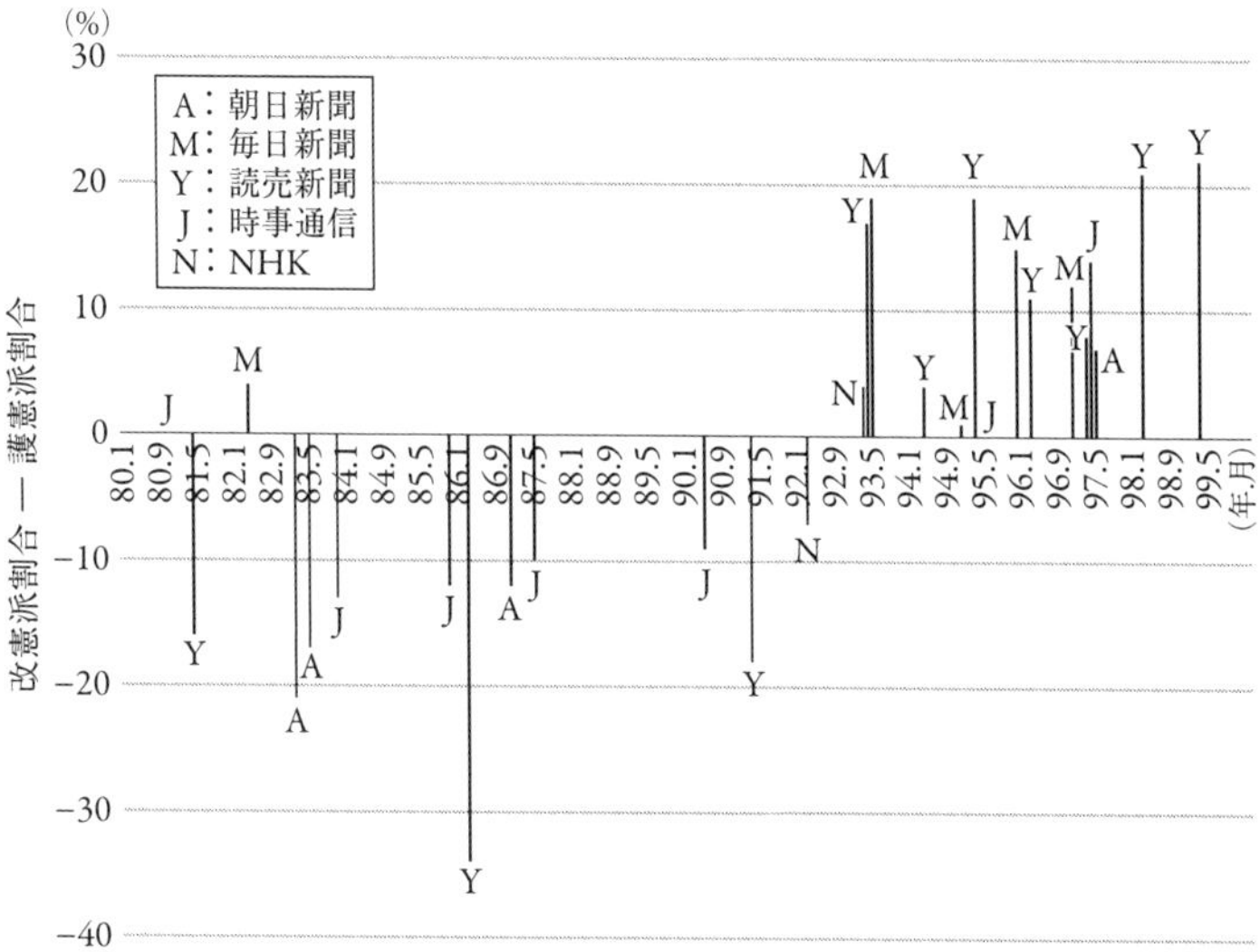

改正質問は多様な調査主体によって、かなりの頻度で行われるようになった。図３－５は、筆者が収集したこの時期のすべての一般改正質問の結果を示したものである。グラフの縦軸は改憲賛成派の割合から反対派の割合を引いた値（％ポイント）を表す。棒グラフが上に伸びていれば、それだけその調査において改憲派が優勢であったことを意味する。

図３－５にみられる世論の変化は非常に印象的なものである。一九九二年の前半までをみると、ほぼすべての調査において護憲派の割合が改憲派を上回っている。前節（図３－２）でみたように、七〇年代までは一般改正質問の賛否が拮抗する調査例が多かったことを考えると、八〇年代はその時期以上に国民の護憲志向が強かったとい

えるほどである。ところが九二年末以降の調査になると、すべての調査で改憲派が優勢となっている。

一九九二年末という転換のタイミングは、ＰＫＯへの自衛隊派遣が初めて実施された直後であり、九条条文と現実の安保政策との不整合感がひときわ強まった時期にあたる。同じ時期に既成政党、新党を問わず、政治家レベルでも憲法見直し論が噴出したことはすでに述べたとおりである。自衛隊の海外派遣論争をきっかけに、九条をめぐる有権者の意識が変容し、それに連動して一般改正質問に対する回答も変化したとみるのが素直な解釈と言えよう。

九条問題への関心の低下

ただし他方で、一九九〇年代を通して改憲派の割合が高止まりした要因を、もっぱら九条問題との関連で捉えるのは短絡的かもしれない。先に述べたように、自衛隊の海外派遣論議はＰＫＯ参加によって沈静化し、政党の離合集散が進むなかで、かつて保革対立の焦点であった九条改正問題は政党間対立の主要テーマから外れることになった。そうした状況でなお、有権者たちは九条問題への関心を保ち、九条改正の是非をもっぱら意識して一般改正質問に回答しつづけたのだろうか。

筆者はこの点、きわめて懐疑的である。実際、一九九〇年頃に高まった九条問題に対する有権者の関心は、じつはその後急速に低下したことを示す証拠がある。図３－６は、読売新聞調査か

図3-6　憲法について関心を持っている問題（読売新聞）

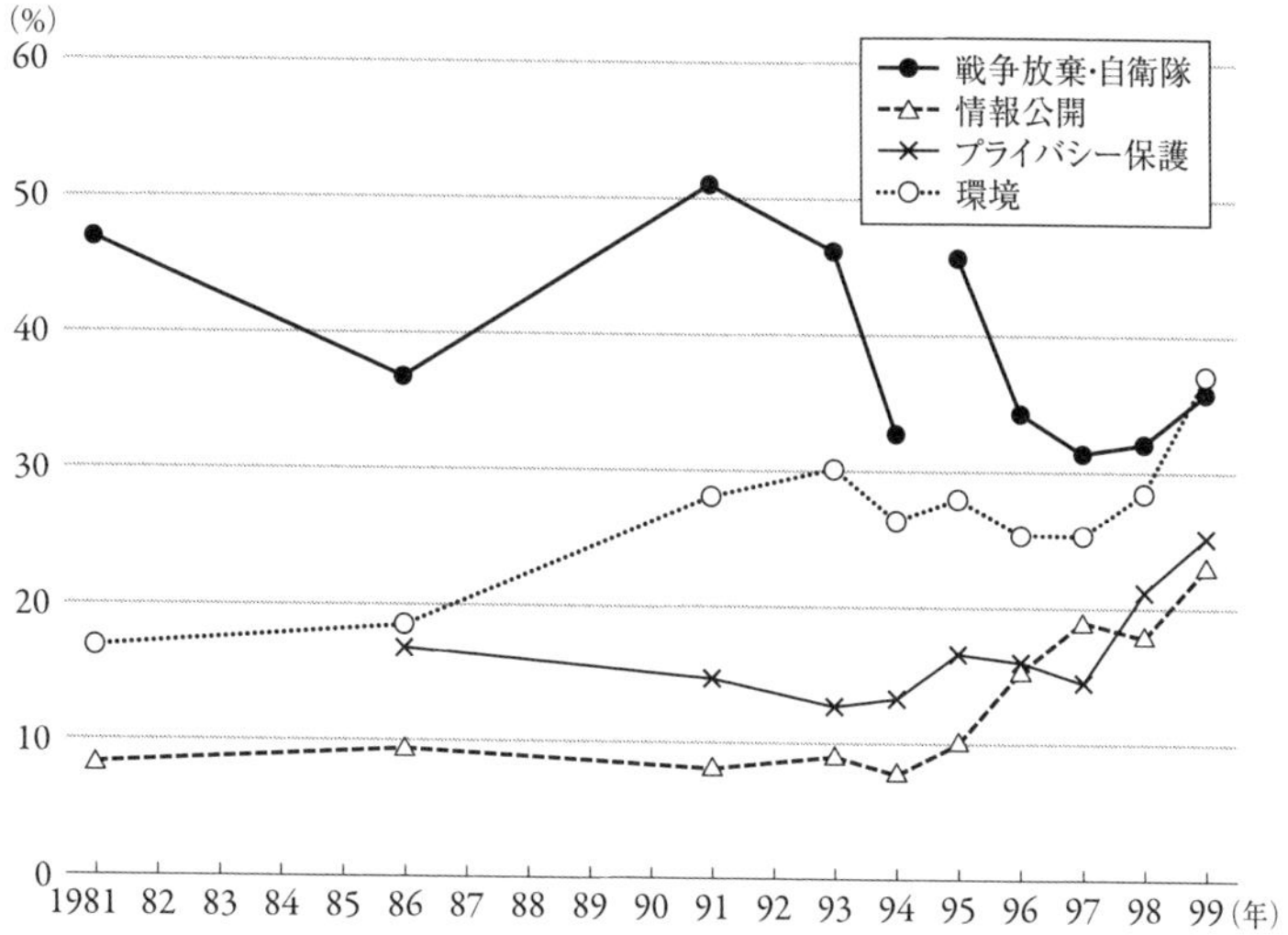

「戦争放棄・自衛隊」は1994年までの調査では「戦争放棄・自衛隊・徴兵制」、「情報公開」は81年調査のみ「情報公開およびプライバシー」という選択肢。

ら、「憲法のどんな点に関心を持っているか」の集計結果を示している。[37] グラフの縦軸は、それぞれの問題に関心があると答えた割合を指す。図には九条に関係する「戦争放棄・自衛隊」の言及率に加え、比較対象としていわゆる「新しい人権」関連の問題についてもプロットしてある。

このグラフから明らかなように、一九九一年には約五割の回答者が「戦争放棄・自衛隊」を関心項目に挙げていたのが、九四年以降になると三割程度にまで減少している。九五年には一時関心が高まったようにもみえるが、この時点で選択肢の表現に一部変更があるため、以前との単純な比較はできない。[38] この部分の断絶を除けば、九〇年代を通して、「戦争放棄・自衛隊」に対する関心の低下傾向ははっきりしている。

他方、「情報公開」「プライバシー保護」「環境」といった「新しい人権」関係の論点を挙げる人は、一九九〇年代の後半に顕著に増加している。[39]「環境」に至っては、九九年の段階で「戦争放棄・自衛隊」を上回るほどの関心を集めている。

先にみたように、一九九〇年代に噴出した改憲論には、改正論点の多様化という特徴があった。こうしたエリート層での動きを反映して、国民一般においても「憲法」と聞いてむすびつく政治・社会問題のイメージは（防衛問題一辺倒であった）以前よりも拡散したようである。

これらのことは、一般改正質問の「受け取られ方」にも影響を与えたはずである。一九八〇年代までは、有権者の多くが九条改正の是非を念頭に置きつつ一般改正質問に回答していた。ところが九〇年代も半ば以降になると、九条以外の観点からこれに回答する人も増えたであろう。またその前提として、「憲法改正に賛成か否か」という漠然たる質問は、大方の有権者から「憲法をどこか一カ所でも修正することに賛成か否か」という問いとして受け取られるようになっていたであろう。

このように一般改正質問の読み換えが進むことは、それ自体として改憲派の膨張をもたらす。九条改正には反対の有権者でも、他のいずれかの論点において改正賛成でありさえすれば、一般改正質問で改憲賛成を表明する可能性が出てくるからである。一九九〇年代を通して強まった改憲賛成志向の背景を考えるうえで、ここで述べたような論点の拡散による影響を無視することはできない。

体制改革機運と改憲志向

もっとも筆者は、環境権やプライバシー権に対する関心の高まりが、一九九〇年代における改憲派増大の主因であったとは考えていない。むしろ、「新しい人権」よりはるかに重要だと考えられるのは、首相公選制の導入や内閣機能の強化、参議院改革といった、広い意味での統治制度改革をめぐる論点である。

統治制度改革に対する有権者の関心は、少なくとも一九九〇年代後半において、九条問題にも劣らない高さを示している。例えば毎日新聞九五年一二月調査によると、現憲法で改善すべき点

37――この質問の選択肢には調査年によって若干の変更があるが、選択肢の数自体がかなり多く、また複数選択可能なので比較は可能だと思われる。

38――この間に自社さ連立政権成立、阪神淡路大震災、地下鉄サリン事件が生じている。そうした経験が「戦争放棄・自衛隊」問題の関心上昇につながったという可能性も考えられる。

39――一九九六年における「情報公開」問題の伸びは「薬害エイズ問題など、役所の情報公開問題への関心の高まりが表れた格好」（読売新聞一九九六年四月五日付）、九八年の「プライバシー保護」問題の伸びは「凶悪化する少年犯罪の容疑者をめぐって、顔写真や氏名公表の是非が問題になったほか、インターネットをはじめとするマルチメディアの普及で、個人情報の保護が取りざたされていること」（読売新聞一九九八年四月八日付）が原因であると分析されている。九〇年代末の「環境」問題の関心上昇については、九七年の京都議定書締結が影響しているとの見方もある（読売新聞社世論調査部編 2002:60）。

として回答者が上位に挙げたのは、「九条を、ＰＫＯなど国際的な責任を果たせるようにする」（四五％）に並んで、「首相公選制に変える」（四〇％）と「重要な政策課題は国民投票できるようにする」（五四％）であった[40]。毎日新聞は一年後の九六年一一月にも同様の調査を行っているが、そこでは後二者に対するさらなる関心の高まりがうかがえる（三項目の選択割合はそれぞれ三八％、四七％、五八％）[41]。

統治制度の改革には、たとえそれが憲法改正を伴うものであったとしても、総じて高い支持が与えられている。首相公選制の問題をみてみよう。一九九三年三月に行われた読売新聞の質問によると、この制度の導入について「望ましい」が五三％、「望ましくない」が一二％という結果で、賛成派が大多数である。その翌月に毎日新聞によって行われた「憲法を改正して首相を国民投票で選ぶべき」かを問う調査でも、同様の結果が得られている（賛成五七％、反対一一％）。エリート層で首相公選制の本格的な検討がなされるのは二〇〇〇年代の小泉純一郎政権誕生後のことであるが、すでに九三年段階でこの制度に国民の強い支持があった点には注意しておきたい。

一九九〇年代には、災害や経済危機などへの機動的・効率的な対応が求められるようになり、首相・内閣権限を強化する必要性が強調され、そのための憲法改正も提唱された。有権者はこうした趣旨の憲法改革に対しても総じて強い支持を与えている。読売新聞の九五年三月調査では、憲法に「大災害などの緊急事態の際に、首相がすばやく対応できる規定を設けた方がよい」という選択肢に対し、九〇％というきわめて高い比率で賛意が示されている。この調査の直前に起きた阪神淡路大震災や地下鉄サリン事件の影響が、この結果に表れていることは明白である。[42] 九六年以降の調査でも、「緊急事態に対応できるように、首相や内閣の権限を強化する規定を設けた方がよい」という意見に対し、つねに六割以上の回答者が賛成している（反対率は三割以下）。

有権者の体制改革熱は、行政府のみならず、立法府のあり方にも及んでいる。やはり読売新聞調査の結果によると、「衆議院と参議院のそれぞれの［憲法上の］役割を見直した方がよい」という意見に対する賛成率は一九九五年三月で五九％、九八年三月で六六％、九九年三月で六七％となっている（反対率はそれぞれ二割前後）。二院制改革に対する多数の国民の支持は、「ねじれ国会」を生んだ九八年七月の参院選の前からすでに認めることができる。

一九九〇年代の一連の社会的・経済的危機と政局の混乱は、有権者の間に強い不満と不信感を醸成し（善教 2013）、その帰結として憲法改正を含む政治・行政改革への期待感を高めた。有権者の多くは、各改革案の具体的な内容とその含意について精通していたわけではないだろう。しかしこの時期、現体制をとにかくいずれかの方向に変えることが求められた。憲法改革も、そう

40――毎日新聞一九九六年一月五日付。この質問は一般改正質問で改憲に賛成した回答者にのみ行われている。九六年一二月の調査でも同様。
41――毎日新聞一九九六年一二月二九日付。
42――とくに地下鉄サリン事件に関しては、その発生が三月二〇日であったのに対し、調査の開始が三月二五日というタイミングであった。

した変革を漠然とであれ強く期待する風潮のなかで、国民の支持を集めた側面があるだろう。

改憲意識の多面化

戦後の政治・経済システムの一大転機となった一九九〇年前後、日本人の憲法意識にも実質的な変化が生じていたことは疑いがない。図3-5にみられる改憲派の急激かつ大幅な増加からも、そのことは明らかである。しかしこの図に示された世論の変化の中身について理解するのは、必ずしも容易ではない。複合的な環境変化によって生じた世論の変化は、やはり複合的な性格を持っているのであり、単純な理解を許さない。

九条意識についていえば、一九九〇年代初頭には、従来からの論点である自衛隊の憲法への明記に対して、抵抗感が明らかに薄れている。この論点に限定して改憲を発議することができれば、国民投票で賛成多数となる可能性は（一九五〇年代以来）再び十分になったと考えていい。さらに九〇年代では、多くの国民が、自衛隊の海外派遣のための改憲をも視野に入れるようになっており、その意味でかつてない状況となった。こうした変化の契機として、これまでにも指摘されてきたように、九〇年以降の湾岸危機／戦争と自衛隊のPKO参加が決定的な出来事であったことはほぼ間違いない。

しかしその一方で、こうした安保政策転換の印象の強さゆえに、一九九〇年代を通して進んだ「憲法をめぐる政治」全体の構造変化と、それによる世論への影響という論点は見過ごされがちである。九〇年代の日本において、転換が求められたのは安保政策だけではない。むしろ、より根本的な改革が求められたのは、そうした機動的な政策転換をこれまで妨げてきた、国家意思決定システムそのものであった。このような問題設定は、九〇年代初頭に保守陣営内「改革派」によって主導されたものであるが、大震災やテロ事件、経済危機といった国家的危機があいつぐなかで、政府の統治能力を高めるための制度改革はいよいよ喫緊の課題とみなされるようになっていく。憲法改革もまた、そうした体制改革論の一環として位置づけられるようになるのである。

このようにして、一般国民の意識においても憲法問題＝九条問題という単純な図式が崩れ、改憲意識は多面化した。憲法をめぐる争点の拡散は一般改正質問の「受け取られ方」にも影響し——「憲法のどこか一カ所でも修正すべきところがあるか」という問いとして理解されるようになった——、ただでさえ同質問に対して賛成意見が表明されやすい状況となった。まして一九九〇年代に新たに注目を集めるようになった統治制度改革がらみの改憲には、多くの国民から強い支持が与えられていたのである。

こうして生じた有権者の間での改憲派の急増は、憲法改正を志向する政治家たちを勢いづけ、二〇〇〇年代につづく改憲運動の大波をもたらすことになる。その過程で軽視されたのは、改憲派として括られる有権者たちの意見の多様性である。一九九〇年代半ば以降の有権者は、もはやそれ以前のように誰もが九条問題に強いこだわりを持つわけではない。改憲志向を持つ有権者のなかには、首相権限強化論者も、人権拡充論者も、自民党支持者も、「新党」支持者も含まれる

（第5章参照）、まさに呉越同舟といってよい状況であった[43]。

したがって、一九九〇年代に膨張した改憲派「連合」は、じつのところ容易に解体する可能性をはらんでいたのである。例えば国際情勢の変化などによって、有権者の関心が再び安保・九条問題に集中するような事態が生じれば、一般改正質問によって観測される改憲派の数は途端に減少することであろう。実際、二〇〇〇年代以降の憲法をめぐる世論の変化は、こうした過程として解釈することができるのである。

43――さらにいえば、同じ条項に関する改憲容認派のなかでさえ、細部までみた場合、さまざまな（相矛盾しうる）立場が同居している状況であった。例えば読売新聞一九九六年三月調査によると、二院制改革のための改憲論者は計四三％も存在する。しかしその内実は、「参議院をなくして一院制にする」「二院制を維持し、衆議院の権限を強くする」「二院制を維持し、参議院の権限を強くする」という意見がそれぞれ二二％、七％、一四％であった。

第4章

瓦解する「改憲派連合」——小泉改革から政権交代の時代へ

1　二〇〇〇年代の憲法政治

小泉改革の時代

二〇〇〇年を迎えても、日本経済はなおバブル崩壊の後遺症から抜けられずにいた。小渕恵三内閣は一九九八年に発足して以来、景気対策として公共事業の拡大を進め、結果として膨大な財政赤字を残している。自民党政権による従来の経済政策が行き詰まりつつあることは明らかであった。

二〇〇〇年四月に小渕首相が病に倒れ、政権の座は森喜朗に引き継がれることになった。その際、少数の自民党幹部による「密室談合」で次期首相が選ばれたとみなされ、森内閣は発足当初から正統性に疑問が持たれた。〇〇年六月の総選挙の結果、連立与党は安定多数こそ維持したものの、とりわけ都市部での自民党の退潮は深刻であった（蒲島 2014：第13章）。同年一一月には元幹事長・加藤紘一らによる倒閣運動があったが、執行部の切り崩しにより失敗に終わっている。「加藤の乱」の不発は多くの国民に失望を与え、自民党政権に対する不満がさらに蓄積する結果となった。

低支持率に苦しんだ森内閣が退陣したのち、二〇〇一年四月に後継首相となったのが小泉純一郎である。小泉は「自民党をぶっ壊す」ことを公約に総裁選を戦い、一般党員から圧倒的多数の票を得て勝利した。小泉内閣は空前の高支持率で国民に迎えられ、首相個人の人気を追い風に七月の参院選で自民党は大勝を収める。

小泉は総裁選で公約した通り、党内派閥の意向やバランスにこだわらない異例の人事を断行し、従来型の自民党政務調査会――「族議員」による利益追求の場とみなされた――を中心とする政策決定過程の打破を試みた。小泉政権の特徴である「官邸主導」型政策決定スタイルは、首相個人の志向に加え、一九九〇年代に行われた一連の政治・行政制度改革（選挙制度改革、内閣・首相権限強化など）によって実現したものとみなせる（待鳥 2012）。二〇〇一年に新設された内閣府の経済財政諮問会議を司令塔として、小泉内閣はトップダウン方式でつぎつぎと新しい政策方針を打ち出していった。

政策内容の面では、小泉政権は「官から民へ」「中央から地方へ」を大方針とし、市場原理を重視した新自由主義的改革を進めている。小泉改革の具体的な成果には、公共事業費削減や特殊法人改革、各種経済規制の緩和、地方分権改革などが挙げられる。「小さな政府」を志向した一連の政策は、民主党など野党の主張を先取り的に導入したもので、とくに都市部の有権者から強い支持が与えられた。この時期、景気が回復基調に転じたことも、小泉改革に説得力を与えたであろう。「小泉劇場」が最も盛り上がりをみせたのが、二〇〇五年八月の政局であった。小泉内閣は自民党内からの強い反対を押し切り、郵政民営化法案を提出、参議院で否決されたことを機に首相は衆議院の解散に踏みきった。衆議院はすでに同法案を可決していたため、解散総選挙は無理筋との見方が強かったが、首相は意に介さなかった。この選挙では、郵政民営化に反対する「抵抗勢力」との対決姿勢を演出した小泉の戦術が功を奏し、連立与党が衆院議席三分の二以上を制する結果となった。都市部有権者による小泉自民党への投票が勝因であった（菅原 2009:38）。

安保問題の再争点化

他方この時期には、外交・安全保障分野でも新たな状況が生じ、政権は対応を迫られた。最大の争点となったのは、アメリカの対テロ戦争への協力問題である。二〇〇一年九月に発生した同時多発テロ後、アフガニスタン攻撃を開始したアメリカに対し、小泉政権はただちに支援の方針を打ち出した。既存の法体制では対応が困難であったため、政府はテロ対策特別措置法を成立させ、同年一一月には自衛艦のインド洋派遣に踏みきっている。自衛隊が日本周辺を離れた地で戦争協力するという「戦後憲法下での革命的な新事態」（五百旗頭編 2014:262）であった。小泉政権はその後のイラク戦争に際しても、特措法制定により〇四年一月から自衛隊を現地に派遣している。野党の反対を押し切って進めたこれらの政策は、一九九〇年代初頭以来となる防衛問題の争点化を促した。

こうした動きにも関連して小泉政権期に浮上したのが、集団的自衛権の行使容認問題であった。集団的自衛権は、長らく政府の公式見解として、「保有はするものの、行使はできない」とされてきた。ところが冷戦終結後、日米同盟の再定義が進むのにともない、「米国と共同して行う我が国の防衛及び我が国周辺における国際協力をより円滑・効果的に行うため、あるいは、米国との対等な同盟関係を構築するため」[1]、集団的自衛権の行使容認を求める声が高まりつつあった。

二〇〇〇年代になると、行使解禁論は自民党内からだけでなく、一部野党からも主張されるようになった。[2] ことに対テロ戦争への協力の進展は、この問題をいやおうなく争点化することになる。政府はアメリカの求めに応じて高い情報収集能力を持つイージス艦をインド洋に派遣したが、米軍への情報提供が集団的自衛権行使にあたる可能性があるとして、与党内外から強い懸念が示された。[3] これに対し、政府はあくまで憲法上の問題はないとの立場を通している。集団的自衛権問題への対応という課題は結局、小泉後の政権に積み残されることになった。

二〇〇〇年代初頭の改憲論

二〇〇〇年代初頭、一九九〇年代からつづく長期的な改憲運動のうねりがさらに高まり、いよいよ大波となった感がある。この時期、政党、政治家、民間団体、知識人らによる改憲提言の例は枚挙にいとまがない。渡辺治の集計によると、二〇〇〇年〜〇五年五月までに提示された「主

1――衆議院憲法調査会『衆議院憲法調査会報告書』二〇〇五年四月、三〇八頁。
2――二〇〇一年一〇月、テロ対策措置法の審議過程で、小沢一郎自由党党首は小泉と会談し、「集団的自衛権を認めよと詰めよった」という（大嶽 2006:174）。
3――朝日新聞二〇〇二年一二月五日付。

な改憲案」の数は二三である（渡辺 2005：25–26）。過去最も改憲運動が盛り上がった一九五〇年代ですらこの数は一一であったことから考えても、いかに小泉改革期の改憲論が広範な動きであったかが分かる。

そもそも小泉首相自らが総裁選の時点ですでに首相公選制導入を公約としており、憲法問題を争点化させている（大嶽 2003：90）。直接的にはそれは、前任の森首相選出時の「密室談合」批判に応えるものであったが、日本政治の長年の課題であった首相の指導力強化がより本質的な意図としてあっただろう。小泉は首相就任直後から、「首相公選制を考える懇談会」を発足させ、この制度の検討を熱心に進めている。[4]

国会では、二〇〇〇年一月より衆参両院の憲法調査会がいよいよ始動した。主要政党が一堂に会して憲法問題を論議するという画期的な場であった。[5] 両調査会は小泉政権期に精力的な活動を行い、〇五年四月にはそれぞれ大部の報告書をまとめている。衆院調査会報告書をみると、あらゆる条項について賛否両論併記する総花的内容である一方、本文末尾で「憲法改正手続法の整備」の必要性について積極的に問題提起している点が注目される。この課題は後継の衆院憲法調査特別委員会（〇五年九月設置）に引き継がれ、〇六年の自民・公明両党および民主党による改憲手続法（国民投票法）案提出につながっていく。

こうした国会の動きと並行して、各政党内でも憲法に関する議論が深められた。とくに重要なのは、二大政党の一翼を担う存在となりつつあった民主党が改憲への積極姿勢を打ち出した点である。二〇〇一年一二月（鳩山由紀夫代表期）に民主党憲法調査会が公表した「中間報告」では、同党の立場を「論憲」と位置づけ、改憲論点の整理を行っている。〇五年一〇月（前原誠司代表期）には、さらに具体的な改憲提案を含む「憲法提言」をまとめている。

一方、一九九〇年代半ば以降、憲法問題では消極性が目立っていた自民党でも、小泉政権期に入って改憲機運の高まりがみられた。小泉総裁は結党五〇周年事業として改憲草案作成を目標に掲げ、二〇〇三年の衆院選マニフェストにもその旨明記した。実際に「自民党憲法改正試案」（第一次草案）が完成し、公表されたのは〇五年一〇月のことである。[6] この改憲案では、前文や各条項の文案まで具体的に詰められており、党内の意見集約が一挙に進んだ感がある。

この時期、自民党が改憲問題で積極姿勢に転じた背景には、それ以前と比較して政権が相対的に安定したこと（舛添 2014：27）に加えて、当時の世論に対する楽観的な見方があった。実際、一九九〇年代中期以降の世論調査では、ことごとく改憲派が多数を占めていたことは前章にみたとおりである。自民党の憲法改正プロジェクトチームによる「論点整理」（二〇〇四年六月）は、同党が当時、世論をどうみていたかをよく表している。

4——同懇談会は、小泉がほぼ唯一毎回出席した諮問会議だったという（牧原 2013：110）。
5——一九五〇年代後半に設置された政府憲法調査会には、社会党が委員派遣を拒否していたことを想起されたい。
6——第一次草案の起草過程については、当事者の回顧録である舛添（2014）が詳しい。

新時代にふさわしい新たな憲法を求める国民的気運は、かつてない高まりをみせている。
わが党は、先の総選挙［二〇〇三年総選挙：引用者注］の政権公約において立党50年を迎える平成17年11月までに新しい憲法草案をつくることを国民に対して約束し、国民は大きな支持をもってこれに応えた。われわれは、党を挙げて、新憲法の草案作成という公約を実行に移すときを迎えている。（舛添 2014：32）

こうして二〇〇〇年代初頭に高まりをみせた改憲論の特徴として、二つの点を指摘したい。第一に、統治制度改革のための改憲論という視点の継続である。前章で述べたように、一九九〇年代の改憲論は五五年体制期の政治・経済システムを変革する運動の一環として位置づけられていた。とりわけ首相や内閣権限の強化のための制度改革が課題とされたが、二〇〇〇年代初頭――小泉「改革」の時代――における改憲運動も、こうした流れの延長線上で捉えられる。先に述べた小泉首相自身による首相公選制導入案もこの文脈から理解することができる。

この時期、憲法改正による首相の権限強化は、エリート層ではきわめて一般的な主張となっていた。衆院憲法調査会では「我が国の民主主義をより一層成熟させるためには、官僚主導から政治主導への転換を図る必要があり、そのためには、内閣総理大臣のリーダーシップの強化が必要」という意見が少なくなかった[7]。民主党が二〇〇五年に発表した「憲法提言」でも、「官主導の統治制度と決別して、民主導の新しい統治制度へ移行する」ため、「首相主導の政府運営の実現」が訴えられている。

だが、その一方で、一九九〇年代と比較した場合、この種の統治制度改革論から切迫感や切実さが失われてしまったことは否めない。ひとつには、それ以前と比べて小泉政権期の社会状況が安定していたことがあるだろう。九〇年代後半には大震災やテロ事件、金融危機などがあいつぐなか、「我が国の統治機構は、内外の諸問題に適切に対応でき［ず］立法・行政・司法の全般にわたり機能不全の状況に陥って」いるため、改憲による統治機構改革、とりわけ内閣・首相権限強化が必要であると主張された。[8] しかし、先の憲法調査会や民主党の議論をみても分かるように、こうした強い危機意識は二〇〇〇年代初頭の改憲論からは見て取ることができない。相対的に安定した社会状況のなかで、改憲派エリートの用いるロジックは、「政府の危機対応能力強化」というより、「官僚制に対する民主的コントロール強化」を強調する方向にシフトしている。

また、二〇〇〇年代初頭に統治制度改革論が盛り上がりを欠くようになった、より重要な背景として、一九九〇年代に改革が実際に進展したということがある。内閣・首相権限に関していえば、橋本龍太郎政権期に内閣府設置、内閣官房の機能強化といった制度改革が実現している。こうして制度的に拡張された首相の権限・資源を活用した結果が、小泉政権の「官邸主導」政治だ

7——『衆議院憲法調査会報告書』二四四頁。
8——新進党「憲法問題調査会中間報告」(一九九六年)。

ったのである。

小泉政権期には、首相によるトップダウン型政策決定の（不足ではなく）過剰が、自民党内で問題視されるようになっていた。そうした状況では、抜本的な制度改革を求める声が弱まるのも、自然の流れである。例えば小泉総裁の強い要望にもかかわらず、[9] 首相公選制導入論は、「ポピュリズムの危険性が高い」との反対意見が強く、二〇〇五年の自民党改憲草案に盛り込まれることはなかった（舛添 2014:150）。「ポピュリズム」とは当時、他ならぬ小泉政権の運営スタイルを指して使われた概念である（大嶽 2003）。

同様に、行政権が「内閣に属する」とする現行六五条を「内閣総理大臣に属する」と改正する案も検討されたが、自民党草案は採用を見送っている。この改正案の趣旨は、行政権を首相個人に与えることで、リーダーシップ発揮を期待するというものであった。この案が最終的に採用されなかったのは、「今でも、首相は絶大な権力を持って［いる］」との認識が党内に強かったためである（舛添 2014:158）。

自民党改憲草案の作成過程では、首相の持つ衆議院解散権を現行制度よりも制限する案まで検討されたという。小泉首相が解散権を「濫用」する可能性——郵政政局で現実化する——をふまえての、自民党衆院議員の懸念の表れであった（舛添 2014:232）。一九九〇年代と異なり、首相の権限強化は、改憲派エリートにとってすらコンセンサスの取れない論点となっていたのである。

他方で、九条、すなわち防衛政策に関する改憲論議はこの時期大いに活発化することになる。

これが、二〇〇〇年代初頭の改憲論にみられる第二の特徴である。一九九〇年代前半、自衛隊の海外派遣がPKO法整備により実現されて以降、九条問題は政党間対立の主要テーマから外れていた。ところが小泉政権期に、既存の法的枠組みを超えて自衛隊がイラク等に派遣され、集団的自衛権の実質的な行使まで疑われる事態が生じた結果、憲法条文と現実の安保政策との乖離が改めて強く印象づけられるようになり、九条改正問題が再び争点化することになった。衆院憲法調査会でも、「自衛隊の存在や海外におけるその活動と、9条に定める戦争の放棄、戦力の不保持及び交戦権の否認との関係（略）が憲法と現実との乖離」を生んでいるとの認識から、九条問題に関して活発な議論がなされた。[10]

こうした状況で、政府・自民党が九条改正を改めて訴えたのは驚くべきことではない。二〇〇三年五月、小泉は現職総理として異例にも、「実質的に自衛隊は軍隊」と国会で踏み込んだ答弁を行い、九条改正の必要性について認識を示した。[11] 〇五年の自民党改憲草案では「自衛軍」保持が明記され、「国際社会の平和と安全を確保するために国際的に協調して行われる活動」への派兵が規定された。集団的自衛権については明記は避けたものの、憲法解釈により行使を容認する

9――改憲草案作成過程で小泉総裁は、首相公選制を検討するよう党憲法調査会に明確に指示を出している（朝日新聞二〇〇四年一月二一日付）。
10――『衆議院憲法調査会報告書』二三一頁。
11――朝日新聞二〇〇三年五月二二日付。

案になった。

憲法条文と現実との乖離が強く認識されるようになると、それまで改憲に消極的であった勢力にも動揺が広がった。立憲主義と現憲法の平和主義的精神を守るためには、形骸化しつつある九条を護持するよりも、一定の改憲がむしろ望ましいとする「護憲的改憲」論の浮上である[12]。民主党の「憲法提言」にもこうした視点が色濃く反映している。この提言では、「憲法の「空洞化」を阻止し、「法の支配」を取り戻す」ため、「これまでの内閣法制局を中心とする、辻褄合わせの憲法解釈にとらわれることなく」九条を見直すことが必要とされている。具体的には、九条改正による自衛権保持の明記や「国連主導の集団安全保障活動」における武力行使容認が提唱されている。

このように二〇〇〇年代初頭の改憲論は、なお前世紀からの体制改革論的視点を残しつつも、防衛政策論的な側面をより強めていた。小泉政権の誕生を機に、エリート層における憲法論議の流れは変わり始めたのである。

ポスト小泉政権の蹉跌

二〇〇五年の総選挙で自民党に大勝をもたらした小泉首相は、なお余力を残したまま〇六年九月に退陣した。自民党総裁選を経て、つぎの首相に選出されたのは安倍晋三であった。小泉個人から信任を得ていた安倍の率いる内閣は、前政権との連続性という印象も与えたのであろう、水準以上の高支持率で発進することになった。
安倍は総裁選の段階より、「戦後レジーム（体制）からの脱却」をスローガンに、持論である憲法改正を積極的に訴えていた。在任中の改憲実現にこれだけ意欲を示した首相は、鳩山一郎以来のことであったろう。安倍は首相就任後も以下のように国会で述べ、改憲への熱意を明らかにしている。

この国の基本を形作る憲法や教育基本法などは、日本が占領されていた時代に制定されたまま半世紀以上を経て現在に至っています。私が戦後体制からの脱却という言葉で申し上げたかったことは、当時決まったものは変えられない、変えてはいけないという先入観のある時代はもう終わったということであります。（薬師寺 2014：202）

この言葉どおり、教育基本法は二〇〇六年一二月に改正が達成され、「我が国と郷土を愛する」態度の涵養が教育の目標に加えられた。この法改正がなされたのと同じ日に、防衛庁の格上げを図る防衛省設置法も成立している。さらに安倍政権は、これまで違憲と解釈されてきた集団

12――その典型として、アフガニスタン戦争、イラク戦争をきっかけに護憲派をやめたという評論家の田原総一朗を挙げることができよう。「自衛隊派遣は戦争への参加であり、明白な憲法違反。このままでは憲法がボロぞうきんにされてしまうと思った」という（朝日新聞二〇〇六年五月三日付）。

的自衛権行使の解禁に向け、諮問機関を設けて検討に入るなど、復古主義的・タカ派的とみられる政策を実現している。

戦後体制の中核たる憲法の改正についても、第一次安倍政権期には具体的かつ重要な制度上の進展があった。改憲発議後の国民投票の方法を規定する改憲手続法（国民投票法）の成立である。小泉政権末期の二〇〇六年五月、自民・公明両党と民主党がそれぞれの法案を国会に提出していたが、最終的には〇七年五月に与党案が可決成立となった。この年の参院選に際して作成された自民党のマニフェストには「二〇一〇年改憲発議」の公約が書き込まれ、憲法改正に向けての前準備はいよいよ整ったかにみえた。

ところがこの間、安倍内閣は改憲を実現するどころか、政権の存続自体が危ぶまれる状況に直面していた。その背景として、自民党内外で、小泉内閣期の「ゆきすぎた改革」に対する揺り戻しの動きが強まっていたことがある。自民党内では、小泉改革の進展が「伝統的支持基盤を破壊した」との否定的な評価が広まっていた（薬師寺 2014:158）。こうした空気に配慮し、安倍は郵政改革に反対して離党していた議員の一部を復党させたが、一般には「古い自民党」への回帰と受け取られ、政権イメージに傷をつける結果となった。他方でこの頃、小泉改革の副作用として格差・貧困の拡大が社会問題化しつつあり、政党間対立の新たな焦点となっていた。社会保障制度の信頼性が問題になるなか、社会保険庁による年金記録不備が発覚したのは、政権にとって致命的であった。

こうした状況で迎えた二〇〇七年七月の参院選で自民党は惨敗を喫する。結果、参院第一党となったのは民主党であり、野党勢力が参院過半数をおさえる「ねじれ国会」となった。安倍内閣はほどなく総辞職し、政権は〇七年九月から福田康夫内閣に引き継がれた。しかし福田内閣もまた国会運営に苦慮した末、短命に終わっている。「決められない政治」という言葉で日本政治が否定的に語られるようになるのは、この頃からである。[13]

麻生太郎内閣（二〇〇八年九月発足）期に入ると、日本経済はアメリカ発の国際金融危機（リーマン・ショック）から深刻な不況に陥り、政権運営は苦しくなる一方であった。この時期になると、政界から新自由主義的改革を求める機運は一層失われており、むしろ政権は伝統的な財政出動による景気刺激策を積極的に採用するようになった。麻生内閣が二〇〇九年四月に決定した経済危機対策は、事業規模五七兆円という史上空前の大きさとなった。

福田・麻生内閣期の自民党政権は下野の瀬戸際まで追い込まれており、野党の反対をおして改憲論議を進めるような余裕は失われていた。安倍政権末期（二〇〇七年八月）に設置された衆参両院の憲法審査会も、実際には開催することなく休眠状態のまま放置されることになった。

13――日本経済新聞二〇一二年九月二三日付。

民主党の路線転換

この時期、民主党内で重大な政策路線の転換が行われていた。憲法改正に前向きであった前原代表が退き、二〇〇六年四月に小沢一郎が新代表に就くと――小沢自身は年来の改憲論者として知られていたにもかかわらず――、同党は改憲方針を鈍らせるようになるのである。小沢民主党は〇六年中の発表を予定していた党改憲草案の作成を棚上げにし、（それまで与野党協調的に準備を進めてきた）改憲手続法案の国会審議でも与党案の修正協議に応じず[14]、事実上、同法の制定自体に反対する立場に転じた。これ以降の民主党は、防衛政策論はもちろん、体制改革論の文脈からも積極的に改憲を唱えることはなくなる[15]。個々の所属議員でみても、〇四年と〇七年を比較して、民主党参院議員のうち、改憲賛成派は六一％から三八％に激減していたことが報告されている[16]。

民主党の路線変更の背景には、小泉改革の「成功」があっただろう。小泉首相によるトップダウン的政治手法が目立つなかで、政界から体制改革の機運が失われつつあったということは、すでにふれた。他方で当時、小泉改革の副作用といえる格差・貧困の拡大が社会問題化しつつあった。こうした状況認識にもとづき、小沢民主党は「国民の生活が第一」をスローガンに、格差問題の争点化を図った。当時、民主党幹部の間では「［改憲手続］法案成立を遅らせれば、格差是正ではなく、憲法改正ばかり言い続ける首相をたたくことができる」という認識があり、小沢代表は「小泉・安倍政権の六年間で日本は世界で最も格差のある国になった」、「いま政治がなすべきことは憲法改正なのか、生活維新なのか」と問うて、安倍政権を攻撃した。[17]

このようにして、小泉政権による新自由主義的な改革は、その意図せざる帰結として民主党の改憲消極化をもたらした。憲法問題をめぐって、二大政党が協同する構図はここに崩壊したのである。

民主党政権への期待と失望

二〇〇九年八月に行われた総選挙は、鳩山由紀夫率いる民主党の大勝に終わり、政権交代が実現することになった。衆院第一党の交代は自民党成立後はじめてのことで、歴史的な選挙となった。自民党政治からの転換を強く期待され、高支持率で出発した鳩山内閣であったが、前途は多難であった。民主党の掲げた「脱官僚」方針は政権と霞が関の連携に支障をもたらし、政策立案過程に混乱をきたした。政策面では「子ども手当」などの公約を実行するための財源探しに苦慮し、マニフェストの実現は容易には進まなかった。沖縄普天間基地の移設問題では、当初示された「県外移設」方針が撤回されるなど首相の方針が迷走し、最終的に社民党の連立政権離脱という

14——与党側は野党案を大幅に取り入れる譲歩の姿勢を示したにもかかわらず、である（渡辺編著 2015：下巻429）。
15——二〇〇七年参院選マニフェストでは憲法問題について、国会や国民の間で広く合意できる改正論点があるかどうか「慎重かつ積極的に検討」するという玉虫色の表現で軽くふれるにとどめている。
16——朝日新聞二〇〇七年八月七日付。
17——朝日新聞二〇〇七年一月二五日付、同二〇〇七年一月三〇日付。

結末を招くことになる。さらに首相自身や小沢民主党幹事長の政治資金問題が取りざたされ、内閣支持率は急降下していった。

鳩山内閣は結局一年ももたずに倒れることになり、二〇一〇年六月に政権は菅直人に引き継がれた。ところが菅内閣のもとでも民主党の党勢は回復するどころか、七月の参院選で連立与党は惨敗を喫し、参院議席の過半数を大きく割り込む事態となった。再び訪れた「ねじれ国会」のもとで、民主党が政局を主体的にリードすることは、もはや困難な状況となった。

同年九月には尖閣諸島沖で中国漁船が海上保安庁船に衝突する事件が起きたが、この問題が菅政権に一層の打撃を与えることになる。逮捕された中国人船長は、中国政府による猛抗議のなか、処分保留のまま釈放されることになった。野党はこれを重大な外交失策とみて、政府を厳しく責めた。このあと菅首相自身に対する不正献金疑惑まで浮上し、国会は完全に空転、政権はレイムダック（死に体）状態に陥った。

「危機の時代」の再来

二〇一一年三月一一日、東日本全域を巨大地震が襲った。震災は福島第一原発の事故を誘発し、未曾有の被害をもたらすことになる。とくに原発事故への対応について、菅内閣の統治能力は厳しく問われた。復旧作業と経済対策が喫緊の課題となるなか、野党だけでなく、民主党内からも「菅おろし」の圧力が強まることになった。

菅内閣は結局、二〇一一年九月に退陣し、代わって野田佳彦内閣が成立した。しかし、そのころには民主党政権に対する国民の期待は失望へと変わっており、同党への支持は低下する一方であった。「ねじれ国会」のもと、政府は野党への譲歩を余儀なくされ、主体的な意思決定を阻まれた。結果、民主党は〇九年のマニフェストに記載した多くの公約を事実上放棄することになり、「第二自民党」などと揶揄されるようになる。民主党内では、こうした執行部の妥協方針に対して公然と反対論が唱えられるなど、党内ガバナンスの欠如も深刻化していった。一二年一月の施政方針演説で、野田首相は政策内容にふれる前に、「国政の重要課題を先送りしてきた「決められない政治」から脱却すること」を目標として掲げざるを得ないありさまであった。

二〇一二年夏以降になると、こうした内憂の上に深刻な外患が加わる。七月にはロシアのメドベージェフ首相が、一〇年一一月以来となる北方領土訪問を行った。これに呼応するかのように、八月には韓国の李明博《イミョンバク》大統領が竹島に上陸し、尖閣諸島には中国人活動家が上陸するという事件がたてつづけに発生した。政府は九月に尖閣諸島の国有化を実施したが、これに対する中国側の反発は激しく、連日の反日デモによって日系企業が被害を受ける事態となった。これ以後、中国公船による領海侵犯も頻繁に生じるようになる。

こうして日本は、一九九〇年代後半以来の「危機の時代」を再び迎えることになった。時代を閉塞感が覆うなか、中央政界では二つの重要な動きがみられた。第一は、自民党の右傾化である。同党は野党に転落後、民主党との対抗という観点から保守主義色を強めていた。二〇一〇年一月の党大会で制定された新綱領では、「日本らしい日本の保守主義」が理念に掲げられ、具体的方針の筆頭に「新憲法の制定」が挙げられた（中北2014:237）。一二年九月には、右傾化運動の旗振り役であった安倍晋三が総裁選に勝利し、再び党首の座に就いている。

第二に、民主党でも自民党でもない「第三極」と呼ばれる保守新党の台頭があった。みんなの党（二〇〇九年八月結党）や日本維新の会（二〇一二年九月結党）といった政党がそれで、いずれも主たる主張は官僚統制・中央集権制批判にもとづく新自由主義的改革、地方分権改革の推進であった。二つの新党は、二〇一〇年の参院選や一二年の衆院選で、民主党に代わる「真の改革[18]」派として勢力を伸長させることになる。

改憲論の再燃

二〇〇九年の政権交代の前後、憲法改正をめぐる問題は、国会でもメディアでも論点として取り上げられることが少なくなっていた（第1章図1-1も参照）。民主党が先に述べたような路線転換をし、この問題に消極的になっていたのが、その主たる要因であったろう。国会の憲法審査会にしても、民主党政権は党内護憲派や社民党の意向に配慮してその開催を拒否しつづけた。

ところが政権が行き詰まるにつれ、状況は変わり始める。東日本大震災直後の二〇一一年五月、憲法審査会の運営に必要な規定がようやく整備され、一〇月からは実際に審査が開始されることになった。この動きは、自民党など野党に対する政権側の譲歩であり、国会対策という側面が強かったとされる。[19]

こうしたなかで、自民党や第三極保守政党は改憲への積極姿勢をさらに強めた。自民党は主権回復六〇周年記念として、二〇一二年四月に「日本国憲法改正草案」（第二次草案）をまとめている。〇五年に発表した第一次草案を改訂したものであるが、内容的には「自民党が野党のときに作成されたものであり、左翼の民主党政権に対抗するために、野党バネ、右翼バネをきかせたもの」となった（舛添 2014:7）。第一次草案と異なり、今回の構想には天皇元首化や国防軍の保持、日章旗・君が代の明記、家族の助け合い義務規定など、復古主義的色彩の濃い改正案が書き込まれている。

同じ時期、みんなの党や日本維新の会も、憲法改正の主張を強めている。これら保守新党の改憲論には、一九九〇年代の新党の場合と同様に、体制改革論の一環という側面が強くみられる。みんなの党が二〇一二年四月に発表した「憲法改正の基本的考え方」では、地域主権型道州制、首相公選制、総理大臣の権限拡大、一院制を検討項目として挙げている。渡辺喜美代表はこの趣旨として、「決められない政治への不信を払拭するため、統治機構を根本的に変える必要がある」と述べている。[20] 日本維新の会の綱領的文書「維新八策」でも、「決定できる統治機構の本格

18――渡辺喜美みんなの党党首による言葉（朝日新聞二〇〇九年八月一八日付夕刊）。
19――日本経済新聞二〇一一年一〇月二一日付。

的再構築」を目的とする首相公選制、参院廃止・弱化などを改憲論点に掲げている。[21]

しかし、これら新党の改憲構想にも、自民党改憲草案に劣らず復古主義的側面がみられる点は見過ごせない。みんなの党の改憲案には、天皇元首化や日章旗・君が代の明記が掲げられている。日本維新の会に至っては、二〇一三年三月、初の党大会において「日本を孤立と軽蔑の対象におとしめ、絶対平和という非現実的な共同幻想を押し付けた元凶である占領憲法を大幅に改正し、国家・民族を真の自立に導き、国家を蘇生させる」とする綱領を採択している。[22]

第二次安倍政権の誕生

二〇一二年一二月に衆院総選挙が行われた。結果は民主党の大敗に終わり、安倍晋三首班の自公連立政権が再登場することとなった。安倍は選挙後の記者会見で「最初に行うことは九六条の改正だろう。三分の一超の国会議員が反対すれば、議論すらできない。あまりにもハードルが高すぎる」と述べるなど、改憲実現に向けた意欲を早々に表明している。[23]

第二次安倍政権は、第一次政権の場合と異なり、内政面で好調な出だしとなった。大胆な金融緩和と財政出動を柱とする「アベノミクス」政策のもと、日経平均株価は回復に向かい、内閣支持率は政権発足後さらに上昇した。アベノミクスの経済的効用については今日まで賛否両論あるが、内閣支持率の面では少なくとも四年以上高水準を保ったことは事実で、この政策が政権人気に貢献したことは疑いない。他方、第一野党たる民進党（二〇一六年三月に民主党より改称）に対する支持率は、政権交代以降、低迷から抜け出せていない。第二次安倍政権は久々の長期安定政権となった。

今次の安倍内閣は、政策内容だけでなく、政策決定スタイルにおいても、それまでの政権とは異なる印象を与えている。ポスト小泉期の歴代政権では、与野党対立による国会空転や与党内亀裂の深刻化、首相のリーダーシップの欠如が厳しく批判されていた。ところが第二次安倍政権では状況が一転する。安倍首相は自民党内の掌握に成功し、外交・安全保障分野を中心に新しい政策に積極的に取り組む姿勢をみせたことから、「安倍一強」「決めすぎる政治」といった批判が上がるほどになった（牧原 2016；待鳥 2015：193）。

内閣発足以降、憲法に関連して最大の争点となったのは、集団的自衛権の行使をめぐる問題である。憲法解釈の変更による集団的自衛権の行使解禁は、第一次政権以来の安倍首相の持論であった。安倍内閣が諮問機関の答申を受け、現憲法下での集団的自衛権の行使容認を閣議決定したのは二〇一四年七月のことである。翌年五月には、集団的自衛権の行使に際して運用上必要となる安全保障関連法案を閣議決定した。この法案は結局九月に可決成立となるが、それまでの間、

20――朝日新聞二〇一二年四月二八日付。
21――日本経済新聞（電子版）二〇一二年九月一日付。
22――日本経済新聞二〇一三年三月三〇日付夕刊。
23――読売新聞二〇一二年一二月一八日付。

政権は野党やメディアから猛烈な批判を浴び、国会内外では激しい抗議活動が展開された。この時期には内閣支持率にも低下がみられた。

もっとも、この安保騒動が民主党（民進党）の党勢回復にむすびつくことはなかった。二〇一六年七月の参院選は与党の大勝に終わり、もはや前年の騒動は忘れられたかのようであった。この参院選の結果として、衆参両院議席三分の二以上が改憲容認勢力によって占められることになった。

安倍首相は、改憲を「在任中に成し遂げたい」との意向をすでに明言している。[24] 安保法制問題の影響で活動を止めていた国会の憲法審査会でも、二〇一六年末から審議が再び進むようになり、具体的な改正論点の絞り込みが焦点となっている。国会における改憲発議という点では、戦後最も実現に近づいたものとみていい。

2　退潮する改憲志向――二〇〇〇年代の憲法意識

激増する世論調査とその背景

以上の政治状況をふまえたうえで、二〇〇〇年代の世論調査とその結果をみていきたい。

憲法意識に関する二〇〇〇年代の調査について、特徴としてまず挙げなければならないのは、その圧倒的な質問量である。第1章で掲げた図1－3を改めてご覧いただきたい。一九七〇年代までは、一時期の政府による調査を例外として、憲法に関する質問の件数は多くなかった。この状況が八〇年代に入って変化を始めたことは前章で述べた。しかし二〇〇〇年代以降の質問件数の伸びは、八〇～九〇年代の水準をもはるかに上回る。二〇一〇年代に至っては、六年分ほどのデータしかないにもかかわらず、すでに九〇年代の二倍以上の分量となっている。

二〇〇〇年以降に憲法に関連する質問が増加した背景には、この時期における憲法（とりわけ九条）問題の顕著な争点化があるに違いない。また、それに劣らず重要な背景として、この間、世論調査の実施回数が一般的に激増していることが挙げられる。前田幸男の集計によると、朝日新聞の場合、一九九〇年代前半までは年間五回程度しか世論調査を行っていなかったものが、九〇年代後半には一〇回程度、二〇〇〇年代半ばには一五回程度と顕著に増加している。読売新聞の世論調査も、二〇〇〇年代初頭まで年間一二回前後であったものが、近年では二〇回に及ぶことも珍しくない（前田 2013：219）。世論調査の機会が増えれば、それだけ憲法に関する質問を組み込む余地が増すのは当然のことである。

一九九〇年代以降の世論調査の増加は、調査方法の技術革新によってもたらされた側面が強い。大手メディアによる従来の世論調査は、もっぱら面接法、すなわち調査員による訪問聞き取り法

24――二〇一六年三月二日、参議院予算委員会での首相答弁（朝日新聞二〇一六年三月三日付）。

によって行われてきたが、この方法は費用がかかり、回答を回収するにも時間を要するという欠点があった。[25] また日本人のライフスタイルの変化やプライバシーに対する意識の高まりから、九〇年代あたりから、面接法調査の回収率は著しく低下するようになっていた。

こうした状況で研究が進んだのが、電話による聞き取り法である。とくにＲＤＤ（ランダム・ディジット・ダイアリング）方式と呼ばれる方法の開発が進み、一九九〇年代に報道機関の調査で実用化された。面接法に比べてこの方法ははるかに安価で、迅速な調査報道を可能にするものだった（前田2013）。さらに最近では、面接法より精度が劣るとして軽視されてきた郵送法（調査票を対象者に送付し、回答を返送してもらう方法）の効用が見直され、回収率を向上させるためのノウハウも蓄積されつつある。郵送調査も、従来の面接法よりはるかに安価なため、調査機関によっては、これを主力の調査法とする動きも出始めている。

こうした技術革新は世論調査の増加に寄与し、結果として憲法に関連する質問を激増させた。ただ、質問量が増加したからといって、憲法に関する世論の理解が容易になったというわけではない。実際はその逆だとみたほうがよいかもしれない。憲法意識に関する二〇〇〇年代の調査には、同じ機関によるものでも複数の回収方法が混在しているが、異なる方法の調査結果の比較は簡単ではないのである。

例えば電話法では、面接法では可能な「憲法条文を回答者に視覚的に提示する」方法が取れない。このように、回収方法の相違は質問形式にも影響を与える。また、質問内容がまったく同じだとしても、調査員による面談と電話による応答とでは、回答の仕方に違いが生じることがある（松本 2003:70–73）。この点、調査報道などでは「単純な比較はできないが……」などと留保をつけたうえで、異なる方法の調査を並べて論じることが多いが、そうした但し書きにもかかわらず、実際には「単純な比較」が行われている例がほとんどという印象である。

二〇〇〇年代の調査結果の解釈と時系列比較には、これまで以上に慎重を期す必要がある。しかし他方で、あまり枝葉にとらわれても、世論の全体的な趨勢はみえてこない。以下では、慎重かつ大胆な情報集約を心掛けつつ記述を進めていきたい。

「改憲派連合」の瓦解——一般改正質問への回答の変化

一般改正質問の回答について、いかなる傾向が見て取れるのか、検討していこう。図4－1は二〇〇〇年以降の、各調査主体による一般改正質問の集計結果を時系列に沿って示したものである。図の縦軸は、これまでの章の場合と同様、「改憲派割合－護憲派割合（%）」を示す。棒グラフが縦に伸びているほど、その調査において改憲派がより優勢であったことを意味する。ここでは世論の趨勢をより端的に表すため、年ごとの平均結果の推移（折れ線グラフ）も合わせて示した。

この図からは、二〇〇〇年以降、きわめて多くの一般改正質問が試みられてきたことが一見し

25――もっともコストが高い分、面接調査は相対的に精度が高いと従来考えられてきた。

図4-1　2000年代における一般改正質問の結果

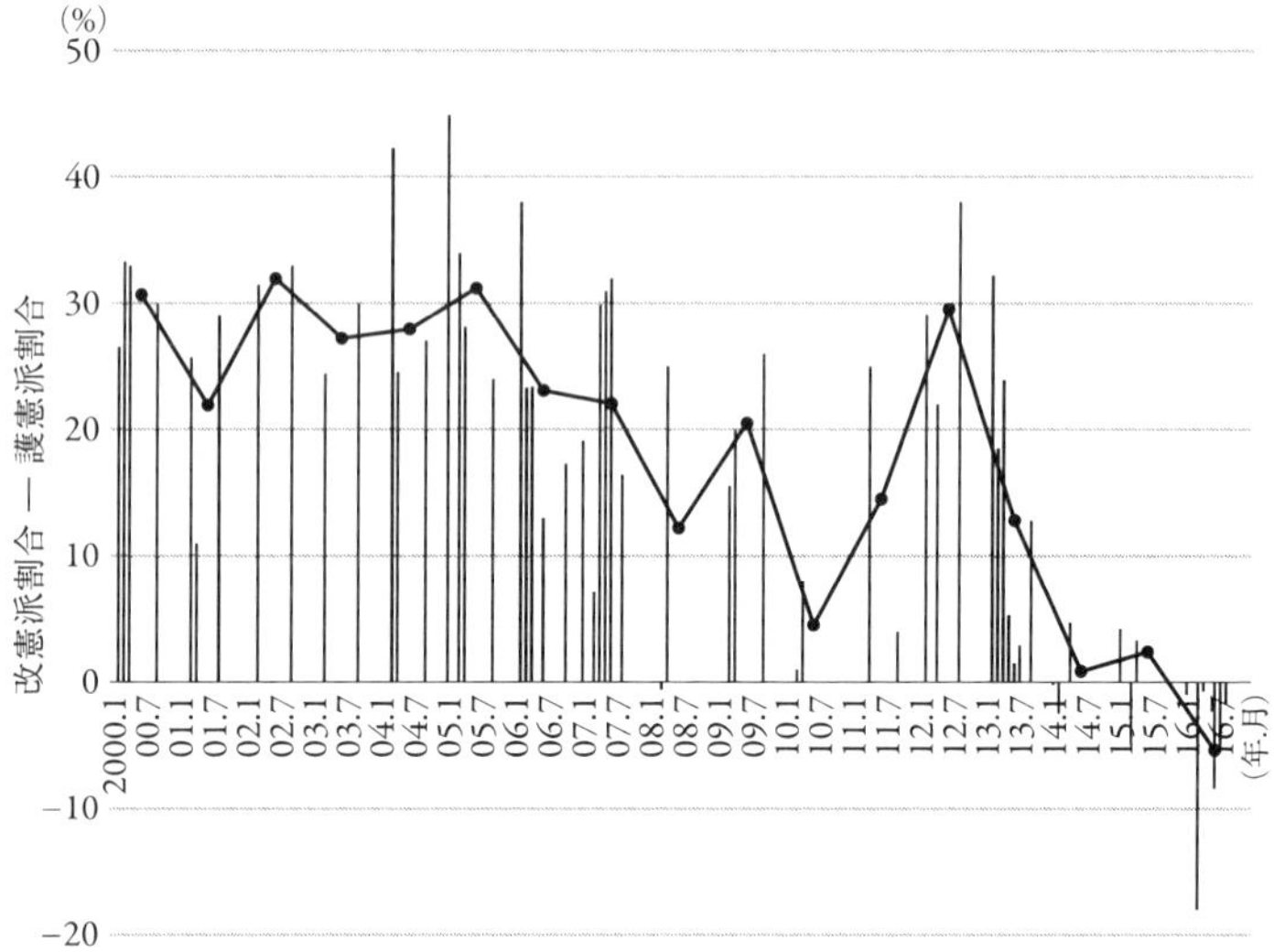

棒グラフは月次データ。同月に複数の調査結果が存在する場合はその平均値をプロットした。
折れ線グラフは年ごとの平均値のプロット。

て分かる。ただ、より細かくみると、この期間においても調査頻度には濃淡があることに気づく。とくに頻度が低いのは、福田内閣期から野田内閣期までに相当する〇八〜一一年で、この時期には年二〜三件の質問しか観察されない。逆に圧倒的に頻度が高くなるのは一三年以降、つまり第二次安倍政権期である。一六年には（八月までのデータしか反映されていないにもかかわらず）すでに一一回の調査が記録されている。こうした増減は、明らかにエリート層における改憲論議の盛り上がり方に対応している。

次に世論の趨勢をみると、二〇〇五〜〇六年を分水嶺として傾向が変化していることが見て取れる。〇五年以前は、安定して高い改憲志向がみられる。改憲派の割合と護憲派の割合のギャップが最大となったのはNHKによる〇五年一月の調査で、それぞれ六二％、一七％という大差であった。折れ線グラフから明らかなように、〇五年頃まで両割合のギャップは平均三〇％ポイントほどであるが、前章でみた一九九〇年代と比べても（図3－5）、一層改憲派の優勢度が強まっていることが分かる。

ところが二〇〇六年頃を境に、こうした傾向は変わり始める。これ以降、世論の動きは不安定化し、全体としては改憲志向が明らかに退潮している。〇九年と一二年頃には突発的な改憲志向の高揚がみられる。しかしそれらの例外期間（この時期の検討は後で改めて行う）を除けば、改憲派の優勢が失われつつあるという全体的傾向は明らかである。一四年以降になると、一般改正質問の賛否は拮抗するようになり、その意味で一九八〇年代までの状況に戻っている。

二〇〇六年頃からの世論の変化は、改憲派が減少する半面、護憲派が増加したことで生じている。図4－2は、読売新聞による一般改正質問の結果を詳しく示したものである。憲法に関する読売新聞の意識調査は、方法的な面（回収方法、質問文等）で一貫性が高く、時系列比較に適している。この図によると、読売新聞調査における改憲派の量的ピークは〇四～〇五年で六割超である。しかしこの時期から改憲派の減少が始まり、〇七年以降では五割を下回ることが多くなる。護憲派の動きは、改憲派の動きをちょうど上下反転したような形になっている。二〇〇〇年代を通して、改憲派から護憲派への「転向」が生じていたことを示唆する結果である。

図4-2　一般改正質問の結果（読売新聞）

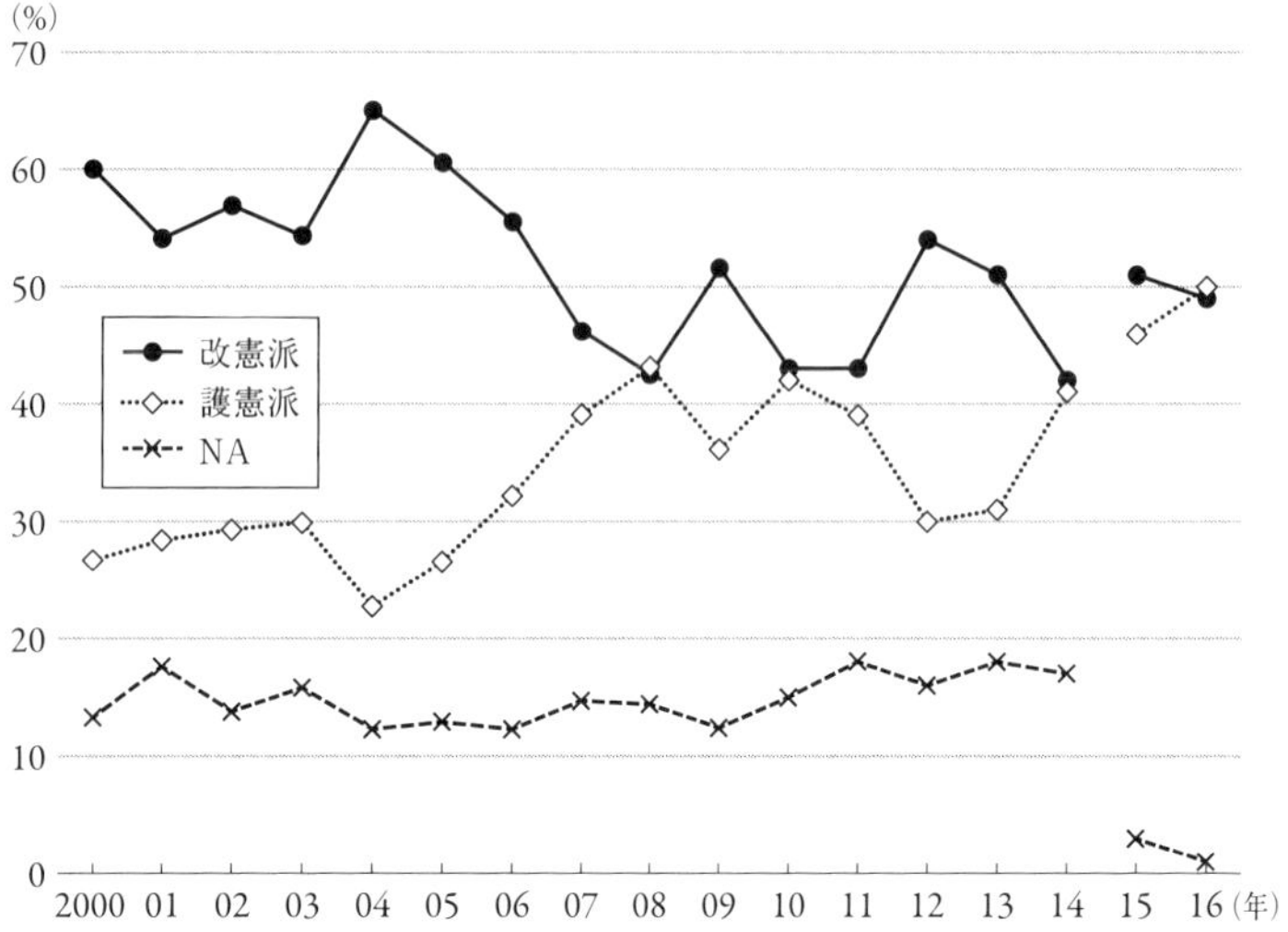

2014年調査までは面接法、2015年調査以降は郵送法で実施された。

なお読売新聞の場合、方法的一貫性が高いと先に述べたが、二〇一五年以降は面接法から郵送法へと回収方法が変更されている。一五、一六年の調査結果をみると、「NA」（答えない）の割合が以前に比べ極端に小さくなっているが、明らかにこれは調査方法が変わったことによる影響である。「NA」が減った結果として、一四年に比べて改憲派、護憲派双方の量的増加が確認されるが、これを国民意識の実質的な変化と単純に解釈してはならないことは明らかだろう。

九条問題の再争点化

前章末で論じたように、一九九〇年代には憲法に関する論点が拡散し、改憲派にはさまざまな思惑を持った有権者が集まるようになった。こうして膨れ上がった「改憲派連合」の瓦解が、ポスト小泉政権期になって始まったわけである。なぜ世論の流れが変わったのか、説明を要するだろう。

この点について本書は、有権者が憲法問題を捉える際の枠組み（フレーム）の変化に着目したい。すなわち、改憲という問題を体制改革論の枠組みから捉える傾向が有権者の間で弱まり、代わりに防衛政策論、すなわち九条論の枠組みで理解する傾向が強まったことが、一般改正質問における改憲派減少のメカニズムであると考える。「体制改革フレーム」から「防衛政策フレーム」への転換——これこそが、二〇〇〇年代の有権者の憲法意識を理解する鍵である。

一九九〇年代には「体制改革フレーム」に沿って憲法問題を捉え、一般改正質問に対し、「統治制度改革のための改憲に賛成か」という観点から回答する有権者が増えたという点は、すでに前章で議論した。憲法改正をめぐる論点が九条論の枠外に拡大することは、それ自体、改憲派の増加に寄与する。まして、統治機構の改革を目的とする改憲には総じて強い支持があったという点も、すでにみた。以上の議論をふまえると、二〇〇〇年代における「体制改革フレーム」の弱まりは、今度は逆に、改憲派を減少させる方向に作用することになったと考えられよう。

ポスト小泉政権期における憲法問題のフレーム転換は、この時期の政治状況と憲法をめぐるエリート層の論調の変化によって説明できる。一九九〇年代の政治・行政改革と小泉改革の進展により、小泉退任後の政界では体制改革志向の退潮が明らかとなっていた。これによって、統治制度改革論の文脈から改憲が論じられることも少なくなった。二〇〇六年頃に民主党が方針を転換し、改憲に消極的な姿勢をみせるようになったのが、これを象徴している。他方でこの時期、イラク等への自衛隊派遣が政治問題化し、集団的自衛権をめぐる論争も激しさを増すなど、防衛政策上の問題が争点化していた。これに対応して憲法問題でも、相対的に九条改正論がより重要な論点として浮上してくる。

エリート間論争の軸が、体制改革（統治機構改革・新自由主義的改革）をめぐる問題から、防衛政策をめぐる問題へと移行したことは、一般国民の政治的関心のあり方にも影響を与えることになる。実際、政府の世論調査によると、「自衛隊や防衛問題に関心がある」割合は、一九九四年以降二〇〇三年までつねに五割台であったのが、〇六年からは六割台に、一五年では七割超にまで上昇している。[26]

憲法に関する意識調査からも、同様の傾向が確認できる。図4－3は、読売新聞調査から、「憲法のどんな点に関心をもっているか」の集計結果を示している。グラフの縦軸は、「戦争放棄・自衛隊」「情報公開」「プライバシー権」「環境」の各問題に関心があると回答した人の割合を指す。同様のグラフは、前章で一九九〇年代を論じる際にも掲げた（図3－6）が、そこでは「戦争放棄・自衛隊」に対する関心の低下が特徴的であった。ところが図4－3をみると、二〇〇〇年代にはこの問題に対する注目度が明らかに高まっている。一九九〇年代と比べて、とくに関心の上昇がみられるのは、〇一～〇四年の小泉政権期である。[27] さらに一三年以降、第二次安倍政権期に入ると、この問題への関心がもう一段高まっていることが見て取れる。[28]

図4-3　憲法について関心を持っている問題（読売新聞）

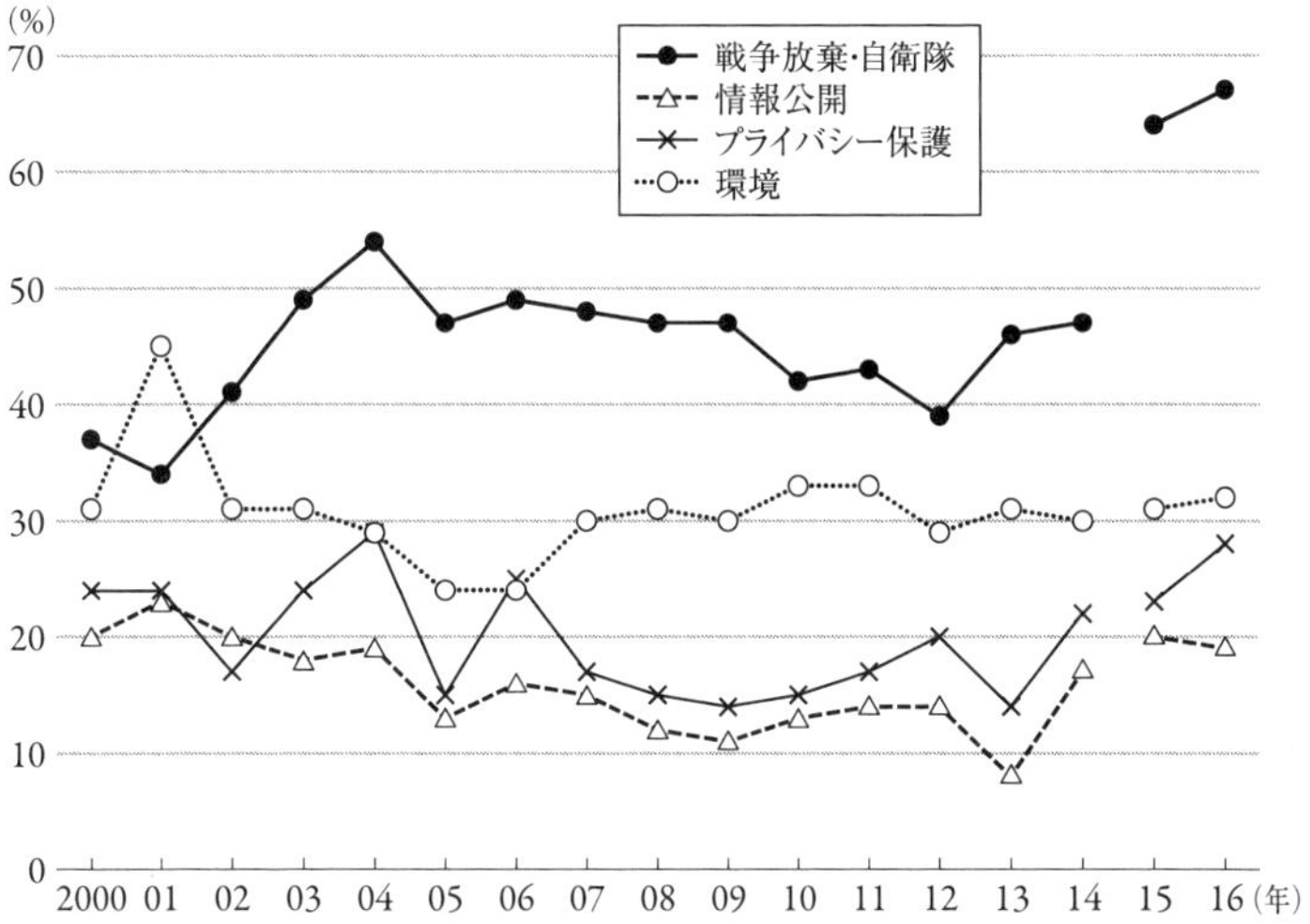

2014年調査までは面接法、15年調査以降は郵送法で実施された。

憲法問題として「戦争放棄・自衛隊」が想起される傾向が強まったということは、「憲法を改正すべきか」と漠然と問われた際にもこうした問題を念頭に答える、つまり九条改正の是非を考慮して賛否を判断する人が増えたことを含意しよう。言い換えれば、二〇〇〇年代には一般改正質問を九条改正質問と捉えて回答する人が増えたであろう。

以上の推論が正しいとすると、二〇〇〇年代における一般改正質問と九条改正質問の回答傾向は全体として連動したものになっているはずである。

図4－4をみていただきたい。図中のグラフ実線は、図4－1の折れ線、すなわちすべての調査主体を対象とした一般改正質問の結果の推移を再掲したものである。対

図4-4　一般改正質問と9条改正質問の回答傾向の関係

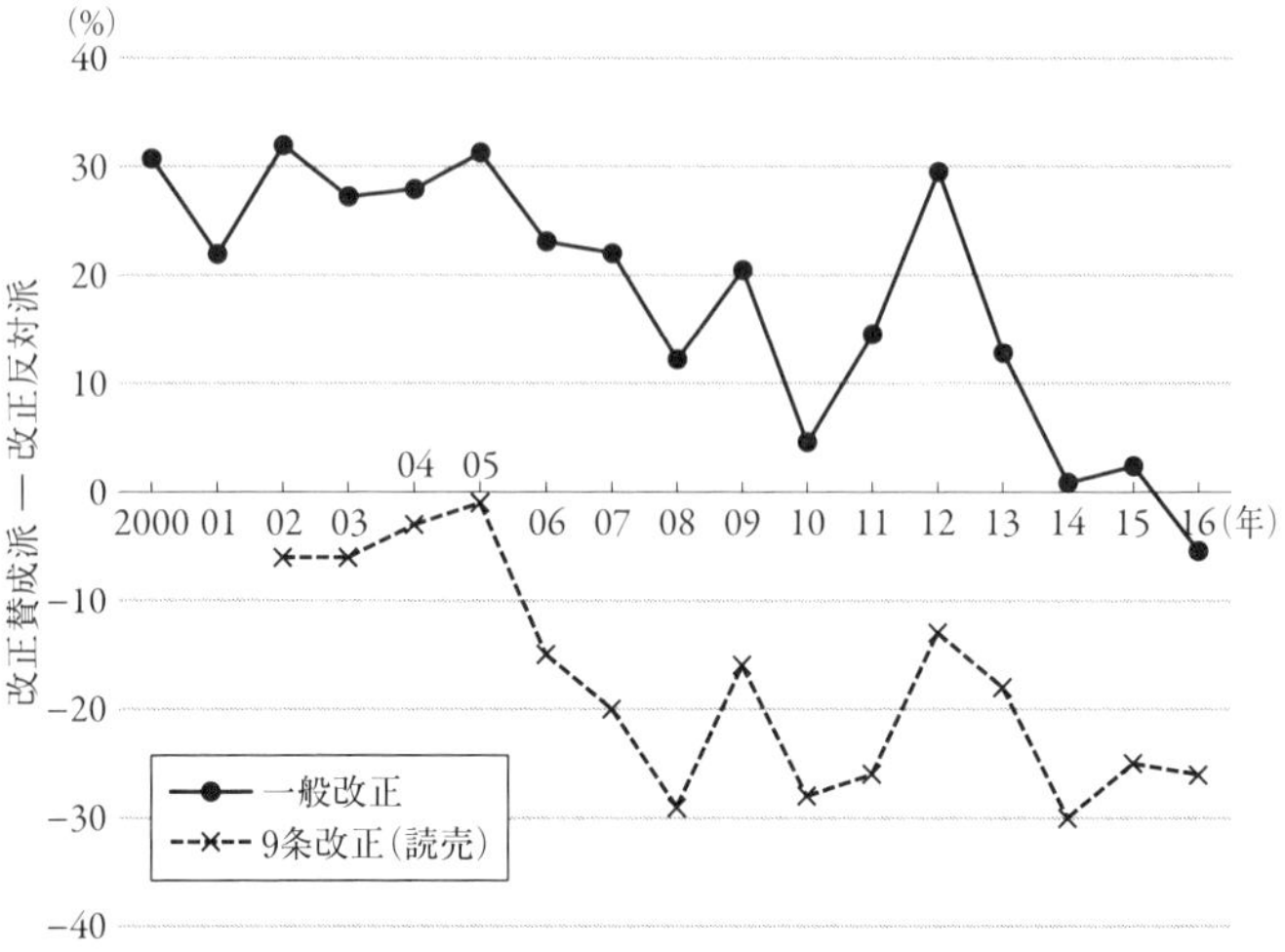

して図中の破線は、読売新聞が二〇〇二年以降に行った九条改正質問の結果（改正派割合－維持派割合）を表している。[29] 二本のグラフの動きを見比べると、二〇〇〇年代を通じてほとんど完全な相似形をなしていることが見て取れよう。二つの折れ線とも、〇五年を境に下降傾向となっており、〇九年と一二年頃に一時的な上昇がみられる。

この分析はあくまで集計レベルの動きをみたものであり、有権者個々人のレベルで一般改正質問と九条改正質問の回答に強いむすびつきがあったことを直接は示していない。この点を厳密に確認するためには、個人レベルでのデータを収集し、分析する必要がある。そうした作業は次章で実際に行うことになるが、結論だけを述べておけば、小泉政権期以降の有権者には、防衛政策に関する争点および憲法九条に対する意識と、一般改正質問の回答に強い関連がみられる。ところが、一九九〇年代の有権者とは異なり、統治制度改革に対する志向と一般改正質問の回答にはむすびつきが弱いのである。

以上で示されたように、二〇〇〇年代ではエリート層のみならず、有権者の意識のなかでも、憲法問題を九条問題として捉える傾向が強まったと言えそうである。先に述べたように、改憲をめぐる論点が特定の問題に収斂することは、それ自体、一般改正質問で測定する改憲派を減少させることにつながる。しかも、参照点としての性格を強めた九条問題についてみると、ポスト小

26――三年ごとに行われている「自衛隊・防衛問題に関する世論調査」の結果。なお一九九一年調査では六七％が「関心あり」となっており、その前後の調査と比べて明らかに割合が高い。湾岸戦争の影響とみるのが自然である。「『自衛隊・防衛問題に関する世論調査』の概要」参照（http://survey.gov-online.go.jp/h26/h26-bouei/gairyaku.pdf）。

27――朝日新聞調査でも、「憲法の中で、関心のあること」として「第九条（戦争の放棄）」を挙げる人の割合が、二〇〇一年四月〜〇四年四月の間に二〇％から三一％に増加している。

28――二〇一五年の前後で調査法の変化がある点には十分注意が必要である。しかし、「戦争放棄・自衛隊」以外の問題についてはー五年前後でも割合に大きな変化がないことから、「戦争放棄・自衛隊」に対する関心がこの時期相対的に高まったという主張自体は可能であると思われる。

29――読売新聞調査を用いるのは、やはり方法的一貫性の高さを重視した結果である。ここで九条に関する「維持派」とは、九条の今後の扱いについて「これまで通り、解釈や運用で対応する」ないし「憲法第九条を厳密に守り、解釈や運用では対応しない」と回答した人、「改正派」とは「解釈や運用で対応するのは限界なので、憲法第九条を改正する」と回答した人を指す。

泉政権期においては、図4－4が示唆するように、改正志向は全般的に後退していたのである。

九条改正派減少のメカニズム

図4－4からは、二〇〇六年以降、九条改正派が減少する傾向にあったことが見て取れる。この現象はどのように理解できるだろうか。この図で利用した九条改正に関する質問では、「憲法第九条について、今後、どうすればよいと思いますか」という漠然とした問い方がなされている。この種の「総論的九条改正質問」は、どの調査機関も二〇〇〇年代になって採用し始めた形式であるが、（一般改正質問に似て）質問内容の曖昧さゆえに回答結果の解釈が難しい。有権者の間で九条に関しどのような論点が想起されやすいのか、その時々の状況によってこの質問に対する答え方も変わってくると考えられるのである。九条関連といっても、比較的受け入れられやすい改正案（自衛権保持の明記など）から、そうでない案（九条一項の変更など）[30]までさまざまあり、このうちどれが主要な論点となるかは、政治状況等によって変化する。

問題は、九条に関連する論点のうち、二〇〇〇年代になって何がとくに注目されるようになったのか、である。国民の憲法意識に影響を及ぼした可能性のある論点として、二つ取り上げたい。第一に、軍隊保有論についてである。この問題は、占領期に端を発する論点であるが、自衛隊の定着とともに、長らく政党間対立の争点からは外れていた。ところが二〇〇〇年代の自民党改憲案に「自衛軍」（〇五年草案）、「国防軍」（一二年草案）の設置が明記されたことを契機に、発議される可能性のある争点として復活した格好である。

この動きに応じて、長らく世論調査で姿を消していた「軍保有の是非」に関する質問が再び行われるようになった。それに対する回答結果であるが、国民の多くは明らかに自衛隊の軍への移行を望んでいない。朝日新聞二〇〇七年四月の調査では「自衛隊を自衛軍に変えるべきか」を問うているが、結果は賛成一八％、反対七〇％であった。同じく一二年一二月の調査では「九条を改正して、自衛隊を国防軍にすること」の賛否を聞いており、結果は賛成二六％、反対五一％となっている。[31] 朝日新聞は他の機会にも同様の調査を行っているが、総じて反対論が多数となっている。[32] 〇六年以降の調査では「軍保有の是非」を想起して回答する人が出てきたと考えると、「総論的九条改正質問」に反対する意見が増加したという現象も理解できるであろう。

二〇〇〇年代に、九条をめぐる有権者意識に影響を与えた可能性のある論点として、第二に、

30――九条一項改正に対する支持が一般にかなり低いことは多くの調査から明らかである。例えば読売新聞では二〇〇七年以降毎年、九条一項に限定して改正の是非を聞いているが、結果はつねに賛成論一～二割、反対論七～八割と、圧倒的な差がある。

31――ＮＨＫ二〇一三年五月調査では賛成二七％、反対二六％と拮抗している。朝日新聞が「自衛隊を国防軍にすべきか」と聞いているのに対して、ＮＨＫは単に「国防軍を保持すべきか」を聞いているという違いがある。ＮＨＫの質問は（自衛隊まで放棄する）完全非武装主義の是非を想起させ、その分、反対意見を減少させた可能性があろう。

32――二〇一三年三月、同一一月、一四年二月、一五年三月にも同様の調査が確認される。

図4–5　集団的自衛権問題に対する有権者の意見分布（読売新聞）

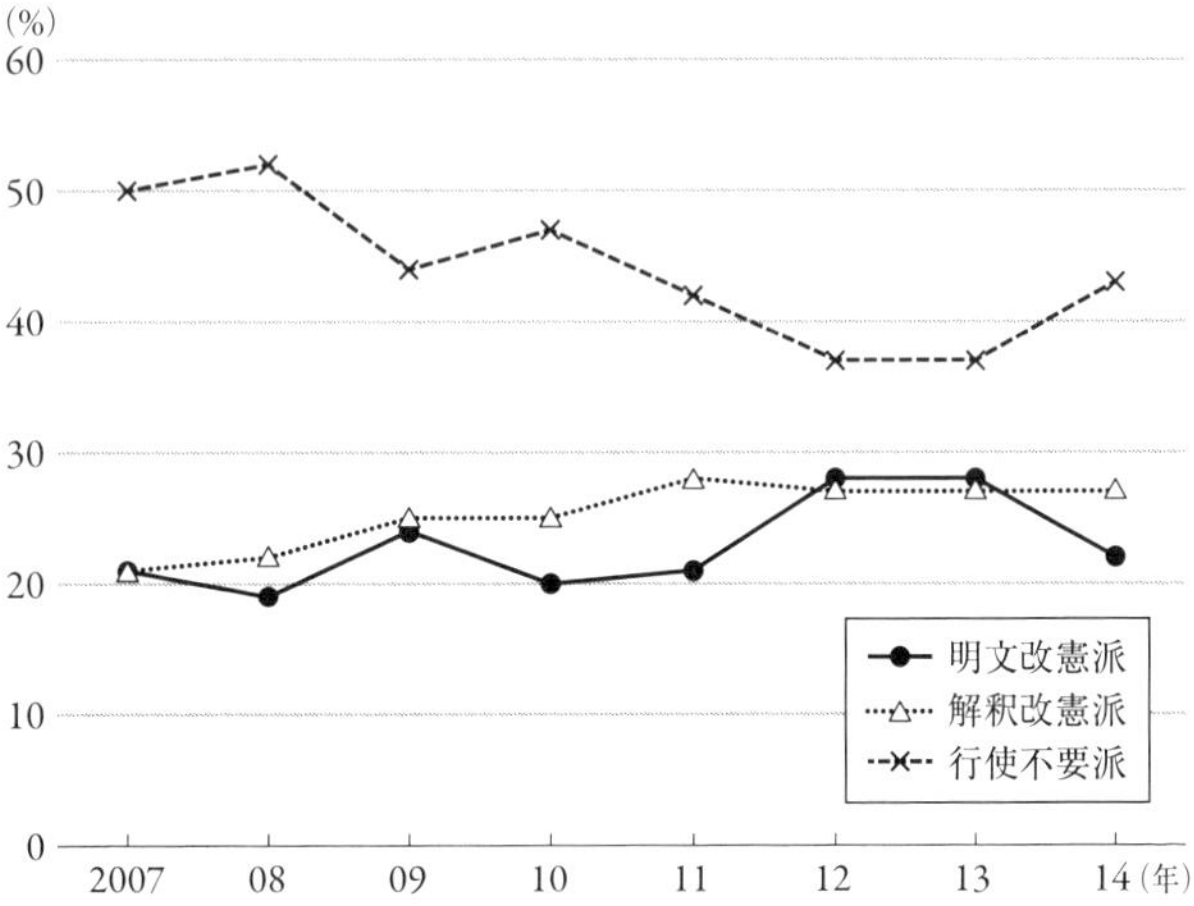

集団的自衛権の行使容認問題がある。エリート層での争点化にともない、二〇〇〇年代には世論調査でもこの問題に関する質問がなされるようになった。有権者の取りうる立場としては「行使不要派」（集団的自衛権の行使自体が不要という立場）、「明文改憲派」（九条改正により行使を容認する立場）、「解釈改憲派」（明文改憲なしに行使を容認する立場）がある。図4－5は読売新聞調査から、〇七年以降の三派の割合の推移を表したものである。

この図によると、全体を通して「明文改憲派」の割合は二～三割でしかない。他の二派は（集団的自衛権の行使を認めるかという点で大きな意見の差はあるが）明文改憲に反対であるという点で一致しており、その合計ははるかに「明文改憲派」より多い。時期は少しさかのぼるが、朝日新聞二〇〇四年四月、〇五年四月の調査結果でも「明文改憲派」は三割弱で、少数派である点は変わらない。集団的自衛権の行使を解禁するための九条明文改正は、二〇〇〇年代を通じて明らかに不人気なのである。[33]一九九〇年代に比べてこの問題に関心を持つ有権者が増えたのだとすると、やはり「総論的九条改正質問」で測定した場合の九条改正派は必然的に減少することになるだろう。

集団的自衛権問題の争点化がとくに顕著になったのは、憲法解釈変更に向けて政府の動きが進んだ第二次安倍政権期、とくに二〇一四年に入ってからのことであった。結果として「総論的九条改正質問」で測定した九条改正志向が一三年を境に大きく減退したことは、多くの機関の調査結果が示している。図4－6は、第二次安倍政権期における朝日新聞、毎日新聞、NHKによる九条改正質問の回答傾向（改正派割合－維持派割合）の推移を示したものである。[34]この図からは、どの機関の調査でも一三年から一四年にかけて九条改正志向が大幅に後退したことが確認できる。集団的自衛権問題が争点化したことの影響はたしかにあったとみるべきである。

総じていえば、九条をめぐる有権者の意識は、「現状保守主義」的である。防衛政策の現状を変更するような憲法改正案に対し、国民は一般にアレルギー反応を示す。二〇〇〇年代になって浮上した九条改正構想は、国防軍設置にせよ集団的自衛権の解禁にせよ、それまでの防衛政策の変更を想起させるものであった。

33――もっとも、巷間誤解が多いと思われるが、「明文改憲派」と「解釈改憲派」を合わせた、集団的自衛権「行使容認派」自体はけっして少数でない点に注意が必要である。
34――幸いにも、この期間については三機関とも調査方法が一貫しており、時系列比較を行いやすい。

図4-6　第2次安倍政権期における9条意識の変化

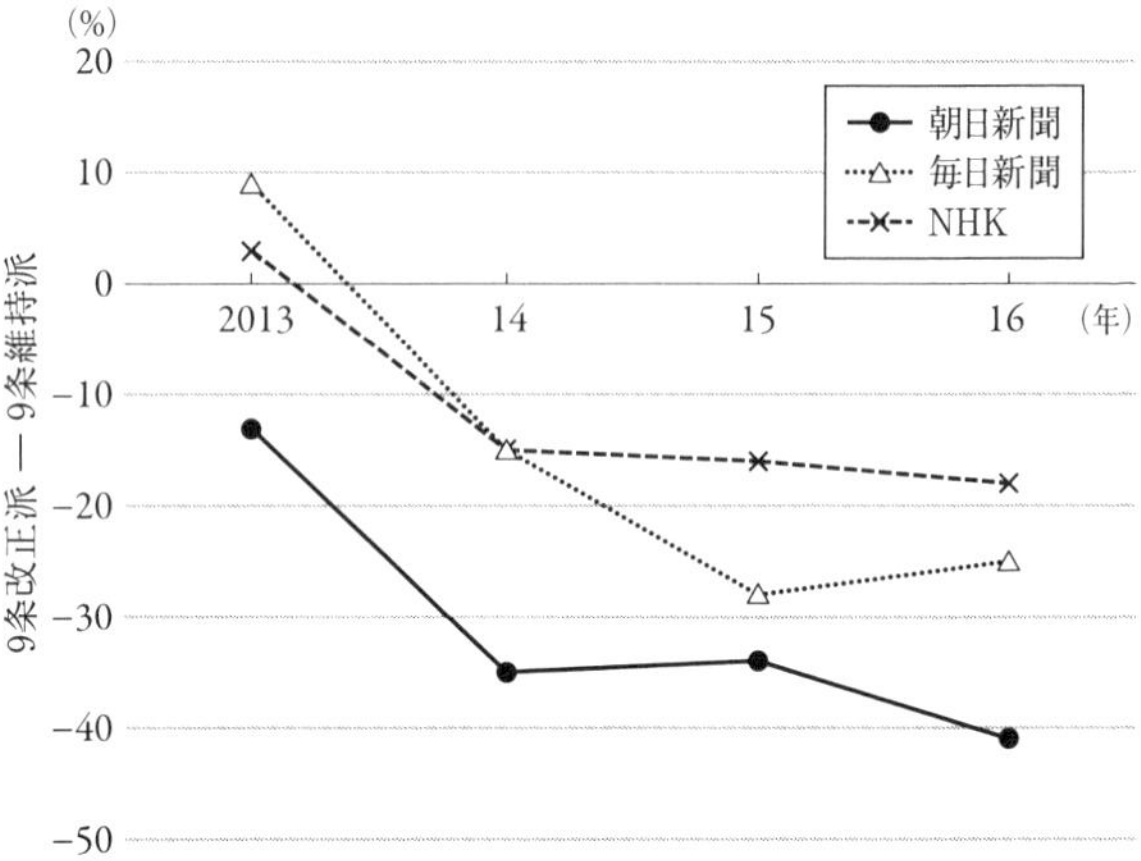

もっとも、現実の安全保障政策を追認するような九条改正であれば、有権者は必ずしも否定的ではない。戦後史を通じてそうであったし、今日もなおそうである。例えば、自衛隊の存在を明記するといった改正案には、安定して強い賛意がある。朝日新聞二〇〇六年四月、同〇七年四月、読売新聞〇六年三月の調査で、自衛隊明記賛成派の割合はそれぞれ六二%、五六%、七一%となっており、反対派の割合を大きく上回っている。[35]より最近の調査で参考になるのは、毎日新聞が一三年七月に行った「憲法九条の改正について、あなたの考えに近いのはどれか」を問う質問である。そこでは、「改正して、自衛隊の役割や限界を明記すべきだ」が三六%、「改正して、自衛隊を他国同様の「国防軍」にすべきだ」が二〇%、「改正には反対だ」が三四%であった。二番目の選択肢を選んだ人は当然、「自衛隊の明記」程度の改正には（その賛否を直接問われた場合には）賛成するであろうことを考えると、やはり自衛隊の憲法明記には安定した支持があるとみていい。

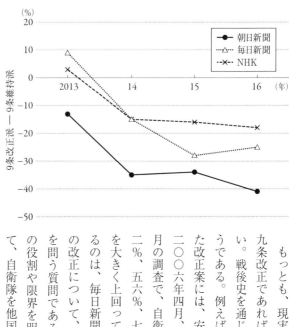

このように、有権者の多くは自衛隊を（呼び名を含めて）現状維持する限りにおいて、憲法中に明記することには前向きである。もっぱらこの論点を想起して国民が「総論的九条改正質問」に答えるとすれば、改正賛成派はつねに多数となるであろう。しかし実際には、自衛隊の憲法明記論は、有権者の多くが日常的に想起するような目立った論点にはなっておらず、むしろ現実には集団的自衛権といった、より反対論の強い論点が争点化していた。以上が、二〇〇〇年代において九条改正派の減少が生じた背景なのである。

その他の改正論点への賛否

二〇〇〇年代を通じて、憲法に関する意識調査が増加するにつれて、九条以外の条項に関する質問も増えている。ある程度の質問数がある改正論点について、具体的にみていきたい。

まずは、二〇〇〇年代初頭に小泉首相が自ら唱えた首相公選制導入論についてである。首相公選制に対しては、一九九〇年代から賛成論が強かったことは前章でふれたが、二〇〇〇年代に入ってもこの傾向は変わっていない。読売新聞〇一年三月の調査によると、改憲による首相公選制導入について「望ましい」が六三％、「望ましくない」が一三％であった。〇二年三月の調査で

35——読売新聞調査の選択肢は四択である。「自衛隊の存在を憲法で明確にすべきだと思いますか、そうは思いませんか」という問いに対し、「そう思う」「どちらかといえばそう思う」と答えた人を改正賛成派、「どちらかといえばそうは思わない」「そうは思わない」と答えた人を改正反対派として集計した。

もほぼ同様の結果が得られている。NHKによる〇二年三月の調査でも、「憲法を改正して首相公選制を導入した方がよい」が六一％、「憲法を改正してまで、首相公選制を導入する必要はない」が一五％、「今のように国会で選ぶ方がよい」が一六％となっており、導入賛成派が多数を占める。近年では、朝日新聞一二年四月、毎日新聞一三年四月の調査でも導入賛成派が六割超で、反対派は二割前後となっており、依然として賛否の開きは大きい。

小泉政権期や第二次安倍政権期のように、内閣支持率が高く、首相のリーダーシップが比較的強い時期においても、首相公選論は有権者からつねに強く支持されている。公選によって強いリーダーシップを備えた「大統領的首相」を作り出すという結果面だけでなく、この手続き自体が持つ直接民主主義的側面も、有権者が評価する際のポイントになっているようである。直接民主主義といえば、（憲法改正以外の法案に関する）国民投票制の導入についても、高い人気がある。朝日新聞二〇〇九年二月、一一年一一月の調査では、改憲による国民投票制の導入に対し、七割超が賛成となっている（反対論は二割程度）。

つぎに、国会制度改革論について検討しておきたい。ポスト小泉政権期の「ねじれ国会」が国政の停滞を招いたことから、「強すぎる参議院」の権限縮小ないし廃止が唱えられるようになった。こうした状況を受けて、憲法に関する意識調査でも、衆参両院の関係について、とくに一院制の是非に関して質問がなされるようになっている。

その結果をみると、その時々の国会の状況が、回答傾向の違いとなって表れており、たいへん興味深い。衆参両院において多数派政党が一致している時期の調査[36]では、一院制導入について反対意見が賛成意見を上回る結果となっている。ところが両院の多数派政党が異なっている時期の調査[37]では、若干ではあるが賛成意見が反対意見より多くなっている。例えば毎日新聞の調査を比較すると、「ねじれ国会」状況で行われた二〇一二年八月の調査では賛成四八％、反対四六％であったのに対し、ねじれ解消後の一三年四月の調査では賛成四〇％、反対五〇％となっている。総じて有権者は国会の情勢を的確につかみ、理にかなった方向に意見を変えている。

ただ全体としてみると、一院制論に関する世論は賛成・反対に大きな偏りはないようである。二院制改革の必要性自体は広く認識されているものの、改革案の具体的な話になると、改憲派エリートの間ですら、まったくコンセンサスが得られていない。少なくとも参議院廃止論は同院議員による抵抗が強く、改憲発議に現実味はない[38]。政治家などエリート層で合意がないような論点について、有権者の間で賛否がはっきりしないのは自然なことである。

最後に、第二次安倍政権期になって、とくに議論されるようになった改正論点を二つ、取り上げたい。まず、国会での改憲発議条件を定める九六条の改正問題についてである。自民党はかね

36——朝日新聞二〇〇四年四月調査、同〇五年四月調査、毎日新聞一三年四月調査。
37——朝日新聞二〇一二年四月調査、毎日新聞一二年八月調査。
38——二〇〇五年自民党改憲草案の作成過程では、参院議員の反発によって一院制論が取り下げられている（舛添 2014）。

てより、現行規定（各議院の総議員の三分の二以上の賛成）を緩和する必要性を強調している。対する民主党（民進党）は九六条改正に消極的な姿勢を示しており[39]、この問題は二大政党間で争点のひとつとなっている。

二〇一二年の自民党改憲草案でもそうであるように、こんにち最も標準的な九六条改正案は、発議条件を衆参それぞれ「過半数の議員の賛成」に緩和しようというものである。この案の是非に関して、一三年以降多くの調査で質問がなされている。その結果は、総じて改正反対論が強い。筆者が収集した調査のなかでは（一つの例外を除いて[40]）すべての調査で反対論が優勢となっている。例えば朝日新聞は一三年三月、一四年二月、一五年三月にこの種の調査をそれぞれ行っているが、結果はいずれも賛成が三割前後、反対が六割前後と大差がついている。九六条改正のハードルは、少なくとも国民投票に関してはきわめて高いといわざるをえない。

もうひとつ、近年とくに検討が進んでいる論点として「緊急事態条項」追加論がある。テロや大災害など非常事態が生じた際に、政府権限の拡大や議員任期の延長を認めるべきかが争点となっている。時事通信社は二〇一五年四月と一六年四月の調査で、自民党の提案する「大規模テロや災害が起きたとき、内閣に権限を集中したり、私権を制限したりするための緊急事態条項」新設の是非を問うている。その結果は賛成が六割前後、反対が二割台となっており、賛成派がはっきり優勢である。他方で、朝日新聞が一六年三月に行った調査では、時事通信社のものと一見類似した質問文[41]であるにもかかわらず、賛成三三％、反対五二％となっており、多数派が入れ替わっている。この論点に関しては、今後さらに調査データが蓄積されることを期待したい。

政権交代と改憲志向

すでに述べたように、小泉改革期以降における世論の全体的な特徴は、改憲志向の退潮傾向にあった。しかし図4－1、図4－2から、もうひとつ明らかになったのは、この時期の世論の不安定性である。とくに二〇〇九年、一二年頃に改憲志向の一時的な回復が見て取れる。こうした動きについて、どのように理解すればよいだろうか。

まず言えるのは、二つの時期のタイミングからみて、政権に対する有権者の不信感や不満が憲法意識の動きに関係していそうだということである。二〇〇九年と一二年はいずれも政権交代選挙のあった年である。これらの時期、リーマン・ショック、東日本大震災といった社会的・経済的危機への対応が求められるなか、国政は停滞し、政府の統治能力に対する有権者の不信は極度

39——二〇一三年の参院選での民主党マニフェストには「改正の中身を問うこともなく、改正手続きの要件緩和を先行させることには、立憲主義の本旨に照らして反対です」とある。

40——NHK二〇一三年四月調査では賛成二六％、反対二四％と賛成論が若干多い。この調査は一八歳以上を対象としている点で他と異なるが、この要因だけで回答結果を説明するのは難しそうである。なおNHKがこの翌月に行った二〇歳以上対象の調査では明確に反対論が強い（賛成二〇％、反対三五％）。

41——「テロや大災害などに対応するため、政府の権限を強める「緊急事態条項」をいまの憲法に加えるべきだ、という意見もあります。いまの憲法に「緊急事態条項」を加えることに、賛成ですか。反対ですか」というもの。

に高まっていた。こうした状況のもと、有権者の間では、憲法改正を含め、抜本的な政治の刷新を求める機運が高まっていたとみることができよう。

ただし二つの時期を比べると、いずれも改憲を支持する有権者の増加がみられるものの、その思惑は必ずしも同じではなかったようである。図4－7は、読売新聞調査から、「日本の憲法について、あなたが、今の条文を改めたり、新たな条文を加えたりする方がよいと思う」項目として「天皇の地位やあり方」「自衛のための軍隊保持」「衆議院と参議院の役割」「国と地方の役割」を挙げた人の割合をそれぞれ示したものである。二〇〇八年から〇九年、一一年から一二年の傾向の変化をみることで、各時期にどのような改憲論が高まったのか探ることができる。

図4－7によると、まず二〇〇九年では、前年に比べて「衆議院と参議院の役割」「国と地方の役割」という、広い意味で統治制度にかかわる改憲論が関心を集めていることが分かる。このデータは、〇九年に「体制改革フレーム」の一時的な再強化が有権者の憲法意識にあったこと、言い換えると、改憲問題が体制改革論の文脈から再び理解されるようになったことを示唆する。すでに述べたように、政界から体制改革機運が失われたこと、また「ねじれ国会」により国政の停滞を招いたことが、ポスト小泉政権期の政治に対する不満の大きな背景であった。この時期、九条問題が忘れられたわけではないにしろ、[42] 有権者の意識のなかで憲法改正をめぐる論点が一時的に拡散したとは言えそうである。

これに対して、二〇一二年に起きていたのは、有権者の保守化ないし右傾化とでも呼ぶべき現象であった。図4－7からは、この時期に「天皇の地位やあり方」に関する改憲論が急激に高まっていたことが分かる。天皇の地位をめぐり、いかなる変更が望ましいと考えられたのか、それを示す直接的な証拠はないが、自民党やみんなの党が当時主張した「天皇元首化」に共鳴する動きだったと推測することは許されよう。[43]「自衛のための軍隊保持」に関しても、天皇の問題ほどではないが、賛同者が増えている。こちらは有権者の保守化を示すデータと解釈して間違いなかろう。他方で、「衆議院と参議院の役割」「国と地方の役割」を挙げた割合は、前年とそれほど違いがない。この時期、第三極保守政党は改憲を含む統治制度改革を熱心に唱えていたが、有権者一般の関心を強く喚起することはなかったようである。

図4-7　各改憲項目に対する賛成派割合（読売新聞）

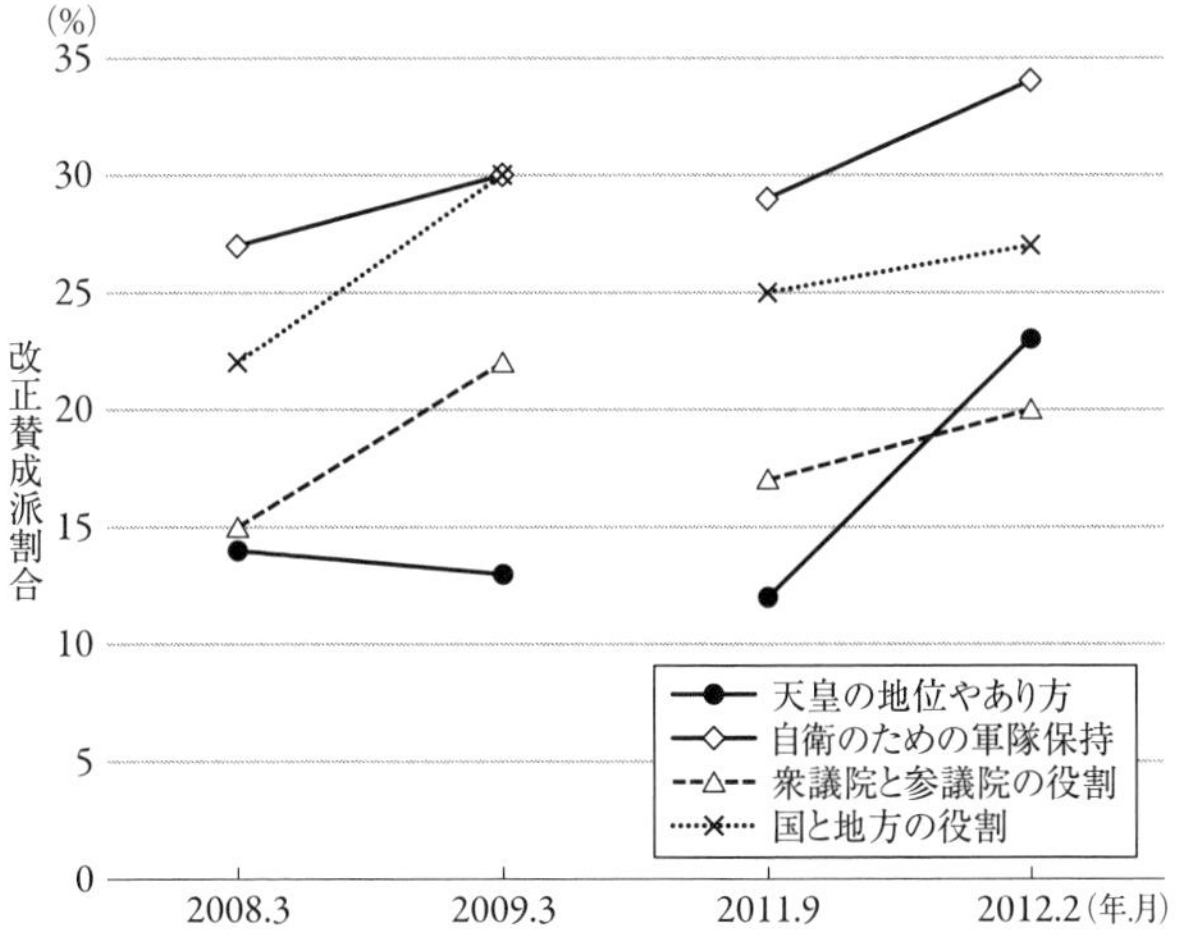

以上から分かるように、二〇〇九年と一二年に起きた世論の変化は、同じ現象として理解することはできない。一般論として、政権交代が

起きるような政治不信が極度に高まる状況では有権者の現状変革志向が強まり、改憲に賛成する意見も増加することになる。しかし、新たに増えた改憲賛成派が、具体的にどのような改正を期待しているのかという点は、その時々の文脈（社会経済状況、政治情勢）によって異なってくるのである。

転機としての小泉改革期

近年、国会での憲法論議は高まりをみせているが、有権者レベルでは改憲志向の後退が顕著である。こうした世論の変化は、これまで指摘されてきたとおり、第二次安倍政権の方針・施策によってもたらされた面がある。朝日新聞は二〇一六年三月の調査結果をふまえ、「憲法改正に慎重な意見が増えたのは、「安倍改憲」にバランスを取ろうとする世論の動きと言えるだろう」[44]と評しているが、こうした見方にはたしかに根拠がある。

しかし、しばしば忘れられることであるが、じつのところ改憲志向の退潮という世論の流れは近年に始まったことではないのである。二〇〇九年と一二年頃という例外があったため、見過ごされがちであるが、民主党政権期のみならず小泉内閣交代の前後から、すでに憲法をめぐる世論は不安定化していた。一九九〇年代から二〇〇〇年代初頭にかけて膨張した「改憲派連合」は、小泉改革期を転機として瓦解を始めていた。

戦後憲法政治史、また日本人の憲法観の歴史のなかで、小泉改革期の持つ意味は小さくない。

この時期は一方で、一九九〇年代からの「改革の時代」の延長、あるいはそうした流れの飽和点として位置づけることができる。改憲問題もこの時期、首相公選制導入論に象徴されるように、統治制度改革論の文脈で語られることが多かった。

他方で、小泉改革の「成功」と、この時期の安全保障をめぐる環境変化は、憲法問題の「語られ方」――フレーミング――を変えていく契機を作った。すなわち、この時期を経てエリート層での体制改革運動は下火になり、これにともなって憲法問題も、統治制度改革論ではなく防衛政策の枠組みで理解される傾向が強まった。憲法問題は五五年体制期と同様、九条問題に再び収斂を始めたのである。

こうした憲法政治のモードの転換は、それまでの時代もそうであったように、国民一般の憲法観、より正確には「憲法意識調査への回答の仕方」に影響を与えていく。憲法問題とは何かと問われれば、こんにちの多くの有権者は戦争や自衛隊にかかわることとして理解するのであって、

42――むしろ図4-4にみられるように、二〇〇九年には九条改正論も連動して高まりをみせている。同調査は三月一四日から実施されたが、これは海賊行為対処のためソマリア沖に自衛艦が出港したまさに当日であった。このことが回答結果に影響した可能性があろう。
43――ただし、図4-7の二〇一二年調査は二月に実施されたもので、四月の自民党、みんなの党による改憲構想発表よりも前に得られたデータである。これらの改憲構想が、この図にみられる世論変化を直接引き起こしたわけではないという点を確認しておきたい。
44――朝日新聞二〇一六年五月三日付。

首相公選制や参議院廃止論とむすびつけて捉える人は稀であろう。一九九〇年代における改正論点の拡散は「改憲派連合」の膨張につながったが、それとは逆のメカニズムによって、二〇〇〇年代にはその解体が生じたのである。

小泉退任ののち、タカ派的イメージの強い安倍が政権を引き継ぎ、憲法問題を争点化させたことは、こうしたモード転換をさらに早めることになったであろう。しかし、小泉の後継者が安倍でなかったとしても、長期的な趨勢として「改憲派連合」の瓦解は免れなかったと思われる。実際、第一次安倍政権ののち、比較的リベラルとの評価が強かった福田政権や鳩山政権の時期でも、有権者の改憲志向の退潮傾向に変わりはなかったのである。

こうした流れにあって、自民党、民主党政権がそれぞれ完全に行き詰まっていた二〇〇九年、一二年頃は例外的な時期であった。このとき社会には政治の抜本的な刷新を求める声が充満し、そうした風潮のなかで憲法改革志向も高まりをみせている。しかし、やはり政治不信の高まった一九九〇年代後期とは異なり、二〇〇〇年代の有権者は、投票を通じて政権交代を達成し、「世直し」を自ら実現することができた。それによって、現状を変革すべきだという機運が、ひいては改憲志向が、社会から消えていったのである。今日ふりかえると、小泉政権期——体制そのものが改革運動を牽引した——は、安定した政権と国民の強い改憲志向が同時に存在しえた、戦後史上、稀有な時代だったといっていい。

第5章

誰がなぜ改憲に賛成してきたのか

前章まで、日本国憲法に関する意識調査の結果を網羅的に検討し、世論全体の動き、もしくは有権者の平均的な憲法観の変遷を追ってきた。そこでは、議論を分かりやすくするため、各時期における改憲派／護憲派の特徴について細かく検討することはしなかった。しかし、「誰がどのような理由で改憲／護憲を望むようになったのか」を具体的に示すことができれば、世論全体の長期的変動の要因についてさらに理解を深められよう。その探究こそが、この章の目的である。[1]

それぞれの時期の改憲派／護憲派の特徴を知るための方法として、次の二つがある。まず、新聞社等がこの点についてすでに分析し、結果を公表している場合がある。例えば新聞紙面で世論調査の結果が報じられる場合に、調査対象者（標本）全体における回答の分布（改憲に対する賛否の割合など）だけでなく、性別や職業別、支持政党別などの集計結果が掲載されることがある。その他、各調査機関がまとめる報告書や機関誌の類にもこの種の分析結果が掲載されることがある。いずれも、個々の分析は断片的であることが多いが、複数のソースからの情報をつなぎ合わせることで、各時期の改憲派／護憲派についてのイメージを得ることは不可能ではない。

もうひとつの方法は、一般に公開されている憲法関連調査の個票データ（集計結果ではなく、各個人の回答情報そのもの）を参照し、自ら分析するというものである。新聞社の調査報道などは、簡単な分析結果を部分的に掲載するにとどまることが少なくないが、個票データを分析することができるのであれば、改憲派／護憲派の特徴についてより深く考察することが可能になる。

そこで本章では、国内外のデータアーカイブ（社会調査データの保存・公開機関）によって公開されている個票データを可能な限り利用する。[2]とくに中心となるのは政治学者によって実施されてきた学術目的の有権者調査である。こうした学術調査には、有権者の社会的属性や政治的志向に関する多くの質問が含まれている。

ただし、現在公開されている調査において、憲法意識に関する質問はさほど充実しているとはいえない。例えば一九七〇～八〇年代には、最も広範な質問群を擁する学術調査[3]においてすら、憲法に関する質問はまったく含まれていない。他の時期の調査でも、改憲への賛否を漠然と聞く問い（本書でいう一般改正質問）が含まれる程度で、利用可能な質問項目はきわめて限られている。本来であれば、第2～4章で用いた時期区分に即して検討を進めていきたいわけだが、実際には

1——本章の内容は、東京大学社会科学研究所附属社会調査・データアーカイブ研究センター二〇一六年度参加者公募型共同研究（二次分析研究会）「現代日本人の政治意識と投票行動に関するデータの二次分析」の研究成果の一部である。

2——本章執筆にあたり、東京大学社会科学研究所附属社会調査・データアーカイブ研究センターＳＳＪデータアーカイブから「政治意識一九五八年調査（第二回パネルの第一ウェーヴ）、1958」（三宅一郎）、「時事月例調査、1964～」（三宅一郎）、「変動期における投票行動の全国的・時系列的調査研究（JES IV SSJDA版）、2007–2011」（ＪＥＳⅣ研究会（平野浩・小林良彰・池田謙一・山田真裕））を、米国ミシガン大学のデータアーカイブＩＣＰＳＲおよびＩＣＰＳＲ国内利用協議会（ICPSR Japanese National Membership）よりWard, Robert E., and Akira Kubota. JAPANESE NATIONAL ELECTION STUDY, 1967. Conducted by University of Michigan, Center for Japanese Studies. 2nd ICPSR ed. の個票データの提供を受けた。

3——この時期に政治学者が実施した大型の調査としては、「日本人の政治意識と行動（ＪＡＢＩＳＳ）調査」（一九七六年）や「日本人の選挙行動（ＪＥＳⅠ）調査」（一九八三年）が著名である。

各時期について同じように分析を行うことは不可能である。

そこで本章では、データの入手可能性と時期的な重要性に鑑みて、四つの時期にとくに焦点をあてて検討を進めたい。すなわち、五五年体制成立期（一九五〇年代）、高度成長期（一九七〇年前後）、五五年体制崩壊期（一九九〇年代）、小泉改革以後（二〇一〇年前後）である。いずれも戦後の日本人の憲法観の変遷を理解するうえで重要な時期にあたることは、前章までの議論で明らかにしたところである。本章ではその各時期について、まずは憲法をめぐるエリート間論争や世論の全体状況を簡単にまとめたうえで、「誰が、どのような理由で憲法改正を望んでいたのか」を実証的に示していく。

なお議論を分かりやすくするため、以下では主に「改憲派」[4]の属性や意識に焦点をあてることにする。「護憲派」は、おおむね「改憲派でない人たち」として理解できると考え、詳しく検討することはしない。[5]

改憲機運が高まった五〇年代

まず一九五〇年代の状況について検討しよう。この時期、エリート層の間では、主権回復を機に改憲論が噴出することになった。争点として目立ったのは九条問題（再軍備問題）であったが、改憲派エリートの主眼はむしろ象徴天皇制の修正を含む新憲法の全面的改正にあった。憲法問題は、保守勢力と革新勢力を分かつ争点となっただけでなく、そこに保守陣営内部の路線闘争が絡んで、複雑な様相を呈していた。

こうしたなか憲法問題は、有権者の間でも、政治的な争点として理解されるようになっていく。世論全体の傾向としては、一九五〇年代初頭には九条改正質問であれ一般改正質問であれ、明らかに改憲賛成派が優勢であった。しかし時代が下るにつれて、国民の護憲志向は徐々に強まり、五〇年代も終わりになると賛否は拮抗、ないし護憲派がやや有利な状況になっていく。

初期改憲派の肖像

改憲気運が社会全体で高まりをみせた一九五〇年代には、新聞各紙に、改憲派の特徴を分析した記事がそれなりに掲載されている。それらの記事を、有権者の性別、年齢、職業という三つの社会的な属性に着目しながら分析することで、初期改憲派の特徴を示してみたい。

一九五〇年代の世論を理解するうえでまず重要なのは、性別による憲法意識の差である。改憲賛成派には明らかに男性が多い。九条改正質問であれ一般改正質問であれ、男性に改憲志向がよ

4――とくに断りがない限り、本章にいう「改憲派割合」は、「DK（わからない）・NA（無回答）等を含めた回答者全体に占める、憲法改正賛成派の割合」を指すものとする。
5――ただし厳密にいえば、「改憲派でない人たち」は、意識調査に対し無回答ないし中庸的（「どちらともいえない」等）な回答をしている場合を含むわけで、護憲派と完全に同値であるわけではない点は注意が必要である。

り強いことは五〇年代を通して繰り返し報告されている[6]。例えば最初期の一般改正質問である読売新聞五二年四月の調査結果によると、女性における改憲派割合は三七%であったのに対し、男性では五九%であった。

女性についていえば、無回答（わからない・答えない）が多いというのが大きな特徴である。改憲の是非を漠然と問う一般改正質問はもとより、はっきりと九条改正について問う質問であっても、この時期の多くの女性は意見を表明していない。例えば朝日新聞一九五二年二月調査では、「憲法を改正して軍隊を作るべきか」という問いに対し、女性は「半数近く」が「わからない」としている（男性では一三%）[7]。

こうした傾向の背景には、女性の政治に対する興味・関心や知識の相対的な低さがあっただろう。性別役割分担意識――女性は政治にかかわるものではないとする社会的風潮――も、こうした傾向に拍車をかけた可能性がある。この時代、国政選挙の投票率でみても男女差はかなり大きく（松田 2009）、女性が政治にコミットしようとする場合、高いハードルがあったことは明らかである。

しかし、一九五〇年代も後半になってくると、女性の無回答率は減ってくる。エリート層での改憲論争の盛り上がりにともない、憲法問題に対する認識が一般女性の間でも深まったものとみられる。例えば朝日新聞（一九五七年一一月二七日付）は、五七年一一月の調査をそれ以前の調査結果と比較し、女性の意見表明率の上昇にふれて、「憲法第九条改正反対の世論は農村婦人のなかに浸透している」と評している。こうした女性による意見表明の増加は、世論全体に占める護憲派の割合の増大につながったはずである。

つぎに年齢層（世代）に注目すると、一九五〇年代を通して、高齢者ほど改憲志向が強いという、一貫した傾向を見て取ることができる。一例として、年齢層別の回答分布の詳細が明らかにされている朝日新聞五五年一一月調査の一般改正質問の結果を図5－1に示している。この図の上側のグラフによると、二〇代から五〇代まで年齢層が上がるごとに改憲派が多くなり、護憲派が少なくなっている。六〇代以上では改憲派の割合が小さいが、これは「意見なし」の回答者が多かった結果であり、この層の護憲志向が強かったことを意味するわけではない。

図5－1では二〇歳代においてとくに改憲志向が弱くみられるが、これは一般改正質問だけでなく、九条改正質問に対する回答傾向でも同様である。[8] この世代は、旧軍的組織が復活した場合に徴兵される懸念が最も強かったことを考えれば、（志願制の自衛隊を保持することはともかく）改憲による軍隊再建に対し慎重であったのは理解できる。

それとは逆に、中高年層では比較的強い改憲志向が見て取れるが、これは本格的な再軍備をこ

6――朝日新聞一九五二年三月三日付、同五五年一二月一三日付、同五七年一一月二七日付、毎日新聞五五年二月一三日付、読売新聞五二年二月八日付、同五二年四月一六日付、同五三年四月六日付。
7――朝日新聞一九五二年三月三日付。
8――朝日新聞一九五五年一二月一三日付。

図5-1　1955年11月における一般改正質問の回答傾向
（朝日新聞調査）

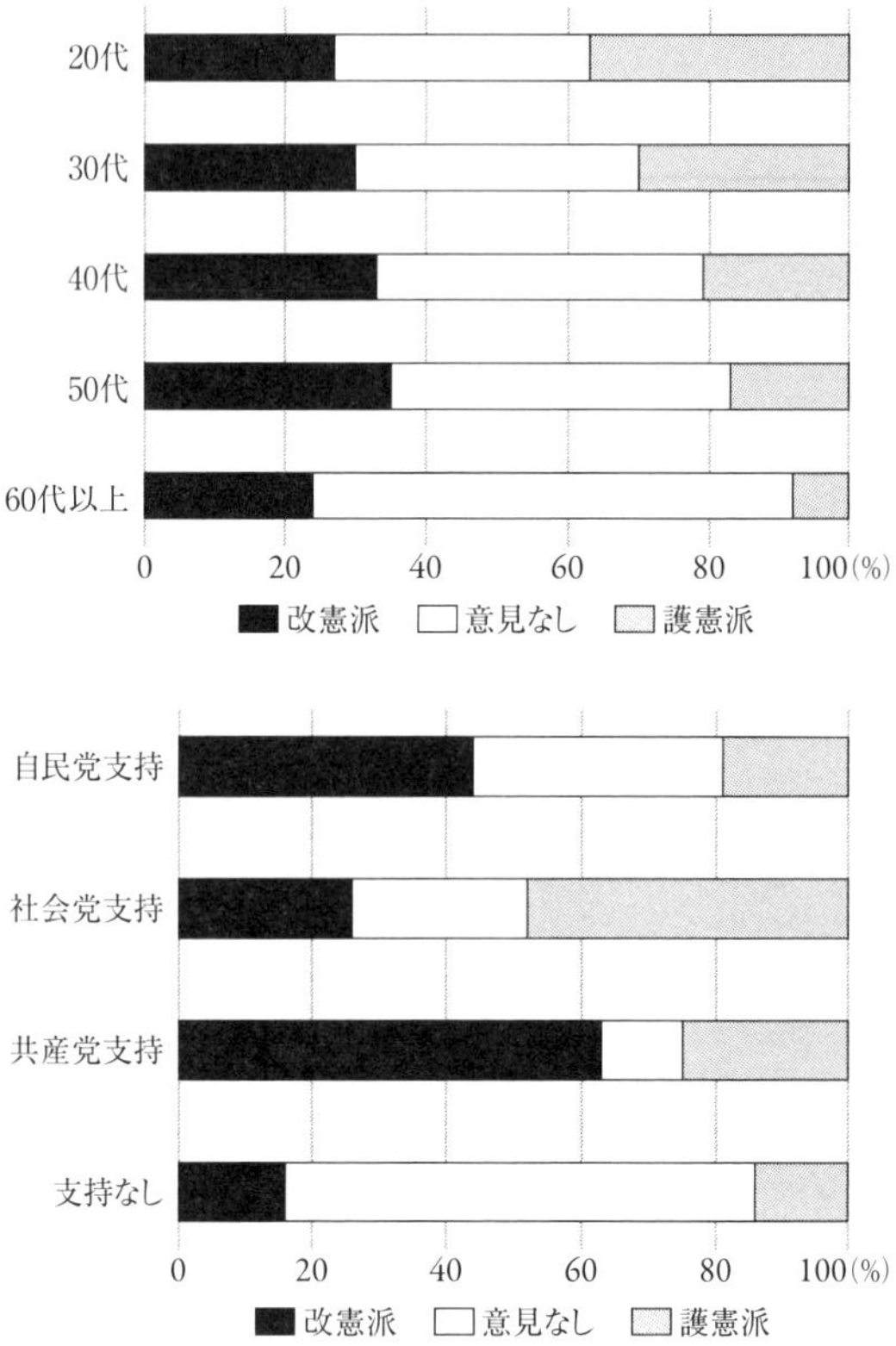

川本（2007）をもとに作成。

の層が支持していたことと関係していよう。もっとも筆者は、一九五〇年代における中高年層の改憲志向は、再軍備問題に対する意見だけでなく、より広く「戦前的価値観」との関連から捉えたほうがよいと考えている。この点については、あとで改めてふれたい。

職業別では、当時国民の多くを占めた農林漁業者[9]、また商工業者において改憲論がとくに強かったという報告が複数ある。[10]それに対して、産業労働者や給料生活者は相対的に護憲寄りであったようである。朝日新聞一九五五年一一月調査の分析記事には、五二年の場合と比較して商工業者、農林漁業者の九条改正賛成意見が一層強まり、逆に給料生活者、産業労働者の反対意見が強まった旨の記述がある。[11]

以上の知見を総合して言えることは、この時期、選挙で投票を行っていた人たちは、棄権していた人たちに比べ、改憲志向が強かったという点である。中高年層の相対的な投票率の高さは、どのような選挙でも普遍的にみられる現象である（ミルブレイス 1976：185）。性別については、戦後初期の選挙では、男性の投票率が女性より顕著に高かったことが知られている（松田 2009）。戦後日本の選挙において農村部の投票率が相対的に高かった（境家 2013）ことも比較的よく知られた事実であろう。投票率の高かった男性、中高年層、農村部住人（多くは農林漁業者）は、いずれも先にみたように改憲志向が比較的強かった有権者のグループに該当する。第2章末で、保守政党の政治家にとってこの時期、改憲派であると知られることが、選挙対策上大きなマイナス

9――一九五〇年には、全就業者に占める農業従事者の割合は約五割であった（吉川 2012：125）。
10――朝日新聞一九五五年一二月一三日付、毎日新聞五五年二月一三日付、読売新聞五二年一月八日付、同五三年四月六日付、同五七年九月二日付。
11――朝日新聞一九五五年一二月一三日付。

になったとは考えにくいと主張したが、その論拠がここにある。

支持政党別にみる改憲志向

ところで、先に示した改憲派・護憲派の職業構成は、ちょうどこの時期に結党・統一された自民党と社会党それぞれの支持基盤におおむね合致している（三宅 1989:88-89）。ここからも示唆されることであるが、一九五〇年代においては保守政党（自由党、自民党）の支持者で改憲志向が強く、革新政党（社会党）の支持者で護憲志向が強かったということは、当時の調査報道からはっきりしている。この傾向は、九条改正質問の回答でみても、一般改正質問の回答でみても同様に認められる。[12]

図5－1の下側のグラフをご覧いただきたい。これは、朝日新聞の一九五五年一一月調査における一般改正質問への回答傾向を、支持政党別に示したものである。ここから見て取れるように、自民党支持者においては改憲志向が、社会党支持者においては護憲志向が、はっきり強い。憲法問題に関し、当時の各政党が取っていた（少なくとも建前上の）立場と、支持者の意見はおおむね一致している。

なお共産党の支持者にきわめて強い改憲志向がみられる点は、この政党のこんにちのイメージからすると意外に思われるかもしれない。天皇制や私有財産制（資本主義体制）の存続を前提にした新憲法に対する反発であろうと思われる。戦後初期において、共産党指導部がこうした観点から新憲法に批判的であったということは第2章で述べたとおりである。同党は、一九五〇年代に保守勢力が改憲運動の主導権を握るようになると、少なくとも九条に関しては護憲的な姿勢を示すようになった。とはいえ支持者の間では、なお「ブルジョア憲法」に対する抵抗感が根強く残っていたということであろう。ただ五〇年代における共産党支持者はごく少数であり、こうした「左方向への改憲論」は社会のなかで有力であったとは言えない。

戦前的世界への郷愁

一九五〇年代において、世代による憲法観の差は顕著であった。これには軍隊に対する忌避感の強弱が影響しているであろうが、より一般的にいえば、戦前の日本の社会的・政治的諸制度や国際的地位に対する感情と憲法意識に関係があったことを示唆するものであろう。一等国であったはずの帝国が戦争に敗れ、惨めな占領状態に置かれることになった。そのために旧来の秩序はことごとく破壊され、憲法も「押しつけ」られることになった。こうした事態に対し、戦前の秩序に慣れ親しんだ高齢世代ほど反発を持ったことは想像にかたくない。

一般公開された個票データを分析し、この点を実証的に確かめてみよう。[13] 利用するデータは一

12――朝日新聞一九五二年三月三日付、同五五年一二月一三日付、毎日新聞五二年四月一四日付、読売新聞五二年二月八日付、同五二年四月一六日付。

九五八年に京都大学が実施した政治意識調査である。今回筆者が入手できたなかでは最古の（憲法関連質問を含む）個票データであり、東京都区内のみが調査対象という制約はあるものの、分析する価値は高い。

この調査には、本書でいう一般改正質問に相当する問いが含まれている。[14] これを用いてまず、天皇制に関する回答者の意見[15]と改憲志向との関係をみてみよう。

いうまでもなく天皇崇拝は、戦前的価値観の重要な柱である。天皇制自体は護持されたとはいえ、戦前的な価値観を強く持つ人にとって、天皇を「象徴」とした新憲法には違和感を抱かせられたであろう。図5－2の上のグラフは、「天皇は必要か」を問う質問の回答別に、改憲派と護憲派の割合を示したものである。この図からは、天皇制に対する支持の強さにしたがって改憲志向が強まっている関係性がはっきりと見て取れよう。当時の有権者における伝統志向と改憲志向の関連性の高さを鮮やかに示している。[16]

同様に下のグラフは、「世界の国々の中での日本の地位が、戦前に比べて下がったことを残念と思うか[17]」という問いへの回答と憲法意識の関係を示したものである。この図からは戦前懐古派、つまり日本の地位失墜を残念に感じている人ほど改憲を望んでいた傾向が見て取れる。分析の詳細は省くが、戦前懐古的な心情は高齢層ほど強く抱いており、世代間の憲法意識の違いのかなりの部分は、こうした感情のあり方から説明できる。[18]

一九五八年段階の、東京都心部の住人に限ってみても、こうした傾向を見て取ることができた

図5-2　戦前的価値観と憲法意識の関係（1958年京都大学調査）

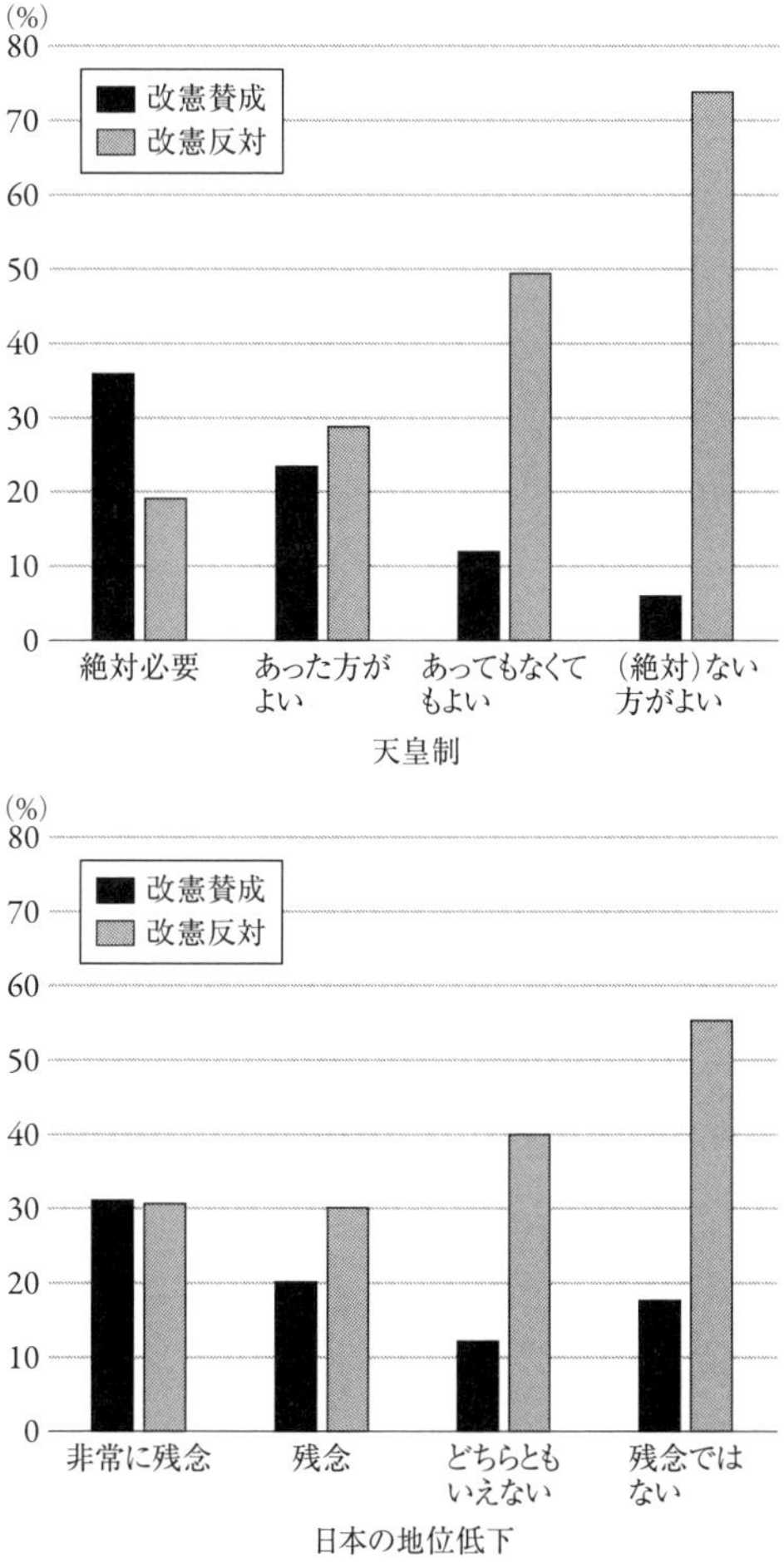

上図につき、「（天皇は）絶対ない方がよい」とした回答者はきわめて少数であったため、「ない方がよい」のカテゴリーと合併した。

13――残念ながら、一九五〇年代の新聞記事からは、この点について手がかりを得ることができない。六〇年代になってしまうが、朝日新聞六二年八月一七日付の分析記事に、「（改憲を希望する理由に）家族制度の復活や自由主義の行過ぎをあげた人たちは五〇歳代や六〇歳以上の高年齢層に多かった」との記述がある。

ことを考えれば、五〇年代前半までの（農村部を含む）国民一般の意識がどのようなものであったかは、容易に推察できるだろう。少なからぬ有権者が独立直後に抱いていた新憲法への違和感は、戦前――その時点からみてたかだか一〇年ほど前の世界である――への郷愁とむすびついていたのである。翻って考えれば、五〇年代後半にみられた護憲志向の高まりは、戦後復興の進展あるいは日本社会の「近代化」にともなう、国民感情の自然な変化であったといっていい。

高度成長期における改憲派の特徴

つづいて高度成長期、すなわち一九七〇年前後の状況を検討したい。この時期、自民党政権は憲法問題の争点化を回避し、エリート層の明文改憲運動は全般的に停滞した。保守改憲派の宿願であった「全面改正」論は影を潜め、憲法をめぐる争点は九条論、すなわち自衛隊・日米安全保障条約の合憲性の問題に収斂するようになった。

世論の全体的な傾向としては、「正式の軍隊を持つための改憲」を望む有権者がこの時期、顕著に減少した。他方で、「自衛権・自衛隊明記のための改憲」については必ずしも否定的にみられていたわけではなく、一般改正質問で尋ねた場合の改憲賛成派はむしろ、一九六〇年代以降、増加していたという証拠がある。

有権者個々人のレベルのデータを検証してみると、この時期、九条改正質問と一般改正質問とで改正賛成派の属性に違いがあったことが明らかとなる。まず九条改正質問については、当時標準的であった「正式の軍隊を持つための改憲に賛成か」という問いでみた場合、一九七〇年頃まで「生き残った」改正賛成派には、男性、高齢者、低学歴層、自営・商工業者が相対的に多かったことが、当時の新聞記事から確認できる。[19] こうした特徴は、五〇年代における九条改正派のそれとほぼ重なる。

それに対して、一般改正質問における改正賛成派の属性については、その前の時代との違いが見て取れる。第一に、年齢層別でみた回答のあり方が変化している。図5-3は、一九七〇年頃に実施された二つの調査それぞれについて、改憲派の割合（一般改正質問の回答にもとづく改憲賛成派の割合）を年齢層別に示したものである。一つは、六七年に米国ミシガン大学の研究者によ

14――質問文は「『いまの憲法は、現在の事情に合わないから、はやく改正しよう』という主張がありますが、あなたはこれに賛成ですか、反対ですか」というもので、回答の選択肢には「非常に賛成」「賛成」「どちらともいえない」「反対」「非常に反対」の五段階がある。以下の分析で「改憲派」とは前二者の選択肢を選んだ者、「護憲派」とは後二者の選択肢を選んだ者を指す。

15――質問文は「あなたは、いまの日本には天皇が必要であると思いますか、必要ないと思いますか」というもの。

16――図5-2の上のグラフからもうひとつ読み取れるのは、少なくとも一九五〇年代末の一般有権者にとって、天皇制の存続そのものはほとんどまったく憲法上の争点ではなかったという点である。これが争点であったならば、「天皇はない方がよい」とする有権者はむしろ改憲寄りになっていなければならないからである。

17――「日本の地位が下がった」と認識している回答者に限定してなされた質問。

18――もっとも図5-2のような関係性自体は、年齢層別に分けて分析を行った場合でも確認することができる。

19――朝日新聞一九六九年一月五日付、同七〇年六月二三日付、読売新聞七〇年五月三一日付。

図5-3　1970年前後における改憲派割合（年齢層別）

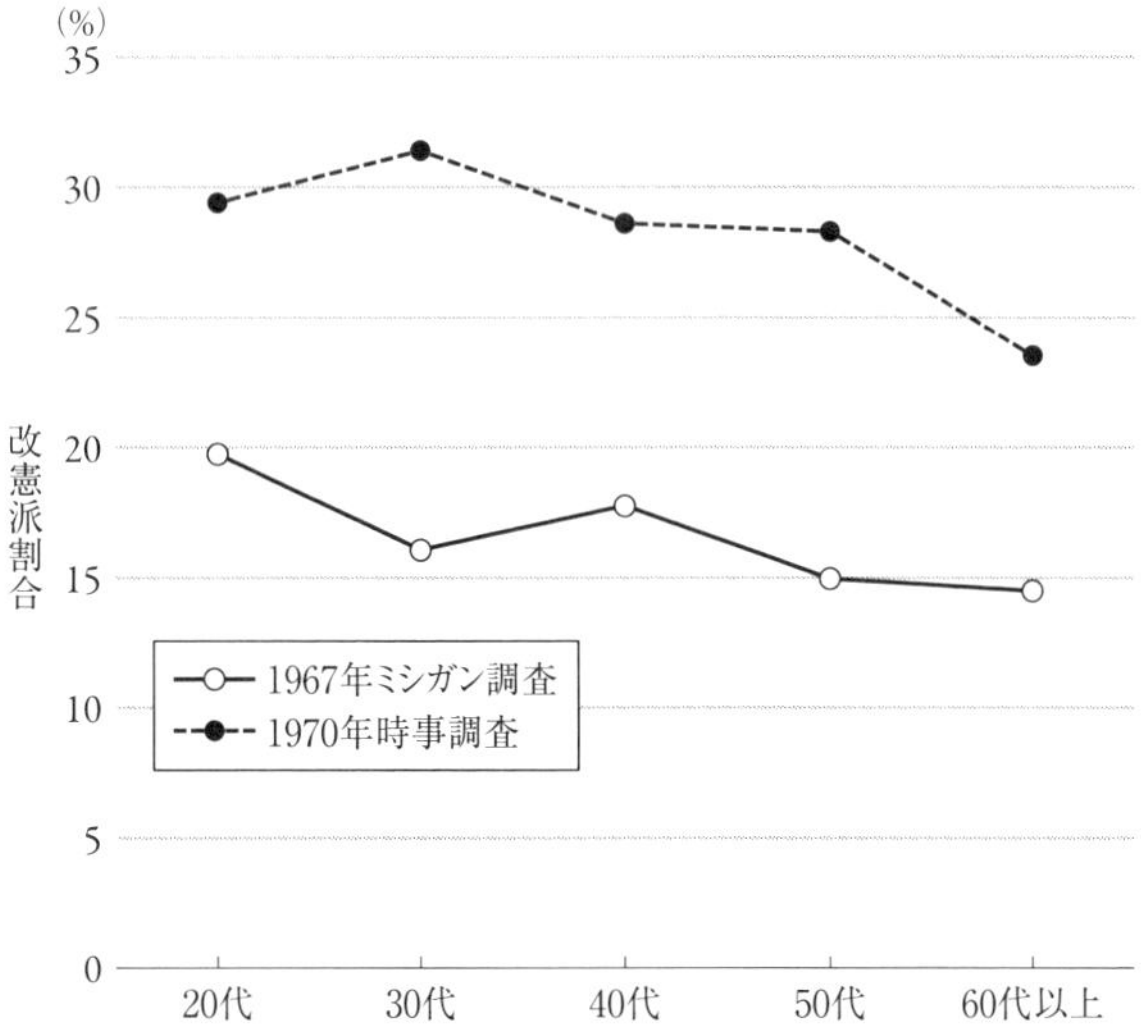

って実施された学術調査（以下、「一九六七年ミシガン調査」）で、もう一つは時事通信社が七〇年に実施した世論調査（以下、「一九七〇年時事調査」）である。

この二つの調査の改憲派の割合には（おそらく質問形式の違いによって）大きな差がある。だが、年齢別にみた回答のあり方には共通点がある。いずれの調査においても、一九五〇年代とは逆に、若年層で相対的に強い改憲志向がみられるのである。一般改正質問において、三〇代前後に強い改憲志向がみられるという現象は、基本的に今日までつづいているが、その起点は七〇年前後にあったようである。ＮＨＫ放送世論調査所による分析でも、七四年の調査を五五年、六五年の調査と比較した結果として、「改憲賛成者は高年層で多く、反対者は若年層で多いという従来の図式は崩れてきている」と結論づけられている（ＮＨＫ放送世論調査所編 1982:127）。

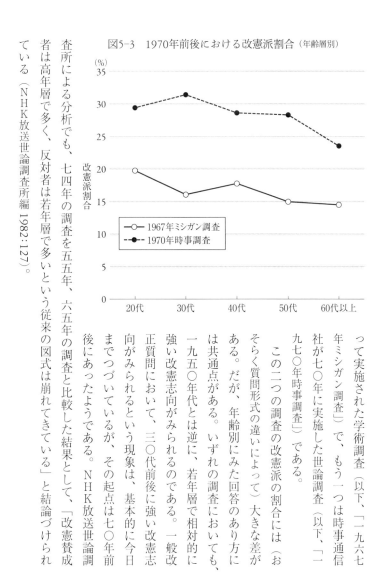

第二に、一般改正質問の回答には、支持政党別の分析からも、それ以前の時代とは異なる傾向を見て取ることができる。前節でみたように、一九五〇年代の場合、保守政党支持者に比べて革新政党（社会党）支持者の改憲志向は弱いという傾向が明確にあった。ところが、こうした党派性による改憲志向の差は、六〇年代後半以降、かなりの程度縮小していたことが当時の調査報道から分かる。[20]

図5–4　1970年前後における改憲派割合（支持政党別）

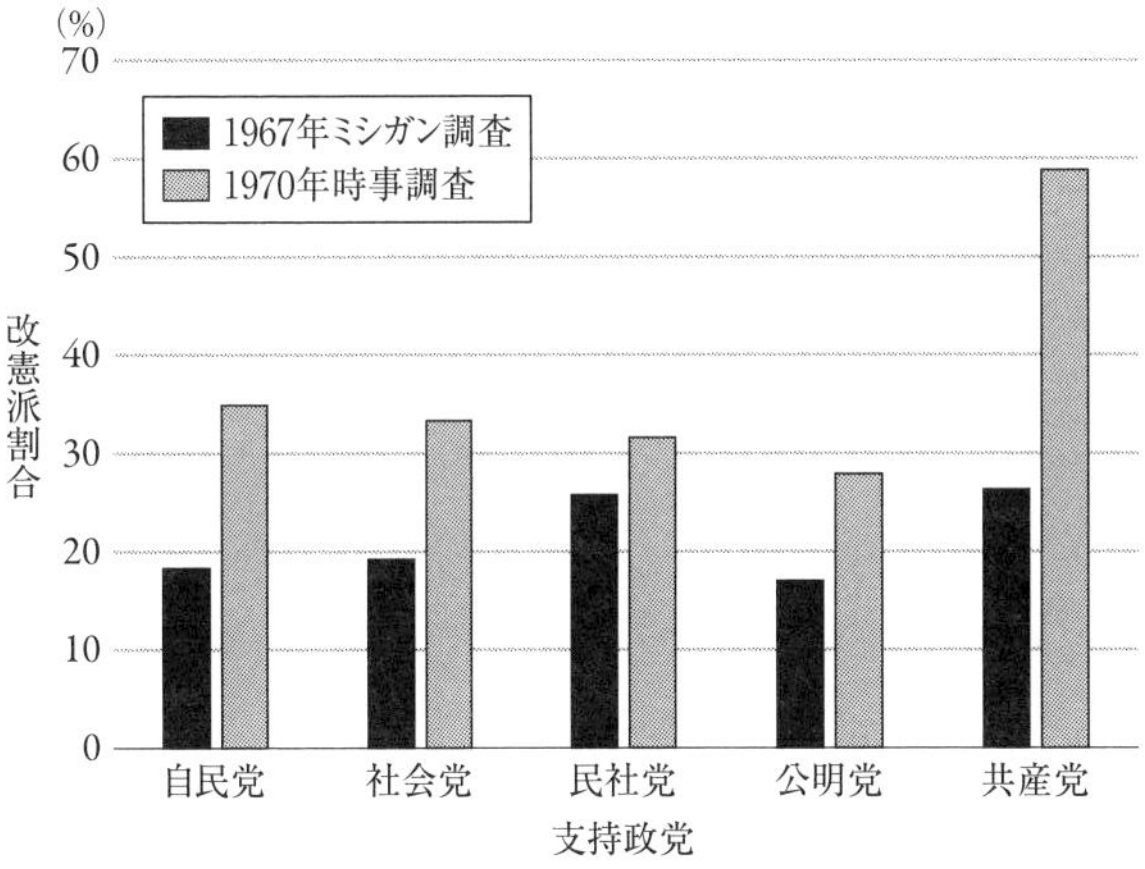

　図５－４は、先に用いた二つの調査について、支持政党別に一般改正質問の回答傾向を示したものである。[21]相対的にケース数の多い自民党支持者と社会党支持者を比べると、どちらの調査でも改憲派の割合にほとんど差はみられない。その他を含めても、（一九七〇年の共産党支持者に改憲派が突出して多い点を除けば）支持政党別にみた改憲派の割合に大きな差はないことが分かろう。

　以上のように、高度成長期には、改憲派から党派色が失われていた。このことは、それ以前の時代と比べて、自民党支持者の改憲志向が弱まっていたことを示唆していよう。しかし他方で、この時期、有権者全体に占める改憲派の割合そのものはけっして減少していなかった（第3章参照）。この点を考えれば、図5－4の結果は、自民党支持者における改憲派の減少のみならず、社会党支持者における改憲派の増大の帰結として理解したほうが筋が通る。

「革新主義的改憲派」の意図

憲法全面改正論が退潮し、九条改正による「正式な軍隊」保有への支持も失われたこの時代、改憲派の有権者たちは具体的改正点としていったい何を想定していたのだろう。とくに左翼的あるいは革新主義的イデオロギーを持っていたはずの、社会党支持者における改憲派の意図が問題になる。

まず直感的に言えるのは、この時期、有権者の間で憲法改正問題は、もっぱら防衛政策との関連で捉えられていたであろうことである。一九六〇年代以降、政治家やメディアにおける憲法論議は、自衛隊や日米安保条約が合憲か否かといった、九条をめぐる問題に集約されていった。有権者による憲法問題の捉え方が、こうした論争の大枠（フレーム）から自由でいられたとは考えにくい。

考えるべきは、憲法問題が防衛政策との関連から捉えられていたとして、それが革新政党の支持者における改憲志向とどのようにむすびついたのか、ということである。この点について、一九六七年ミシガン調査のデータは示唆的である。図5－5は防衛政策（自衛隊の規模、日米安保条約のあり方）に関する志向別に、自民党と社会党の支持者に占める、改憲派の割合をそれぞれ示したものである。

図5–5　防衛政策志向と憲法意識の関係（1967年ミシガン調査）

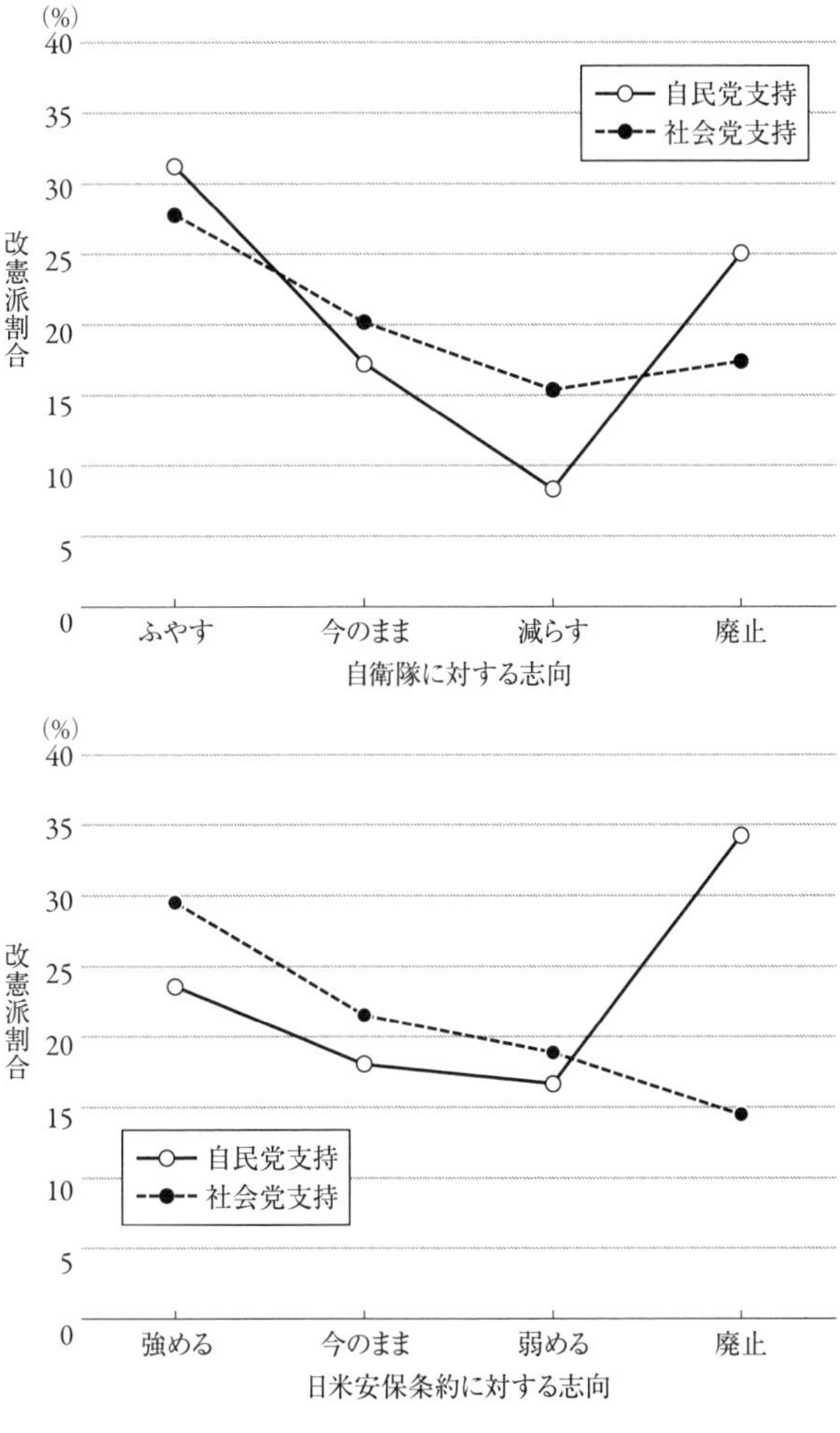

まず上のグラフによると、自衛隊の規模を「今のまま」ないし「減らす」べきだと考えている回答者のなかでは、社会党支持者のほうが自民党支持者よりも改憲志向が「強く」表れていることが分かる。自衛隊を「減らす」べきだと考えるグループでは、両党の支持者における憲法意識の差がとくに大きい[22]。

また下のグラフによると、日米安保条約を肯定する回答者（「廃止」以外の意見の人）においても[23]、社会党支持者の改憲志向がより「強く」表れている。日米安保廃止論者では逆の傾向がみられるが、日米同盟を全否定する立場は、社会党支持者のなかでも一五％程度で主流ではない[24]。

つまり、高度成長期の有権者にとって、防衛政策に関する志向と憲法意識には密接な関連があったが、自民党支持者と社会党支持者とで、そのあり方に微妙な違いがあった。最小限度の自衛戦力（現状の自衛隊以下の戦力）の保持を肯定し、日米安保条約を許容する人のなかでは――当時の標準的な有権者である――、社会党を支持している場合に、より強い改憲志向が表れていたのである。

五五年体制の時代、社会党指導部は非武装中立論（自衛隊と日米安保条約の違憲・廃止論）を唱えつづけたが、支持者の間でこの立場は少数にとどまり、防衛政策については現状維持を支持する人が多数を占めていた。しかし、そうした現実と憲法条文には矛盾があるとする論点自体は、支持者の間にも浸透していたがゆえに、この層において自衛隊・日米安保の合憲性の問題は強く意識されるようになった。結果、社会党支持層は現状と憲法の不整合を解消する方法として、自衛隊・日米安保の廃棄ではなく、むしろ明文改憲（自衛権・自衛隊の憲法明記）を期待するようになった。以上が、高度成長期に「増えた」改憲派の考え方であったろう。[25]

これに比べて、社会党支持者よりも数で優る自民党支持者は、明文改憲に固執せず、むしろ柔軟な憲法解釈を（政府方針どおりに）認めるようになっていた。このことは、世論全体における改憲志向を弱める方向に作用し、その意味で戦後憲法体制の安定に寄与したのである。

20――NHK一九六七年一月調査（『文研月報』一九六七年四月号参照）。

21――一九六七年ミシガン調査には有権者ではない一九歳以下のケースも少数含まれるが、「一九七〇年前後の有権者」についての議論を行っているという観点から、分析からあえて除外していない。図5－5の分析も同様である。

22――自民党支持者で自衛隊廃止に賛成した人の多くは、本格的な軍隊組織の復活を期待していたのではないかと推察される。それゆえ、戦力不保持を規定する現憲法の改正に比較的前向きだったのだろう。

23――質問文は「日本とアメリカの防衛のとりきめはどうですか、もっと強めるべきだと思いますか、それとももっと弱めるべきですか、或いは廃止すべきだと思いますか」というもの。

24――日米安保廃止論者において、改憲問題をめぐる保革対立の構図が最も鮮明に表れているのは興味深い。自民党支持者における日米安保否定派は、いわゆる「自主防衛」論者であろう。この人々（数的には少数であるが）の改憲志向は、高度成長期においてなおきわめて強かった。

25――世論全体でみた場合、高度成長期においても（「正式な軍隊を持つための改憲」ではなく）「自衛権・自衛隊を明記するための改憲」に対して一定の支持があったことは、第3章でみたとおりである。

転換期としての九〇年代

つぎに、五五年体制が崩壊に向かう一九九〇年代について検討しよう。九〇年代初頭、湾岸危機／戦争をきっかけに自衛隊の海外派遣の是非が争点化し、エリート層での改憲論議が再び活発化することになった。政局面では自民党が九三年に下野し、政界再編の時代に入るが、そこでの主役となった保守系「新党」の多くは、既存の体制を広く改革することを目指す立場から、改憲に積極的な姿勢を示した。九〇年代の改憲論議では、自衛権・自衛隊の合憲性はもはや自明のこととされる一方、「新しい人権」に関する規定の導入や統治機構の改革といった課題が浮上し、憲法改正をめぐる論点が多様化した。

この時期、憲法をめぐる世論も重大な転換点を迎えた。九条に関しては、「自衛権・自衛隊の明記」はもちろん、「自衛隊の海外派遣のための改憲」についても、有権者の抵抗感は弱まっている。一般改正質問に対する賛否は、一九九二～九三年を境に一挙に改憲派優勢へと転じた。

一九九〇年代中期以降になると、憲法に関する有権者の関心事は拡散するようになり、九条問題の重要性は相対的に低下した。社会的・経済的危機があいつぐなか、首相権限の強化など統治制度改革が注目を集めるようになり、そのための改憲には高い支持が与えられた。

「新党」支持者と改憲志向

政界再編期にあたるこの時期でまず論点となるのは、支持政党による憲法意識の違いである。これについては、当時の調査報道の情報から、一貫した傾向が指摘できる。それは、一九九〇年代に成立した「新党」の支持者における改憲志向の強さである。九〇年代に政治学者が実施した

図5-6　1990年代における支持政党別憲法意識（JES Ⅱ）

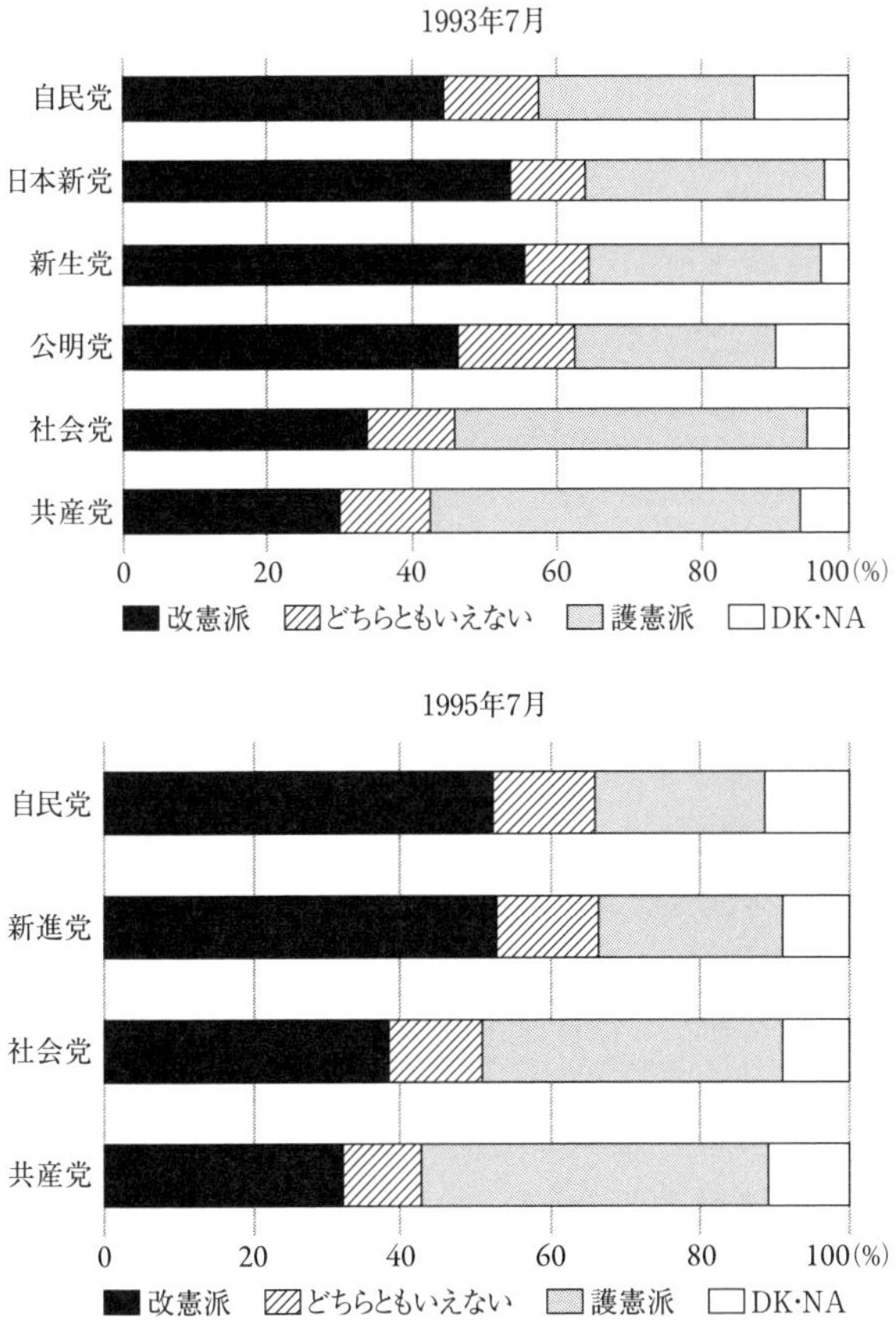

学術調査である「変動する日本人の選挙行動」（通称ＪＥＳⅡ）のデータを用いて、この点を確認しておこう。

図5－6は、一九九三年七月（上図）と九五年七月（下図）における、支持政党別の憲法意識（一般改正質問に対する回答分布）を示したものである。[26] 上図からは、日本新党、新生党という、九三年政局の主役となった新党の支持者に改憲志向が強く、自民党支持者を上回るほどであったことが見て取れる。[27] また下図からは、九四年末に成立した新進党の支持者についても、自民党支持者とほぼ同程度に強い改憲志向があったことが分かる。九〇年代における改憲派の急増は、かなりの程度、政界再編に伴う新党の勢力拡大――あるいは既存野党の勢力縮小――の過程として理解できるといってよいだろう。

国際貢献と改憲志向

では新党支持者を中心とする一九九〇年代の改憲派は、憲法のどのような修正を期待していたのだろうか。これについては、湾岸危機／戦争を契機に国民の間で「国際貢献意識」が高まり、自衛隊の海外活動が違憲とみなされることがないよう改憲が求められるようになった、とみるのが一般的である。第3章（図3－5）にみた世論の変化の方向性とタイミングは、たしかにこうした主張を支持するものであった。また九〇年代に誕生した新党の多くが、自衛隊の派遣による国際協力と、そのための改憲に前向きであったことを考えれば、先の見方によって新党支持者の強い改憲志向を理解することができる。これまでに「軍事的国際貢献」に積極的な有権者ほど憲法改正に賛成する傾向があったことは、政治学者が行った個票データの分析からもうかがうことができる（綿貫・三宅 1997：第3章；蒲島・竹中 1996：354–357）。国際貢献に対する意識の高まりが、九〇年代初頭に改憲志向が強まる際の導火線となったという、こうした主張には十分な証拠があると言えよう。

しかし他方で、国際貢献への意識の高まりによって一九九〇年代の改憲派の意図を説明しつくせると考えるのは短絡的である。九二年以降、政府は湾岸戦争の経験をふまえて、現行憲法を維持したままPKO法を成立させ、その後カンボジア等に対し実際に自衛隊を派遣した。九〇年代改憲派の実質的な目標が、自衛隊による国際貢献を可能にすることにあったとすれば、この時点でこの目標は達せられたわけである。にもかかわらず、九〇年代後半に至っても、世論全体の改憲志向はけっして弱まることはなかった。

26――上図（一九九三年調査）における「改憲派」は、「今の憲法は国情に合わなくなっているのでできるだけ早い時期に改憲した方が良い」という意見に賛成の回答者を指し、「護憲派」は、「今の憲法は大筋として立派な憲法であるから現在は改憲すべきではない」という意見に賛成の回答者を指す。下図（一九九五年調査）における「改憲派」は、「時代が変わってきたのだから、今の憲法を改正すべきである」という意見に賛成の回答者を指し、「護憲派」は、「今の憲法に書かれた理想は変わらないのだから、憲法を擁護すべきである」という意見に賛成の回答者を指す。

27――新党さきがけ支持者はごく少数であったため、図5‐6の分析対象に含んでいない。

自衛隊の海外活動の実現は、一九九〇年代の改憲派にとって目標のひとつにすぎなかった、と筆者はみている。このことを示唆するデータを、九三年のＪＥＳⅡ調査から示そう。

図５－７の上のグラフは、回答者の「軍事的国際貢献」志向と憲法意識の関係を、支持政党別

図5–7　1993年7月における支持政党別憲法意識（JES Ⅱ）

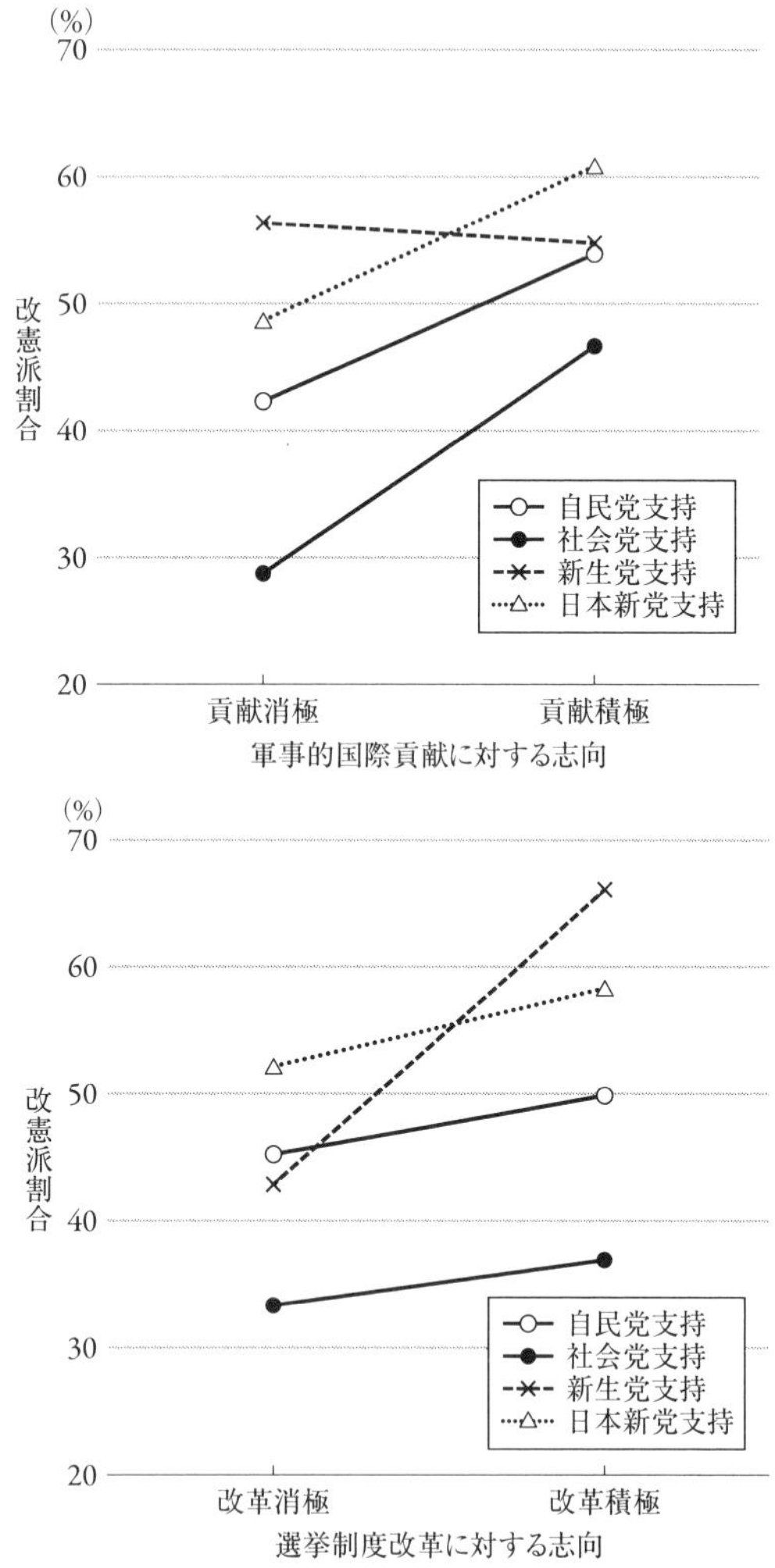

に表したものである。[28] これによると、社会党支持者でとくにそうであるように、「軍事的国際貢献」に積極的である有権者ほど、総じて強い改憲志向があったと言えそうである。しかしその一方で、新党（新生党・日本新党）支持者については、同じ「貢献消極」グループで比べてみた場合でも、既成政党（自民党・社会党）支持者より明らかに改憲派割合が大きい。これは、新党支持者にとって、国際貢献への意識以外にも改憲志向を高める要因があったことを示唆するものである。とくに新生党の支持者における「貢献消極」派の憲法意識は、「貢献積極」派のそれよりも改憲志向が強くみられるほどで、その意図が気になるところである。

体制改革運動としての改憲論

有権者の間で一九九〇年代に高まった改憲意識には、「既成体制・既存政党への不満表明」という側面が強くあった、と筆者は考えている。八〇年代末以降の国際情勢の変転と政局の混乱、大震災やテロ事件、金融危機といった一連の国家的危機は、旧来の政治・経済システム全体に対する強い不信と不満を有権者に抱かせた。こうして高まった政治不信は、政治・行政制度改革への強い期待に姿を変え、その一環として（あるいはこの面では最も抜本的ともいえる方策として）憲

28――グラフ横軸の「貢献消極」派は「非軍事的な分野だけに限っても、十分な国際貢献ができると思う」という意見に、「貢献積極」派は「非軍事的な分野だけにこだわったら、十分な国際貢献はできないと思う」という意見にそれぞれ「（どちらかといえば）近い」と回答した人を指す。

法改革に対する支持が高まった。日本新党など新党勢力は、五五年体制型政治・経済システムの刷新を目指す立場から、統治制度の改革をともなう改憲を提唱したが、新党に期待を抱いた当時の有権者たちも、そうした枠組みのもとで憲法問題を捉えていたのではないか。

　図5－7をもう一度みていただきたい。下のグラフは、一九九三年の政局で焦点となっていた選挙制度改革問題に関する有権者の積極性と憲法意識の関係を示したものである[29]。これによると、どの政党支持者においても、「改革積極」派は「改革消極」派よりも改憲志向が強かったことが分かる。とくにそのことが明瞭に表れているのは、政治改革運動を主導した新生党の支持者においてである。上下のグラフを比較すれば、新生党の支持者における選挙制度改革問題の重要性はより明らかである。

　当時の選挙制度改革論は、憲法と必然的なむすびつきのある問題ではない（実際、選挙制度は憲法を維持したまま改変された）。にもかかわらず、新生党の支持者の間では両者がむすびつけられていたということは、彼らが広い意味での、あるいは漠然たる政治改革志向を強く持っており、その一環として憲法改革を支持していたことを示唆するものである。

　こうした旧体制への不満の表明としての改憲志向は、阪神淡路大震災や金融危機、数々の官僚不祥事を経験した一九九〇年代半ば以降に、有権者の間でさらに浸透したと考えられる。図5－8はＪＥＳⅡの九六年一〇月調査から、「行政改革への積極性」と憲法意識の関係を示したものだが、支持政党を問わず、行革積極派において強い改憲志向があったことが一目瞭然である[30]。九

図5-8　1996年10月における支持政党別憲法意識（JES Ⅱ）

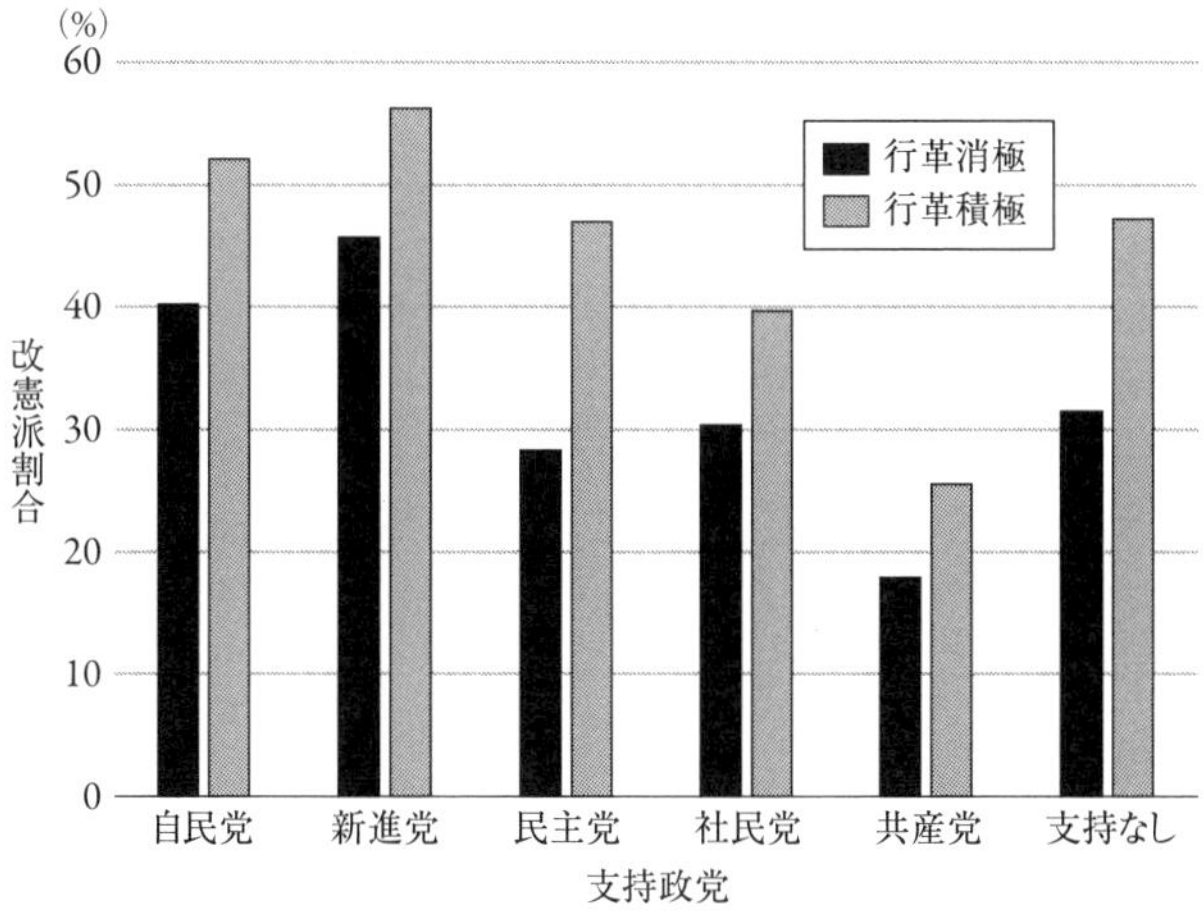

六年末という段階では、「新党」たる新進党や民主党の支持者はもちろん、自民党をはじめとする既成政党の支持者においても、体制改革志向と改憲意識に明確な関連がみられるようになっている。

以上の分析が示すように、一九九〇年代を通して、有権者の間に強い政治不信と体制改革への欲求が生じるなか、統治制度改革論の枠組み――体制改革フレーム――で憲法問題を捉える傾向が強まっていた。このことは他方で、もはや防衛政策論の枠組みだけで憲法問題は捉えられなくなったことを意味する。九〇年代を通して持続した（自衛隊の海外派遣問題が一段落した後にもつづいた）改憲志向の高止まりの前提として、こうした憲法問題の「脱（保革）イデオロギー化」があったというのが筆者の見方である。

「革新主義」者の二極分化

この議論に関連して興味深いのは、一九九〇年代初頭の有権者における保守・革新イデオロギーと憲法意識の関係である。図5－9はJESⅡの九三年調査を用いて、支持政党別に、保革イデオロギーと憲法意識の関係を示したものである。グラフの横軸は回答者のイデオロギーを表しており、「革新」「中道」「保守」の三種類に分かれている。この分類は各回答者の自己評価にもとづくものである。[31] グラフの縦軸は、各回答者グループにおける改憲派の割合を表す。

図5-9　保革イデオロギーと憲法意識の関係（JES Ⅱ）

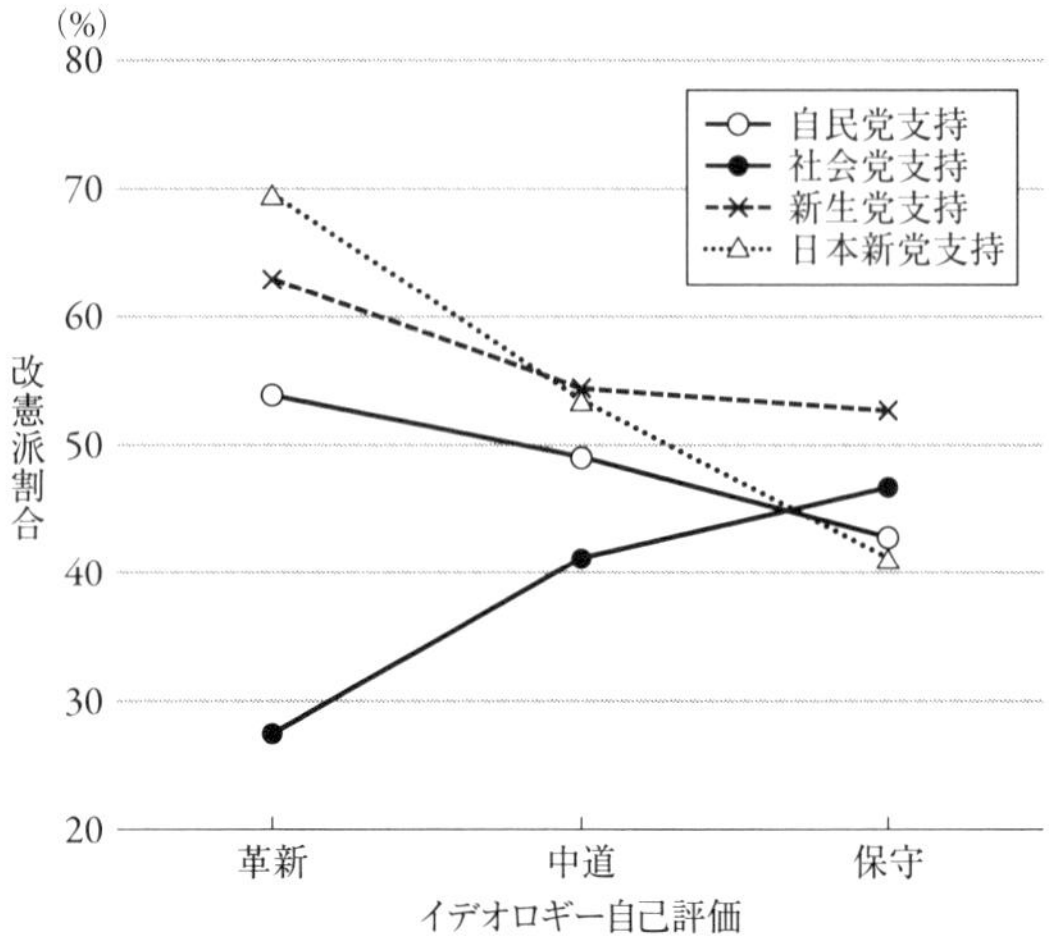

この図から見て取れる傾向としてまず、社会党支持者については革新主義的であるほど改憲志向がはっきり弱い。革新主義という概念を、五五年体制期におけるように左翼的イデオロギーとして理解すれば、この結果はまったく自然である。ところがこの図によると、

社会党以外の政党支持者においては、革新主義的であるほど、改憲志向がむしろ強まっている。そのことが最も顕著に表れている日本新党の支持者の場合、保守主義的だと自己規定する人のうち、約四割が改憲派であるのに対し、革新主義的だと自己評価する人のうちでは、じつに七割が改憲に賛成している。

その結果、保守主義者の場合、支持政党にかかわらず改憲派の割合は五割前後であるのに対して、革新主義者の場合は、支持政党によって三割弱から七割までとその割合に大きな開きが生じている。革新主義者の憲法意識は、二極に向かって分化しているのである。

以上のことは、革新主義という概念の理解の仕方が、社会党支持者と新党支持者とで異なっていたことを示唆する。社会党支持者にとって革新主義とは、左翼的なイデオロギーのことであったとみていい。「革新主義的社会党支持者」はおそらく、憲法改正問題を「防衛政策フレーム」

29――グラフ横軸の「改革消極」派は「選挙制度を変えなくても、政治改革を行うことができる」という意見に、「改革積極」派は「選挙制度を変えなくては、政治改革を行うことができない」という意見にそれぞれ「(どちらかといえば)近い」と回答した人を指す。

30――グラフ横軸の「行革消極」派は「行政組織を下手にいじると、国民へのサービスが低下することがあるので、慎重にすべきである」という意見に、「行革積極」派は「行政組織は大きくなりすぎているので、一挙に大整理をする必要がある」という意見にそれぞれ「(どちらかといえば)近い」と回答した人を指す。

31――回答者自身に、自己のイデオロギー的立場を一(最も革新的)から一〇(最も保守的)までの位置で答えさせる質問を用いた。図5-9の「革新」はこの位置が四以下、「中道」は五または六、「保守」は七以上の回答者を指す。

（一九九三年の時点ではとくに自衛隊の海外派遣問題との絡み）で捉え、その結果として改憲に強い拒否反応を示したと解釈できる。

これに対して、新党支持者にとっての革新主義とは、旧来的な五五年体制――自民党だけでなく社会党のあり方も含む――の否定という意味での改革主義と捉えられたのであろう。「革新主義的新党支持者」は、改革派を自任していた新党の支持者のなかでも、最もラディカルな体制変革を求めた人たちである。改革の具体的な方向性は明らかではないが、少なくとも五五年体制期の革新政党が示した左翼的なそれでなかったことは疑いない。むしろ彼らにとって護憲とは、革新どころか守旧的立場を意味したのであり、だからこそ、このグループに属する人は、憲法改革への強い志向を示したのだと解釈できる。

このところ、保守主義／革新主義の捉え方が、五五年体制の時代から変化しており、とりわけ若年層にそれが顕著だと指摘されている。遠藤晶久らの研究によると、近年では四〇歳代までの有権者が（五五年体制的理解では疑いなく保守政党に分類される）日本維新の会を主要政党のなかで最も「革新」的な政党として位置づけ、共産党をより「保守」的な政党とみなしているという（遠藤・ジョウ 2014）。こうした有権者の保革観の変化は、一九九〇年代初頭からすでに始まっていたということであろう。九〇年代における五五年体制の崩壊は、当時の有権者の憲法意識からも見て取れるのである。

九条の再争点化が進むゼロ年代以後

最後に小泉改革期以後、二〇一〇年前後の状況について検討しよう。小泉純一郎内閣による一連の行財政改革は、有権者から一定の評価を受け、一九九〇年代からつづく「改革の時代」にひとつの区切りがつけられた。その一方で、国際テロの頻発や近隣国の軍事的な台頭により、防衛問題が政治的な争点として再び比重を高めることになった。とりわけ集団的自衛権の行使をめぐる問題が焦点となり、第二次安倍晋三政権のもとで進められた安保法制は国会内外で論争を引き起こした。

憲法問題ではこの時期、二大政党の立場が分極化した。民主党では二〇〇六年頃から改憲に消極的な姿勢が目立つようになっている。対する自民党では近年とくに右傾化が進み、一二年には復古的色彩の強い改憲草案が示された。第二次安倍政権では首相任期中の改憲実現が目指されている。

憲法をめぐる世論の全体的な傾向として第一に指摘できるのは、九条問題に対する関心の高まりである。とくに第二次安倍政権期になるとその傾向は顕著で、逆に九条以外の論点への関心は相対的に低下した。第二に、小泉内閣が退陣する時期を分水嶺として、一般改正質問でみた改憲派の割合が（二〇〇九年、一二年頃を一時的な例外として）減少している。この傾向も第二次安倍政権期に入って顕著になっており、二〇一四年頃からは改憲に対する賛否はほぼ拮抗状態となっている。

二大政党支持者の憲法意識

第4章で筆者は、小泉改革期を境として、体制改革論的な視点から憲法問題を捉える有権者は減ったであろうと主張した。一定の成功とみなされた小泉改革が二〇〇六年に終息した後、エリート層の間では改革の深化よりも社会的格差の是正に、論争の焦点が移っていった。結果として、体制改革論の文脈から改憲が積極的に主張されることも少なくなった。民主党が改憲消極論に転じたのもこの時期以降のことである。こうしたエリート層の動向が、有権者の憲法問題の捉え方にも影響した、というのがそこでの議論であった。

以上の見方が妥当であるなら、ポスト小泉政権期における有権者、とりわけ「新党」支持者はその前の時期に比べて改憲志向を弱めていたことが予測される。実際、データにおいてそれが確かめられることを以下で示そう。

前提としてまず、二〇〇〇年代であっても、森喜朗〜小泉政権期においては、一九九〇年代と同様、「新党」たる民主党の支持者が、自民党の支持者と同等か、あるいはそれ以上に改憲志向が強かったという事実がある。このことは多くの調査報告が明らかにしている。[32] 例えば毎日新聞は、小泉内閣期に（支持政党別の回答が判明しているものとして）四回、一般改正質問を面接調査している。その結果によると、自民党支持者の改憲派の割合は四五〜四七%であったのに対して、民主党支持者のそれは五〇～六二％と、すべての調査において民主党支持者の改憲志向はより強く表れている。[33]「新党」支持者における改憲志向の強さという点で、小泉政権期は、依然として九〇年代と似た状況にあったと解釈できるだろう。[34]

図5-10　小泉改革期以後の二大政党支持者の憲法意識（JES Ⅳ）

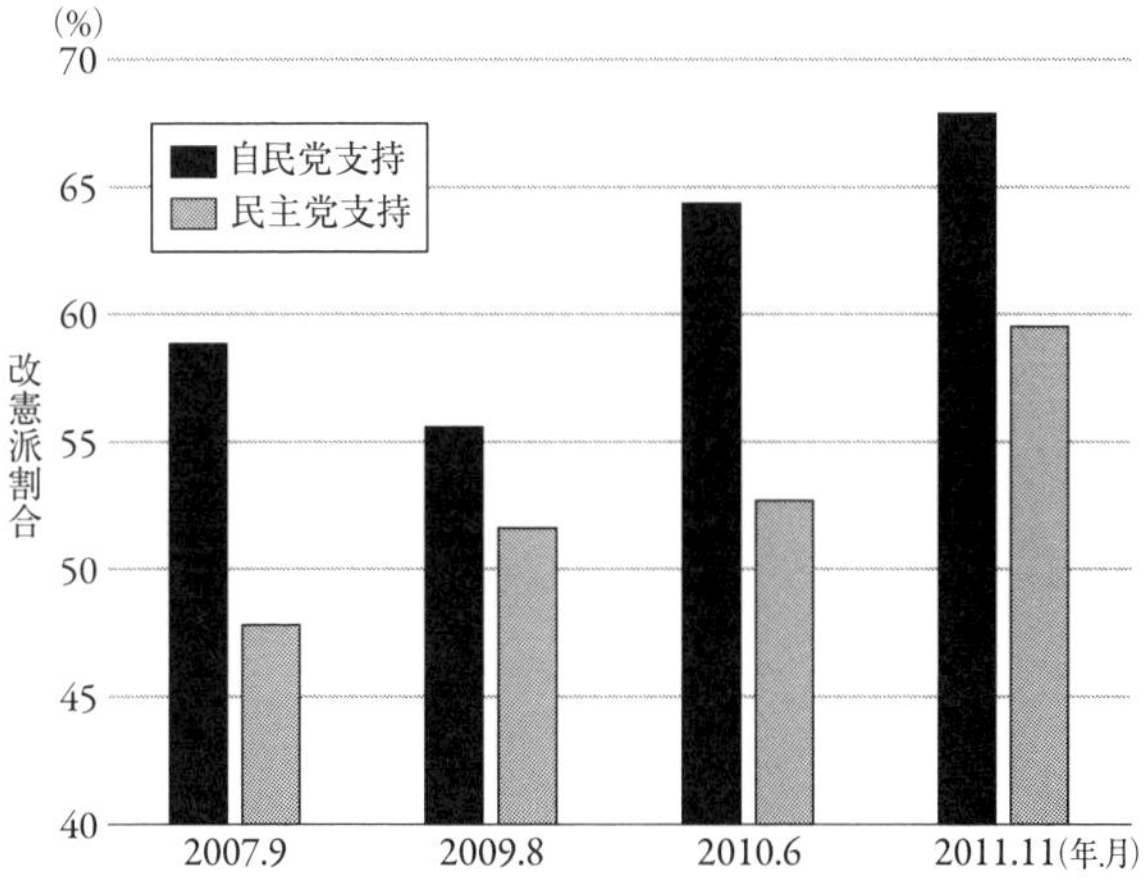

2011年調査のみ郵送法によっており、選択肢に「わからない」が存在しない。

ところが小泉内閣が退陣する二〇〇六年を境として、ほとんどの調査で、民主党支持者における改憲派の割合は、自民党支持者のそれを下回るようになる。[35] 具体例として、公開個票データの「変動期における投票行動の全国的・時系列的調査研究」調査（通称ＪＥＳⅣ）より、一般改正質問の回答結果をみておこう。図５－10は、二〇〇七年九月から一一年一一月にかけて計四回行われた調査において、自民党・民主党支持者に占める、改憲派の割合をそれぞれ示したものである。[36] どの時点の調査でも、民主党支持者の改憲志向は、自民党支持者のそれよりも弱く表れていることが分かろう。〇六年頃を境に世論の改憲志向が退潮したのは、それまで体制改革論の見地から改憲派に加わってきた「新党」支持者が、そこから撤退したことが大きいと言えよう。

政権交代と改憲志向

民主党（民進党）支持者にみられる弱い改憲志向は、第一次安倍政権期以降、基本的に今日までつづく傾向である。しかし、例外的な時期もあった。それは二〇〇九年頃のことで、このとき民主党支持者の改憲志向は、再び自民党支持者と同等以上になったとする調査報告がみられる。

例えば毎日新聞による二〇〇九年九月調査の結果によると、民主支持層の六四％が改憲に賛成しており、自民支持層の場合（五七％）を上回っている。[37] 同紙が指摘するように、「憲法改正を結党以来の党是に掲げる自民党に対し、民主党は積極的に改正を主張して「いない」」にもかかわらず、である。これに前後して朝日新聞、読売新聞が実施した調査でも、自民、民主それぞれの支持層において、その改憲志向に差はなかったとの結果が報じられている。[38] 図５－10の分析でも、他の年に比べて〇九年の調査では、自民・民主両党の支持者における憲法意識が接近していたことが見て取れよう。

いうまでもなく二〇〇九年は、自民党政権に対する不信・不満が頂点に達し、民主党に政権を任せようとの機運が高まった時期にあたる。このとき民主党に期待した有権者のなかに、政権交代と同時に、憲法改正にも賛意を示した人が数多くいたわけである。第４章でみたように、この時期、世論全体としても、一時的にではあるが改憲派の増加がみられる。
二〇〇〇年代にはもう一度、政権交代を求める機運が高まった時期がある。東日本大震災を経て民主党政権が完全に行き詰った一二年頃のことである。この時期には自民党のほか、改革政党を自称した「新党」みんなの党や日本維新の会が存在感を示していた。当時の調査結果をみると、やはりそこでも、これら新党を支持する人の改憲志向は強く表れている。例えば一二年八月の毎

32――朝日新聞二〇〇一年五月二日付、同〇四年五月一日付、毎日新聞〇〇年九月二九日付、同〇一年九月二三日付、同〇三年九月二九日付、同〇四年九月八日付、読売新聞〇〇年四月一五日付、同〇五年四月八日付、NHK〇二年三月調査（『放送研究と調査』二〇〇二年六月号）。

33――毎日新聞二〇〇一年九月二三日付、〇三年九月二九日付（〇二年調査のデータもこれを参照）、〇四年九月八日付。以上はすべて面接法による調査の結果である。毎日新聞は二〇〇〇年代に入って電話法による調査も行っているが、同じ時期の面接法調査の結果と異なり、とくに自民党支持者の一般改正賛成率が六～八割と、かなり高く出る傾向がある（〇〇年四月、〇四年四月、〇五年四月、〇六年二月調査）。もっとも、これらの調査においても民主党支持者のうち五割以上は改憲派である。

34――自由党支持者の改憲志向は、民主党支持者よりさらに高い傾向にあった。

35――読売新聞二〇一三年三月調査では、「自民支持層で五五%、民主支持層で六割弱」が改憲派となっており、他と異なる傾向を示している（読売新聞一三年四月二〇日付）。後述する〇九年頃を除けば、この調査が唯一の例外とみられる。

36――ここで「改憲派」とは「今の憲法は時代に合わなくなっているので、早い時期に改憲した方がよい」という意見に「（どちらかといえば）近い」とした回答者を指す。

37――毎日新聞二〇〇九年一一月一日付。

38――朝日新聞二〇一〇年五月三日付、読売新聞〇九年四月三日付、同一〇年四月九日付。

日新聞の調査によると、民主党、自民党、みんなの党、（日本維新の会を含む）その他の党それぞれの支持者における改憲派の割合は、順に五八％、六八％、八〇％、七九％であった[39]。

二〇〇九年、一二年の両年にそれぞれ増加した改憲派の思惑は異なっていた可能性が高いと第4章では指摘した。しかし、政権政党への不信・不満が極度に高まるなか、その対抗政党を支持する人たちが憲法改革に賛意を表していたという点で、この二つの年には、共通する世論の動きがあったのである。

「体制改革フレーム」から「防衛政策フレーム」へ

いずれにしても、小泉改革期以降の世論は、基本的には改憲志向が退潮する傾向にあったとみてよい。この現象の背景には、有権者の間での「憲法をみる視点」の変化があった。ポスト小泉政権期には、以前に比べ、「体制改革フレーム」によって（体制改革論の視点から）憲法問題を捉える有権者が減少したのである。

代わりに、「憲法をみる視点」として重要性を増したのは、「防衛政策フレーム」であったと筆者は考えている。この見方を裏づけるいくつかの証拠を、個票データ分析によって示しておきたい。まず図5－11は、ＪＥＳⅣ調査から、二〇〇七年九月時点の、自民・民主両党の支持者における憲法意識を表したグラフである。上は回答者の「集団的自衛権行使に関する賛否[40]」、左下は「地方自治制度改革志向の強さ[41]」、右下は「行政改革志向の強さ[42]」による改憲派の割合の違い

図5-11　2007年9月における支持政党別憲法意識（JES Ⅳ）

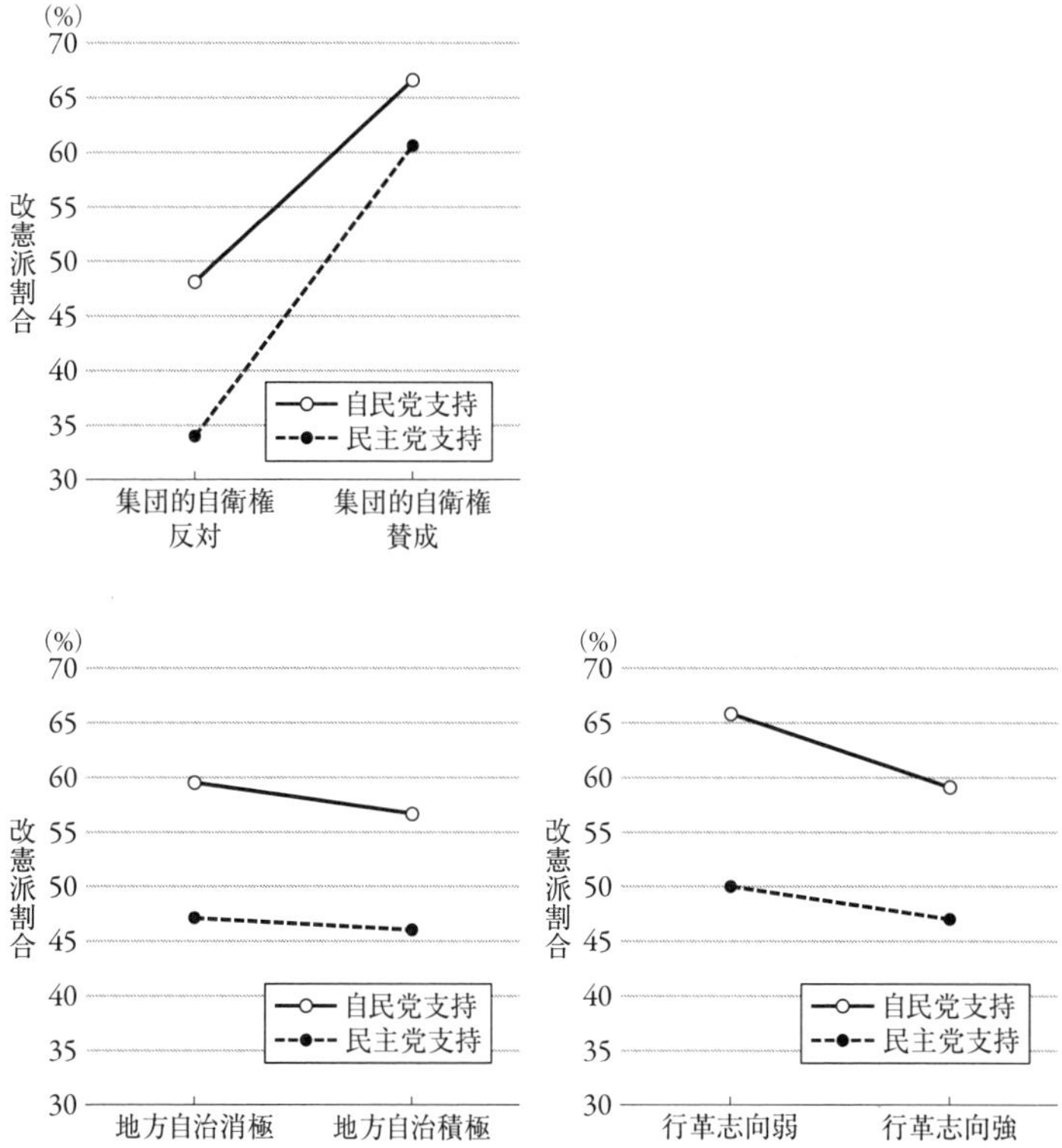

を示している。

上のグラフからは、防衛政策（集団的自衛権行使問題）に関する志向が憲法意識に非常に強く関連していたことがまず明らかである。集団的自衛権行使に反対の者では、改憲志向が極端に弱い。とくに民主党支持者でそうした関係がはっきりみられる。対して下のグラフによると、地方自治制度改革および行政改革問題に関する志向については、どちらの政党支持者でも憲法意識との関連がはるかに弱い（それどころか、むしろ改革志向が強いグループのほうが改憲派の割合は低いほどで、一九九〇年代とは逆の傾向を示している）。

図5－11の民主党支持者のグラフと、図5－7で示した一九九〇年代の新生党支持者のそれを比較すれば、二つの時期における新党支持者の憲法意識がいかに対照的なものであったかが分かるだろう。二〇〇七年時点では、新党支持者の間でも、統治制度改革論と改憲論はもはやむすびつかなくなっており、むしろ憲法問題は、五五年体制期のように防衛政策との関連で捉えられるようになっていたのである。

次に、第二次安倍政権が発足する前後の状況について検討してみよう。ここでは、二〇一二年の衆院選に際して行われた、東京大学谷口研究室・朝日新聞社共同調査を用いる。この調査では、憲法改正問題を含む数多くの政策争点に関する意見を、有権者と政治家（衆院選候補者）の双方に聞いている。[43]図5－12は、有権者と政治家それぞれの、一般改正質問に対する回答と、他の三四種類の政策争点に関する質問への回答との関連性の強さを、相関係数（絶対値）という指標を

図5-12　憲法意識と他の政策意見の関連性（2012年東大朝日調査）

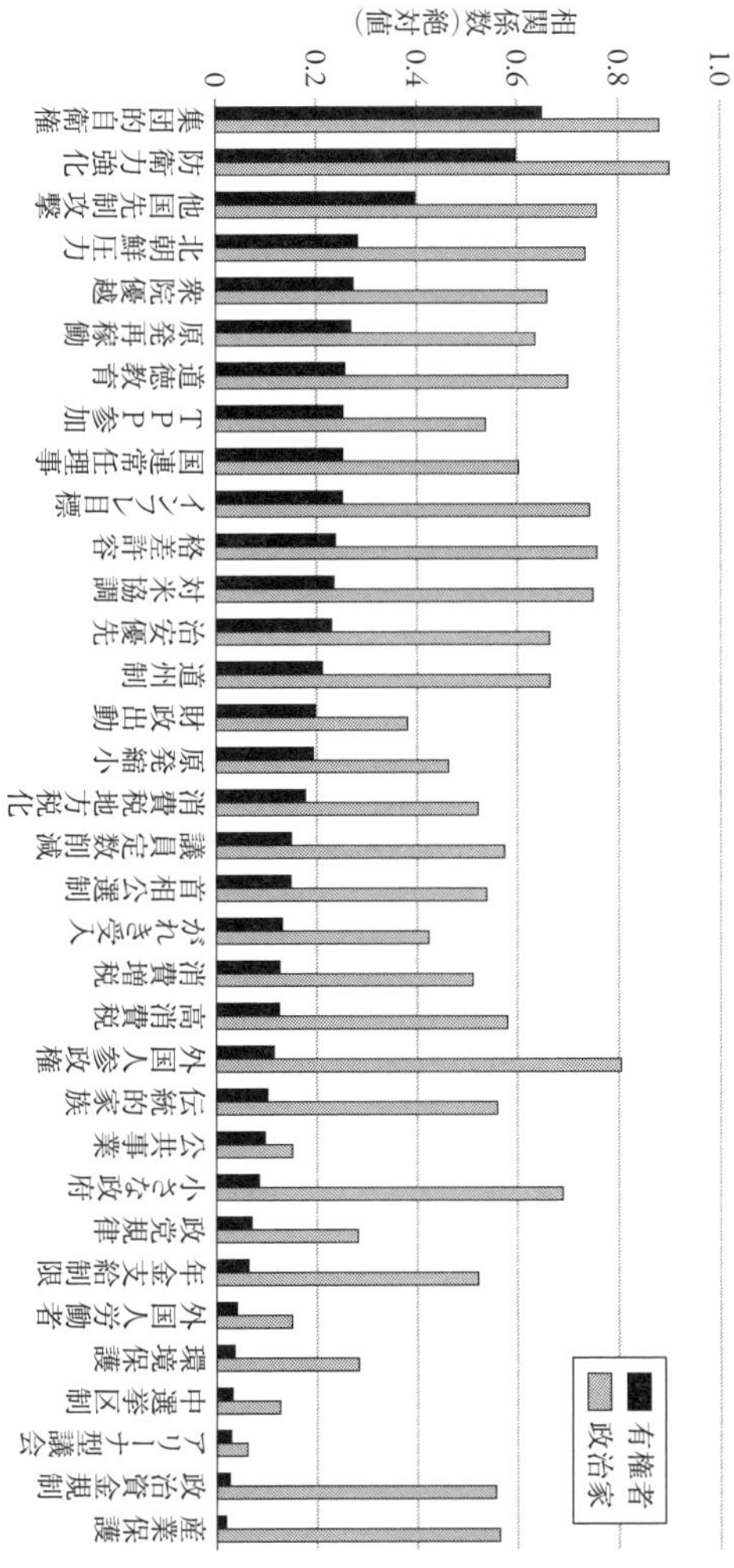

用いて示したものである。この統計指標は〇から一までの値をとり、値が大きいほどその政策争点に関する意見と憲法意識との間に強いむすびつきがあったことを意味する。[44]

この分析の結果によると、政治家の場合、大半の政策争点において、憲法意識との強い関連性が認められる。それに対し、有権者の間では「集団的自衛権」や「防衛力強化」「他国先制攻撃」といった防衛政策に関する争点への意見と憲法意識との間に比較的強い関連がみられる一方、その他の政策争点とのむすびつきは総じて弱い。例えば小泉政権期に改憲論点として注目を集めた「首相公選制」についてみても、二〇一二年の時点ではその賛否と一般改正質問の回答の間に強い関連は認められない。「中選挙区制」や「政治資金規制」といった、一九九〇年代初頭の政治改革における中心的な争点に対する意見は、もはや憲法意識とほとんどむすびついていない。

以上の結果は、エリート層ではともかく、有権者の間ではこの時期、憲法問題が主として「防衛政策フレーム」から捉えられていたことを示すものである。その結果として、一般改正質問は九条改正質問の趣旨として受け取られ、回答されることが多くなったであろう。この点を直接的に示すデータを、二〇一三年の参

表 5-1　一般改正質問と 9 条改正質問の回答の関連性（2013 年東大朝日調査）

自民支持層		9 条改正		
		賛成	中間	反対
一般改正	賛成	79%	31	9
	中間	18	60	43
	反対	3	9	47
	計	100	100	100

民主支持層		9 条改正		
		賛成	中間	反対
一般改正	賛成	74	18	4
	中間	16	63	18
	反対	10	18	79
	計	100	100	100

院選時の調査（東京大学谷口研究室・朝日新聞社共同調査）データから示しておこう。

表5－1は、この調査における一般改正質問と九条改正質問[45]の回答の関係を示したものである。上段は自民党支持者について、下段は民主党支持者についての分析であるが、どちらの場合も、二つの質問への回答のあり方にはかなり強い関連が認められる。例えば自民党支持者の場合、九条改正賛成派のうち七九％が一般改正質問でも賛意を表明しており、逆に反対を表明した者は三

39――毎日新聞二〇一二年九月一五日付。

40――「国際紛争に巻き込まれることになるので、集団的自衛権の行使を認めるべきではない」という意見に「（どちらかといえば）近い」とした人を「集団的自衛権反対」、「日米安保体制を強化するためには、集団的自衛権の行使を認めるべきである」という意見に「（どちらかといえば）近い」とした人を「集団的自衛権賛成」と定義した。

41――「競争力の弱い地域を助けるためには、国が補助金などを配分するのは当然である」という意見に「（どちらかといえば）近い」とした人を「地方自治消極」、「国の補助金などを減らして、地方の自由な競争による活力のある社会を目指すべきである」という意見に「（どちらかといえば）近い」とした人を「地方自治積極」と定義した。

42――「安倍内閣の行政改革の実績」を「（かなり／やや）良い」と評価した人を「行革志向弱」、「（かなり／やや）悪い」と評価した人を「行革志向強」と定義した。本調査には回答者の行政改革志向の強さを直接的に尋ねる質問は見当たらないため、このような処理を行った。

43――有権者調査は衆院選直後、政治家調査は衆院選直前に行われている。

44――相関係数については、第6章でも説明をしているので参照されたい。

45――九条改正質問は「「憲法第九条を改正して、自衛権を明記し、国防軍の保持を規定する」という意見について、あなたは賛成ですか、それとも反対ですか」という質問文。

%にすぎない。民主党支持者でも同様の傾向がみられる。この時期、多くの有権者が、一般改正質問と九条改正質問を同趣旨のものとして受け取っていたことを示唆する結果である。[46]

これらの分析結果はいずれも、小泉改革期以降の有権者において、憲法問題を「防衛政策フレーム」で捉える傾向が強まっていたことを示している。憲法問題が再び「イデオロギー化」したと言ってもいい。こんにちの有権者の憲法意識は、（従来的な意味での）保守・革新イデオロギーによって強く規定されている。日本人の憲法観は、この意味において、一九五〇年代に逆戻りしたかのようである。

46――付言すると、自民党支持者では九条改正反対派のうち四七%が一般改正質問でも反対しているのに対して、民主党支持者の場合は七九%がそのような回答をしている。自民党支持者よりも民主党支持者において、二つの質問に対する回答の関連性がより強かったと言える。図5－11（上図）からも分かることであるが、以上の結果は、民主党支持者において、「防衛政策フレーム」から憲法問題を捉える傾向がより強かったことを示唆する。

第6章

憲法意識の安定性と変化のしくみ

有権者は「定見」を持つのか

消費税率の引き上げに賛成か反対か、原子力発電への依存度をどの程度にすべきかといった政策争点に対し、有権者が示す評価のあり方を「争点態度」という。本書で扱う、憲法改正に対する有権者の態度もそのひとつである。

有権者の争点態度は、どの程度明確で、揺らがないものなのだろうか。有権者はそれぞれの政策争点に対しどれくらい確固とした見解を持って、世論調査に答えているのだろうか。この問題は、民主政治において世論が果たすべき役割をどう考えるかにかかわってくる。もし多くの有権者が政策争点について強い関心と豊富な知識を持ち、それにもとづいた「定見」を持っているのであれば、世論の動向をふまえて政策決定することには正当性が認められよう。しかし逆に、大半の有権者が各争点に対して態度といえるようなものを形成しておらず、世論調査への回答も、「当てずっぽう」なものでしかないとすれば、政策決定に際してどの程度、世論を参照すべきなのか疑念が生じることになろう。

有権者が政策争点に関してつねに明確な態度を示すかどうかは、実証的に確かめられるべき問題である。世の中の（未体験のものを含め）すべての料理の好みについてあらかじめ態度が定まっている人はいない。同じように、有権者が政治的な諸問題に対してはっきりした態度をつねに持っているかは自明ではない。日常から縁遠く、関心も情報もないような事柄に対して態度を定めているのは、むしろ不自然ですらある。実際、政治的な問題は、人々の強い関心を集める事柄とはいいがたい。多くの人にとって、国会審議の行方よりも、今日の夕食のほうが関心事であるに違いない。

有権者の争点態度の実態を探る試みは以前から行われてきたが、なかでも古典的な研究とみなされているのが、アメリカの政治学者コンヴァースによる一連の実証研究である（Converse 1964；1970）。コンヴァースは、一九五六年から実施されたパネル調査（同一回答者に対し複数時点で行われる調査）を用いて、さまざまな争点に対する意見が時間的にどう変化しているかを検証している。

そこで明らかになったのは、回答者の多くが時間の経過につれて、自らの立場を頻繁に変えているという事実であった。典型的な争点において、連続する二つの調査間（二年間隔）で同じ方向性の回答をした（賛否の姿勢が一貫していた）人は、全体の六五％程度にすぎないことが分かった（Converse 1964）。二回目の調査で、まったくでたらめに回答したとしても、一回目の回答と賛否が一致する確率は五〇％になることを考えれば、六五％という数字は、高いとは言いにくい。

コンヴァースの研究は、どの政策争点についても、時間の経過につれて回答にブレが生じることを明らかにしている。そのなかでもとくにブレが顕著であったのは、「政府は電力や住宅といった事柄を私企業の取り扱いに委ねるべきか」という質問への回答であった。民間の経済活動に政府がどれだけ関与すべきかという問題は、米国においては非常に重要かつ基本的な争点であり、少なくとも政治家などのエリート層の間では、明確な態度が形成されていると言っていい。

　こうした状況をふまえてコンヴァースは、有名な「黒白モデル」（black-and-white model）を提示している。そこでは有権者は、まったく性質の異なる二つの集団に分けられる。一方は「真の、安定的な」（real and stable）態度を持つ集団であり、他方は態度と呼べるようなものを、そもそもまったく持っていない集団である。世論調査に答える際に、前者の集団はつねに自分の明確な態度にもとづいて回答している。このため、複数時点の調査でも、その回答は一貫している。それに対して後者の集団は、あたかも「コイントス」を頭のなかで行うかのように、でたらめに回答するものと想定される。結果として、この集団の回答は、複数時点の調査において、まったく一貫性のないものとなる。

　コンヴァースは以上の想定をもとに分析を行い、「黒白モデル」が現実のデータを非常によく説明することを示している。彼の推計によれば、「真の、安定的な」争点態度を有する有権者の割合はせいぜい二〇%であり、残りの八〇%は「無態度」とみなされるという（Converse 1970）。八割もの有権者が争点態度そのものを持たず、まったく無根拠に（テキトウに）世論調査に回答しているという主張は、学界に強い衝撃を与えた。

回答はなぜブレるのか

　その後の研究で、コンヴァースのモデルを疑う議論も現れたものの[1]、有権者の多くが明確で固定的な争点態度を持っていないという見方自体は、こんにちまで広く支持されている。コンヴァース以降、最も影響力のある研究者のひとりであるザラーもまた、人々が固定的な単一の争点態度を持っているという見方に否定的である（Zaller 1992）。ザラーによれば、有権者は通常、それぞれの政策争点に関し、賛否どちらにもつながるような「考慮の要素（consideration）」をいくつも抱いている。このうちどのような要素が、調査の際に脳裡に浮かぶかによって、回答の内容は変わりうるのだという。

例えば「防衛費の増額への賛否」を問われたとき、その回答者が「隣国の脅威」を思い起こすのか、それとも「政府の財政難」を思い起こすのかによって、回答のあり方が異なる可能性は高いだろう。そのどちらが想起されるかは、偶然の要素に左右されつつ、調査ごと、有権者ごとに決まってくる。回答者が、調査の前日に周辺国の核実験に関するニュースをたまたま聞いていれば、「隣国の脅威」が想起されやすくなり、防衛費の増額に賛成しやすくなるだろう。あるいは、防衛費増額の賛否を問う質問文に「周辺国からの軍事的脅威に備えるために……」といった説明が含まれている場合や、この質問の直前に「隣国に対する好感度」を問う質問が偶然置かれていたとしても、やはり「隣国の脅威」は思い起こされやすいだろう。しかし、その人がたまたま確

1――調査回答の時間的安定性に関する比較的新しい研究としてHill and Kriesi（2001）を参照。この文献ではコンヴァース以来の研究史が手際よく整理されている。

定申告を行った直後に回答していたとすれば、重税感を意識した結果として「政府の財政難」が想起され、防衛費の増額には賛成しないかもしれない。

このように、ザラーの実証研究が示すところ、多くの有権者は（調査でつねに一貫して表明されるような）固定的な単一の争点態度を保持しているわけではない。むしろ有権者は通常、それぞれの政策争点に対してアンビバレント（二律背反的）な考えを持っているのであり、このため、タイミングによって、世論調査の回答のあり方は、しばしば一貫性のないものとなるのである。

憲法意識の安定性を問う

多くの有権者は、一貫した争点態度を持っていないとしても、世論調査には回答を行い、特定の政策的立場の表明すら行う。そこで本章では以下、「世論調査に表明された回答」を、有権者の（態度とは区別して）「意見」と呼ぶことにしよう。[2] 改憲の是非を問う質問への回答における賛否、その他の選択の結果が、「憲法改正問題に関する意見」である。なお、冗長になるのを避けるため、本章では「憲法意識」という語を「憲法改正問題に関する意見」という意味で用いることにする。[3]

先にみたように既存の研究は、この意味での有権者の意見が一般に不安定なものであることを示している。しかしその一方で、意見の安定性には、争点の種類によって差があることも、従来から指摘されてきた。例えばコンヴァースの研究でも、人種差別に関する争点では、他に比べて意見の一貫性が高かったことが明らかにされている（Converse 1964）。

では、本書の焦点である憲法意識の場合はどうだろうか。憲法改正問題は、他の争点と比べ、政治体制の根幹に直結している点で政治的にはより重要だといえるであろう。そうした争点に対する意見は（少なくとも他の争点と比較して）安定的なはずだ、と直感的には考えたくなるところである。

しかし従来の研究成果をふまえると、それとは逆の予想も成り立ちそうである。例えばザラーは、争点が具体的で身近なものであるとき、有権者の意見は比較的安定しているが、それとは反対に争点が抽象的で日常から縁遠い場合、安定しないとしている（Zaller 1992:68）。九条論を含め憲法改正問題は、消費税や子育ての問題に比べると、ふつうの有権者にとってそれほど身近な争点であるとはいえないだろう。

またこれに関連することであるが、一般的に有権者は、個人的に関心がない問題については意見を変えやすいとされている（Zaller 1992:68）。それでは憲法問題は、国民一般から関心が持た

2――「人物や物事に関して有権者の持つ態度が言葉で表現されたもの」を「意見」と定義する飯田・松林・大村（2015:20）の用法を参考にした。世論調査はそうした意見を得るための方法である。「態度」と「意見」の区別については岡田（2001:第1章）も参照。

3――「憲法意見」と書くほうが筋の通るところであるが、語感の問題から採らない。世論調査の回答結果と「憲法意識」を同視すること自体は、過去の学術研究にも例がある。『日本人の憲法意識』（小林編 1968）がその代表例である。

表 6-1　投票時に「最も重視した政策」（東大朝日調査）

2009 年		2012 年		2014 年	
景気対策	33.0	財政・金融	19.0	年金・医療	22.1
年金	14.5	年金・医療	17.6	財政・金融	19.4
政治・行政改革	10.4	外交・安全保障	12.3	外交・安全保障	13.1
医療	8.9	雇用・就職	9.3	雇用・就職	6.3
財政再建	8.2	震災復興・防災	7.9	教育・子育て	6.2
教育	5.3	原発・エネルギー政策	7.7	原発・エネルギー政策	6.2
経済構造改革	4.3	政治・行政改革	7.5	政治・行政改革	6.1
雇用・就職	4.1	教育・子育て	6.2	産業政策	5.6
その他	4.1	産業政策	4.7	憲法（護憲・改憲）	5.2
農林漁業	2.7	その他	2.0	農林漁業	2.5
外交	2.0	憲法（護憲・改憲）	1.9	その他	2.5
憲法（護憲・改憲）	1.0	農林漁業	1.6	震災復興・防災	1.9
治安	0.6	地方分権	0.8	地方分権	1.2
地方分権	0.6	環境	0.7	治安	0.6
環境	0.4	社会資本（インフラ整備など）	0.7	社会資本（インフラ整備）	0.6
		治安	0.1	環境	0.5

れるような争点だとみなせるだろうか。

表6－1は、東京大学谷口研究室・朝日新聞社共同調査（以下、東大朝日調査）にもとづき、二〇〇九年以降の衆院選で、投票に際して「最も重視した政策」を、言及率の高い順に示したものである。これによると、一二年の衆院選までは、憲法問題を最重視した人の割合は投票者のうち一％台にすぎず、ほとんど関心を引いていなかったことが分かる。安倍晋三政権下での一四年の衆院選ではこれが五％台に上昇しており、注目すべき傾向を示している。だが、全体としてみれば、憲法問題への関心は高いとは言えないだろう。この点からすれば、経済対策や福祉政策といった、国民一般からより注目される争点と比べて、憲法問題に関する意見の安定性がより高いとは予想しにくい。

では実際のところ、日本人の憲法意識はどの程度安定したものであるのか。以下、調査データによる実証的な検討を進めよう。

世論の変化は漸進的

有権者個々人の憲法意識の安定性について精査するには、同一回答者に対して一定期間に複数回、しかも同一の質問形式を用いて調査したデータが必要になる。こうした条件を満たすデータセットとして、本節では「二一世紀初頭の投票行動の全国的・時系列的調査研究（Japanese Election Study III）」（以下、ＪＥＳⅢ）のパネル調査データを用いて分析を進めたい。[4] この調査では二〇〇一年七月から〇五年九月にかけて計四回、同じ形式で憲法意識を問うている。「四年間に四回」という調査頻度は他に例を見ないものである。[5] またこの学術調査は、政治学者によって最も頻繁に用いられるデータのひとつであり、調査全体の質も高い。

はじめに、ＪＥＳⅢ調査の憲法意識に関する質問文を具体的にみておこう。

4――東京大学社会科学研究所附属社会調査・データアーカイブ研究センターSSJデータアーカイブより「二一世紀初頭の投票行動の全国的・時系列的調査研究（ＪＥＳⅢ ＳＳＪＤＡ版）、2001-2005（ＪＥＳⅢ研究会〈池田謙一・小林良彰・平野浩〉）」の個票データの提供を受けた。

5――以下の分析は、部分的には鹿毛（2013）の追試になる。ただし、鹿毛は二〇〇五年九月調査のデータは活用していない。

憲法改正について、次のA、Bのような意見があります。
A　今の憲法は時代に合わなくなっているので、早い時期に改憲した方がよい。
B　今の憲法は大筋として立派な憲法であるから、現在は改憲しない方がよい。
あなたはどちらに近いですか。この中ではどれにあたりますか。

1　Aに近い
2　どちらかといえばA
3　どちらかといえばB
4　Bに近い
5　わからない
6　答えない

この質問が、二〇〇一年七月、〇三年一〇月、〇四年七月、〇五年九月の計四回、各回答者に提示されている。[6] 議論を分かりやすくするため、以下では、この質問への回答として「1または2」を選択した人を「改憲派」、「3または4」を選択した人を「護憲派」として分析を進めることにしよう。

図6-1　2001年7月〜05年9月の世論推移（JES Ⅲ）

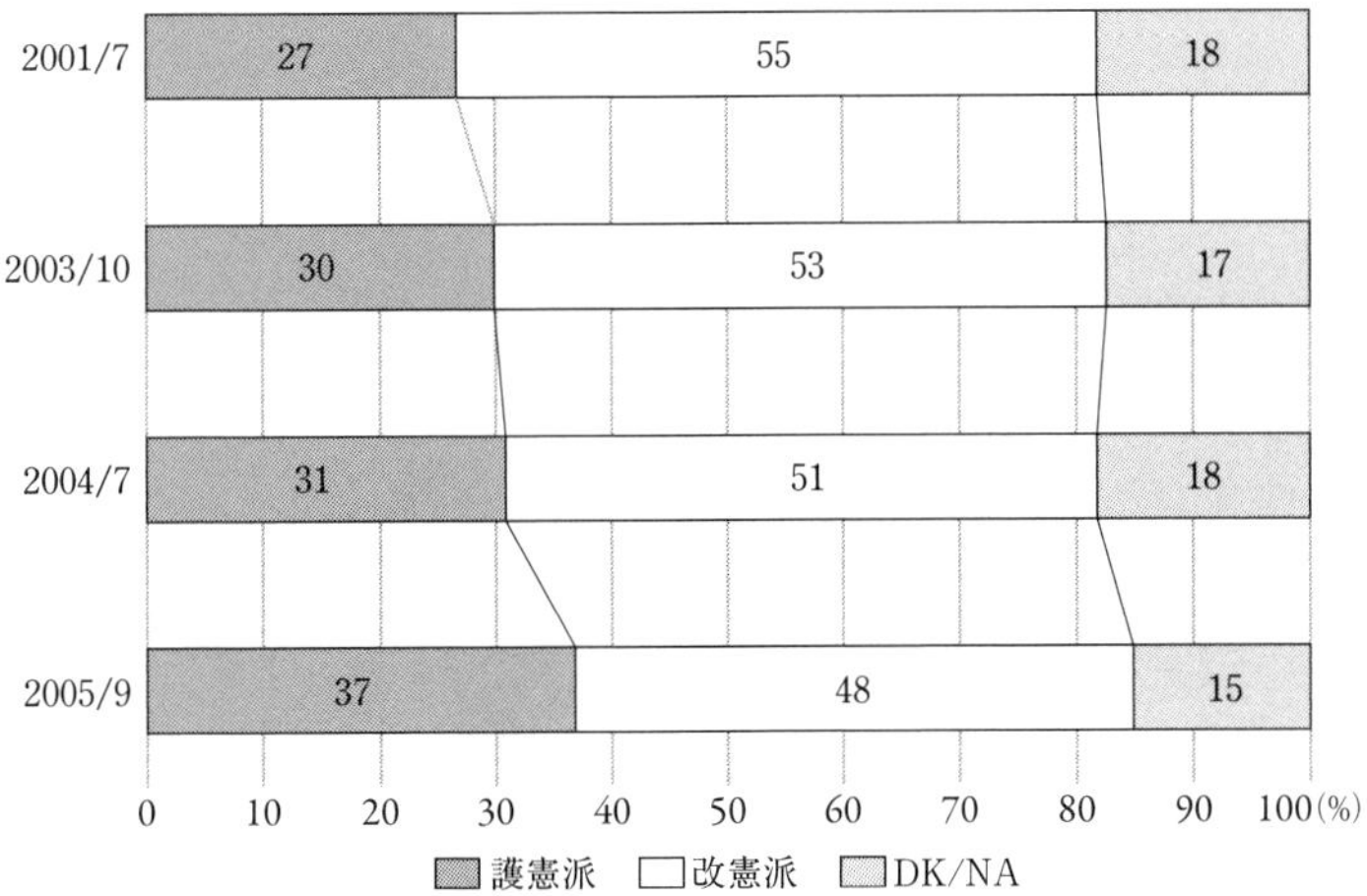

調査回ごとに回答者全体を用いて集計。

まず、このデータを使って、集計レベルでの回答分布（回答者全体で集計した各意見の割合）がこの四年間にどのように変化したかをみておきたい。図６－１は、四回の調査における護憲派、改憲派、ＤＫ／ＮＡ（わからない／答えない）の割合を、それぞれ示したものである。この図からは、二〇〇四年〜〇五年の調査の間で比較的大きな差はみられるものの、全体としては、それほど急激な回答分布の変化は生じていないことが分かろう。最初（二〇〇一年）と最後（二〇〇五年）の調査を比較しても、護憲派、改憲派ともに増減幅は一〇％ポイントに満たない。第２〜４章での検討でも、マクロレベルにおける世論の変化は漸進的なものであり、特別な時期を除いては、一定の連続性が確認されていたことを想起されたい。

　このことはしかし、個人レベルでみた場合に、有権者の憲法意識が安定しているということを必ずしも意味しない。一般的に集計レベル（回答者全体で集計された調査結果）では、個人レベルの意見のブレが相殺されてしまい、実際よりも安定的にみえる結果が表れる。集計データの段階で世論にあまり変化がないようにみえても、個々の回答者のレベルでは意見が激しく変動していることもありえるのである。

変化しやすい個々人の意見

では実際に、個人レベルでの調査回答の動きをみてみよう（読者は、四年間で自分がどれだけ改憲問題への意見を変えるだろうかとまず自問してから、以下の結果を確認されたい）。表6－2は、二〇〇一年調査時における護憲派、改憲派のそれぞれが、〇五年までに、回答をどれだけ「一貫」させていたか、あるいは「転向」していたかを示している。ここで「一貫」者とは、四回の調査すべてで護憲ないし改憲志向の回答を貫いた人を指す。「転向」者とは、調査のいずれかの段階で最初の回答を覆した人を指す（護憲派→改憲派、または改憲派→護憲派）。さらに表中の「二回転向」者とは、四回の調査のなかで、二回以上回答を覆した人をいう（護憲派→改憲派→護憲派、または改憲派→護憲派→改憲派）[7]。

この表をみると、たしかに「一貫」者はそれなりの割合で存在している。二〇〇一年段階の護憲派のうち二七％が、改憲派のうち四〇％が、その後の三回の調査でつねに同じ方向性の回答をしている。しかし他方でこの表は、それを大きく上回る割合で「転向」が生じていることを明ら

表6-2　パネル調査（2001年7月〜05年9月）の回答傾向（JES Ⅲ）

	一貫	転向	2回転向	総数
護憲派	27%	60%	22%	175
改憲派	40%	52%	22%	328

4回の調査すべてに回答した者（「わからない」含む）対象。

かにしている。護憲派ではじつに六〇％が、改憲派でも五二％もの回答者が、後に自らの回答を反転させている。さらに、二割程度の回答者は、護憲派であれ改憲派であれ、四年間で二回以上、「転向」している。

なお表6－2のなかで、「一貫」者に含まれているとしても、じつのところその人が四年間つねに同じ意見を持ちつづけていたかは不明である点には注意が必要である。例えば、仮に（現実には調査のなかった）二〇〇二年にも同様の調査が行われていたとして、そこでも同じ意見を表明していたかは、今となっては確認する術がない。言い換えれば、この表における「一貫」者には、途中で二回以上、意見を改めた人が含まれている可能性がある。その意味で表6－2の分類は、調査回答のブレを評価するうえで、きわめて保守的な（控えめにみた）方法にもとづいたものである。そのような甘い基準においてさえ、「一貫」者は少数派にとどまっている。

では、四年間よりさらに短いスパンでみた場合はどうだろうか。図6－2は、二〇〇一年時点

6——二〇〇三年三月の調査でも同一質問文の設問が置かれている。しかしこの回の調査のみ郵送法で行われており、他の回の面接法による調査とは結果を比較しにくい。

7——表6－2には表れていないが、「一貫」者でも「転向」者でもない回答者も、少数ながら存在する。当初は護憲派ないし改憲派であるものの、途中の調査で「わからない」を選択するようになる集団のことである。

図6-2　パネル調査回答の推移（JES Ⅲ）

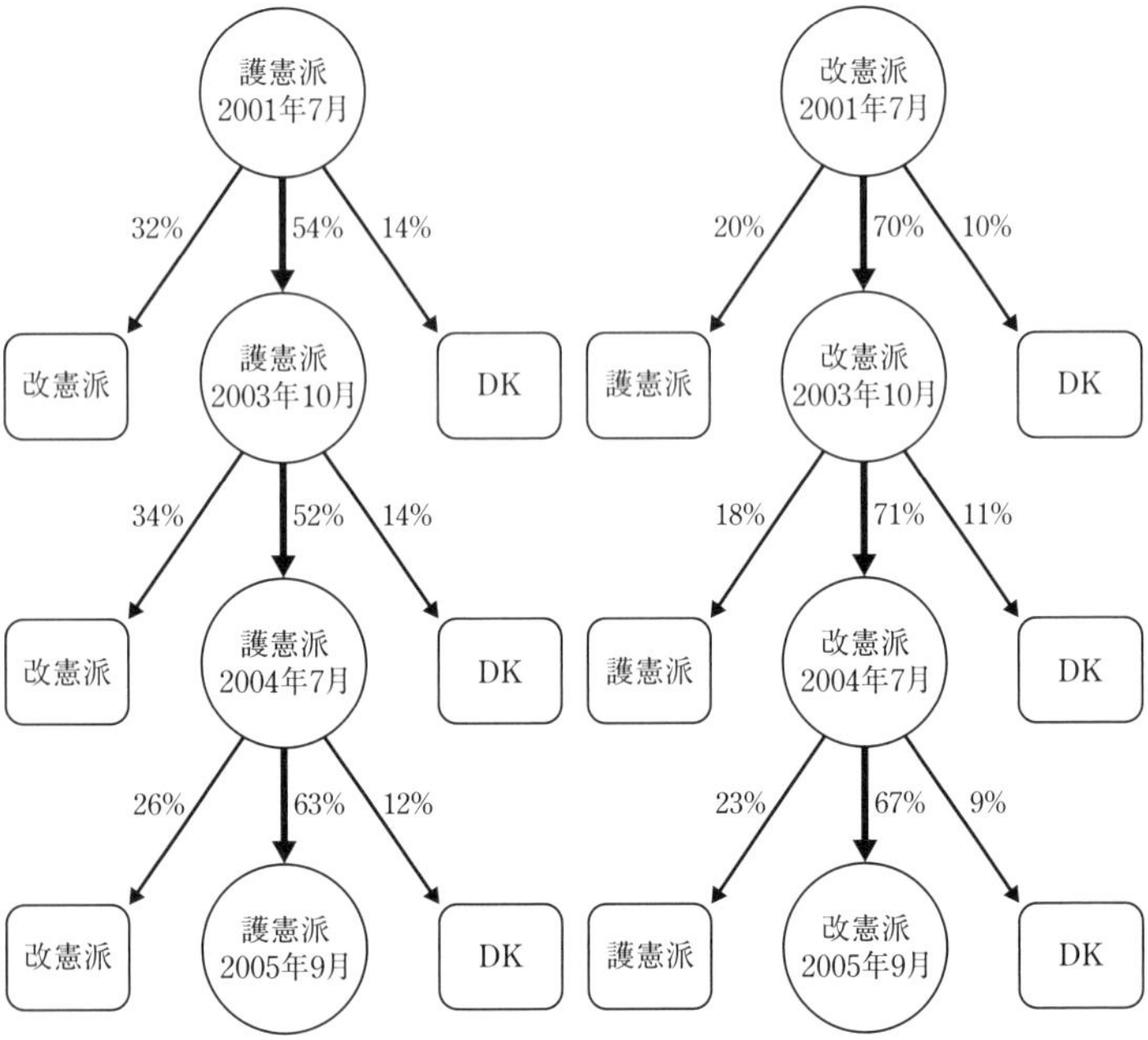

の護憲派・改憲派それぞれが、その後の三回の各調査でどのような回答を行ったかを図示したものである。まず護憲派のほうをみると、後続する調査で五〜六割が護憲志向の回答を維持している。残りのうち三割程度が改憲派に転じ、一割強が「DK」（「わからない」）となる。改憲派については、後続する調査において毎回約七割が同じ内容の回答を維持し、二割程度が護憲派に転じている。「DK」に移るのはやはり一割程度となっている。

護憲派と改憲派を比較すると、この時期においては、前者より後者の意見のほうがより安定的である。このことは先行研究（鹿毛 2013）でも指摘されてきたことで、興味深い点である。ただ本章の目的に照らすと、ここではそうした差異よりも、全体として少なくとも（控えめに見積もっても）二〜三割が一〜二年のうちに回答を覆している点をむしろ注視したい。

以上の分析で明らかになったように、マクロレベルの世論の動きと個人レベルの回答の変化を同列に考えてはいけない。調査の方法が一貫しているとすれば、集計段階でみた場合、一〜二年という短い期間で意見の分布が大きく変化することは稀である。しかしその内実としては、少なからぬ有権者がごく短期的に意見を変えているという実態があるのである。

政治家と一般有権者を比較する

先に示した、有権者の回答の変化は、どれほど大きな意見のブレとみるべきだろうか。以下では、一般有権者と政治家との比較、憲法改正問題とその他の政策争点との比較という二つの観点から、憲法意識の安定性を評価してみたい。

一般有権者と政治家などエリート層の争点態度を比較することは、海外の先行研究でも試みられてきた（Converse and Pierce 1986）。一般的に政治家は、政治に関する知識と経験が豊富にあり、日頃から数々の政策争点について熟慮している（はずである）。したがって、もし有権者と政治家で政策的な意見の安定性に大きな違いがないのであれば、一般有権者の意見も――政治の〝プロ〟と遜色がないという意味で――十分に傾聴に値すると言えるかもしれない。

この点を検討するため、ここでは二〇一二～一四年に有権者、政治家（候補者）の双方に対して実施された東大朝日調査のデータを用いる。このうち有権者への調査は一二年と一三年の参院選時に行われたパネル調査である。政治家に対する調査は一二年と一四年の衆院選時にそれぞれ実施されているが、多数の同一人物がこの二つの選挙に出馬していることから、二つのデータセットは統合してパネル調査として用いることができる。

有権者調査と政治家調査には、改憲の是非を問う、完全に同じ文言の質問が設けられている。具体的な設問は以下のとおりである。

次に挙げる意見について、あなたは賛成ですか、それとも反対ですか。それぞれの項目について一つずつあてはまる番号に○を付けてください。

憲法を改正すべきだ

1. 賛成
2. どちらかと言えば賛成
3. どちらとも言えない
4. どちらかと言えば反対

5．反対

比較に入る前に、有権者調査と政治家調査では、二回の調査の間隔が異なっている点にふれておきたい。有権者調査は二〇一二年一二月と一三年七月に実施されており、七カ月程度の開きがある。これに対して政治家調査では、一二年一一月〜一四年一一月と、約二年の間隔があいている。常識的には、同じ集団に対して調査をしたとすれば、より間隔が長いほうが回答のブレは大きくなりやすいと考えてよいだろう。

以上のことをふまえたうえで、表6－3をみていただきたい。この表は、有権者調査と政治家調査のそれぞれ一回目調査における「護憲派」「中間派」「改憲派」が、二回目の調査でどのように回答したかを示している。上下の表を比較すると、明らかに政治家のほうが回答の安定性が高い。政治家の場合、護憲派・改憲派ともに九〇％以上もの割合で、二回の調査で回答の内容が一致している。[8]これに対して有権者の

表 6-3　有権者と政治家の意見変化の比較

（東大朝日調査）　（%）

有権者	2013 年 7 月			
	護憲派	中間派	改憲派	計
2012 年 12 月				
護憲派	74	17	8	100
中間派	25	57	18	100
改憲派	8	23	69	100

政治家	2014 年 11 月			
	護憲派	中間派	改憲派	計
2012 年 11 月				
護憲派	91	4	5	100
中間派	44	30	26	100
改憲派	3	6	91	100

「護憲派」は回答が「（どちらかと言えば）反対」、「中間派」は「どちらとも言えない」、「改憲派」は「（どちらかと言えば）賛成」のグループを指す。

場合、護憲派では七四％、改憲派では六九％しか意見が一貫していない。有権者の回答においては、政治家の場合よりもはるかに調査間隔が短いにもかかわらず、ブレが比較的大きく出ていることが分かるだろう。

コンヴァースらは、フランスのデータを用いて、幅広い争点について、一般有権者の政策的な意見が政治家ほど安定的でないことを確認している（Converse and Pierce 1986：251）。日本人の憲法意識についても同じことがいえる。憲法改正問題に携わる政治家たちは、一般国民の意見が自分たちほど一貫していないことを理解しておくべきだろう。

「憲法改正」とその他の争点を比較する

つぎに争点間の比較をしてみよう。一国の根本法規たる憲法に対する意見は、他の一般争点の場合よりも安定していることが期待されるだろう。他方で先に述べたように、理論的に考えると、憲法意識の安定性は、他の争点よりもむしろ低くなることが予想された。実際のところはどうであろうか。

この点について、先ほども用いた東大朝日有権者調査によって検証しよう。この調査は、憲法問題だけでなく、他の政策争点についても同様のフォーマットを用いた質問を多数設けており、争点間の比較をする際にも適している。

ここでは、回答の時間的な安定性の指標として広く用いられる「相関係数」[9]を比較する。この指標は、一に近いほど二時点間の回答が集団全体として一貫していることを表す。例えば回答者全員が二つの時点で完全に同じ回答をしていれば、相関係数の値は一となる。あるいは回答の傾向に変化がある場合でも、多くの人が同程度かつ同方向に（例えば改憲支持の方向に）動いているような場合には、その値が高くなる。反対に、全員が二回目の調査でランダムに（くじ引きによって）答えるといった、極端に回答が不安定な状況では、相関係数は〇に近い値となる。この相関係数を用いて、表6－3でみた有権者と政治家の憲法意識の安定度を比べてみると、有権者は〇・六五、政治家は〇・九〇と、たしかに政治家のほうが高い値となる。

図6－3は、「憲法改正」問題を含む一四の政策争点に関する意見の二時点間の安定性を比較したグラフである。この図をみると、「憲法改正」争点の相関係数〇・六五は、最も高い値であることが分かる。次いで安定性が高いのは「原発再稼動」で、「原発依存度」がそれにつづく。このデータは二〇一二～一三年のものだが、一一年三月に起きた原発事故の影響がなお強く残っていたことをうかがわせる結果である。それ以外では、「集団的自衛権」や「防衛力強化」とい

8――政治家の分析を、（候補者全員ではなく）二〇一二年総選挙の「当選者」に限定して行ったとしても、結果はほとんど変わらない。その場合、とくに護憲派の人数が少数（二四名）となり、統計分析の信頼性が落ちてしまう。このため表6－3では、候補者全員の結果を示すことにした。

9――より正確には「ピアソンの積率相関係数」という。この係数の計算法については、大抵の統計学のテキストに説明があるので、関心のある読者は適宜参照されたい。

図6-3　意見安定性の争点間比較（東大朝日調査）

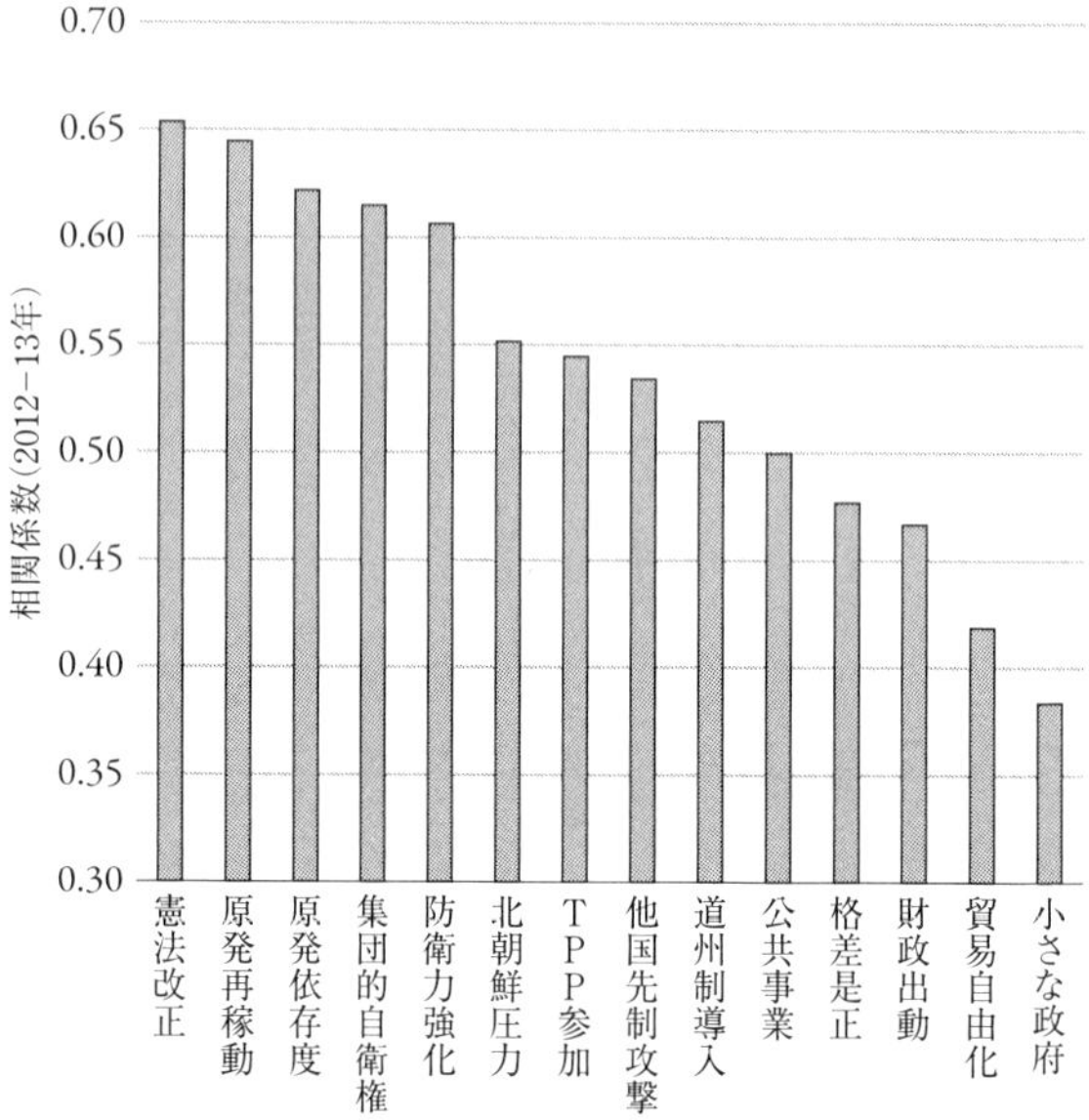

った外交・安全保障政策に関する意見の一貫性が比較的高く、「小さな政府」や「貿易自由化」など福祉・経済政策に関するそれは低いという傾向がみられる。「憲法改正」に関する意見は、これらすべての争点を凌駕して、高い安定性を認めることができる。

同様の方法を用いて、ＪＥＳⅢデータ（二〇〇一～〇五年）の分析も行ってみよう。表６－４は、「憲法改正」を含む九つの政策争点について、各調査間の回答の安定性（相関係数）を示したものである。

この表からも、図６－３と同様の傾向を見て取れる。「憲法改正」に関する相関係数は〇・四三～〇・四九で、[10]他の争点と比較して最も高い部類に入っていることは明らかであろう。それに次いで、「集団的自衛権」など外交・安全保障政策に関する意見の安定性が比較的高く、「景気対策」など経済政策に関するそれは低いという点も、図6－3の場合と一致している。[11] 少なくとも二〇〇〇年代以降においては、憲法改正に関する有権者の意見は、他の争点と比較してブレにくいものだと結論づけてよいだろう。

ここまで、有権者個々人の憲法意識の安定性について検討を行ってきた。有権者の意見の安定性をどうみるかは、どの程度の水準を期待するかという、本来主観的な判断である。ただ、一年単位で（少なくとも）二〜三割もの有権者が自らの意見を逆転させているという分析結果は、多くの読者にとって想定を超えるものだったのではないだろうか。

表6-4　意見安定性の争点間比較（JES Ⅲ）

	2001-03年	2003-04年	2004-05年
憲法改正	0.43	0.46	0.49
景気対策	0.20	0.27	0.24
福祉増税	0.27	0.35	0.37
年金財源			0.24
補助金行政	0.29	0.29	0.31
首相靖国参拝	0.51		
集団的自衛権	0.35	0.40	0.46
多国籍軍参加			0.48
イラク協力			0.36

空欄は調査項目の欠如により相関係数が算出不能である場合。
「わからない」は欠損値として処理。

しかし、政策争点に関して、一般の有権者の意見がそれほど安定的でないことは、世論に関するこれまでの研究から予想されたところである。また、有権者の意見を比べる対象として、政治家の意見はあまりに安定的（あるいは硬直的）すぎるという見方も可能であろう。[12] その意味でより注目すべきは、憲法意識の安定性が、他の政策争点の場合よりも高かったという結果のほうであろう。

憲法改正は抽象度の高い政策争点であり、一般の有権者は日常的に強い関心を寄せているわけではない。にもかかわらず、この問題に関する意見の安定性は相対的に高い。その理由のひとつは、（とくに二〇〇〇年代に強まった傾向として）改憲争点が、防衛問題の枠組みで捉えられていることにあるだろう。第4〜5章でみたように、こんにち、多くの有権者にとって憲法問題とは九条問題、あるいは外交・安全保障政策上の問題として位置づけられている。外交・安全保障にかかわる争点への意見は、図6－3や表6－4から分かるように、相対的に一貫性が高い。有権者たちにとって、憲法問題という抽象的な争点は、より具体化された安保問題というかたちで捉えられていることを、以上の分析結果は示唆している。

誰の憲法意識がより不安定なのか

ところで憲法意識の安定性は、有権者のどの層においても同程度なのだろうか。それとも、ある属性を持つ人々の間で、より安定的であるといった差があるのだろうか。この問題を明らかにすることは、短期的な意見のブレをもたらすメカニズムについて知るための手がかりとなるだろう。

この点に関して、これまでの研究では、有権者の教育程度が意見の安定性に関連していると指摘されている。具体的には、教育程度の低い有権者ほど、短期的に意見を変えやすい傾向があるとされる（Nie and Andersen 1974）。日本人の憲法意識の場合にも同じことがいえるのかどうか、東大朝日有権者調査を用いて検討してみよう。

図6－4は、二時点間（二〇一二年一二月〜一三年七月）の憲法意識の一貫性の程度を示す相関

図6-4　憲法意識の時間的安定性（東大朝日調査）

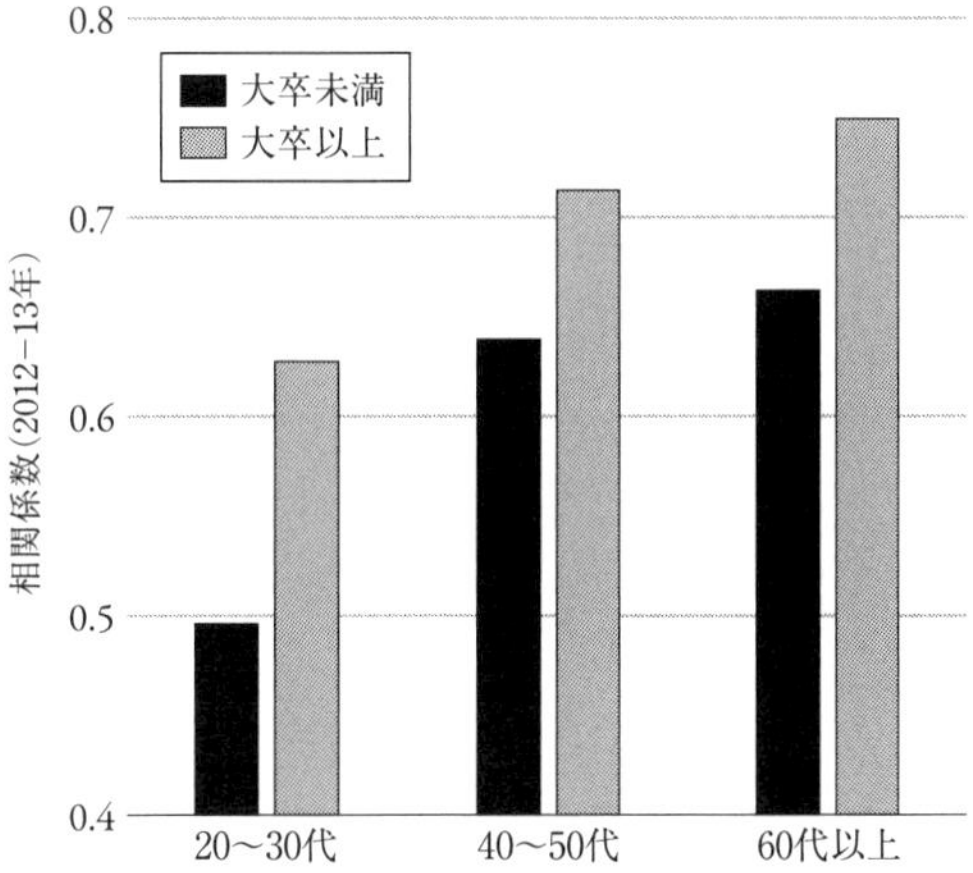

「大卒以上」には最終学歴が「大学または大学院」の者、「大卒未満」にはそれより下位の学歴の者が含まれる。

係数の値を、「大卒未満」層と「大卒以上」層で比較したものである。ただし分析は、年齢層ごとに区別して行っている。年齢層別にしたのは、平均的な学歴水準が世代によって大きく異なる（一般的に高年齢層ほど学歴水準は低い）点を考慮したものである。

　この図をみると、たしかに憲法意識の安定性は、学歴によって明瞭な差がある。どの年齢層でみても、「大卒未満」層は「大卒以上」層に比べて相関係数の値が低く出ており、憲法に対する意見がよりブレやすいことを示している。

10――これらの値は図6－3の場合よりも小さいが、東大朝日調査とＪＥＳⅢでは質問形式や調査間隔が異なるため、直接的な比較は難しい。

11――この表の相関係数のなかで、最も数値が高いのは「首相靖国参拝」である。これも広い意味で外交問題として捉えられよう。

12――実際、相関係数〇・九〇という値は、意識調査の分析結果としては類をみない高さである。

この図からもうひとつ分かるのは、同じ学歴レベルの集団を比べたときに、若年層ほど意見の安定性が低いということである。とりわけ「大卒未満」層における二〇～三〇歳代の相関係数値は低い。言い方を換えれば、教育程度の低い有権者であっても、年齢を重ねれば意見の安定性は徐々に高まることを図6－4は示している。

以上の結果は何を意味するのだろうか。おそらくは政治、とくに憲法問題に関する知識の量が、憲法意識の安定性を左右する鍵になるということではないだろうか。学校教育は、憲法を含む政治に関する知識を身につけるうえで重要な役割を果たすだろう。と同時に、社会人として経験を重ねていくことも、こうした知識の獲得に資すると考えられる。一般の有権者と比べて職業政治家のほうが意見が安定しているという先述の分析結果も、ここでの見方と整合的である。憲法に関する知識の量と意見の安定性の関係について、項を改めて、さらに検討していこう。

憲法に関する知識量を問う

一般的に有権者は、政治に関する知識を（政治学者が期待するほどには）十分には持っていないということは、以前から実証的に示されてきた（Delli Carpini and Keeter 1996; 飯田・松林・大村 2015）。現代日本人の憲法に関する知識についても、このことは当てはまる。

二〇〇五年に行われた早稲田大学による学術調査では、[13]「日本国憲法で、国民の権利であり、義務でもあると規定しているのは、どれだと思いますか」という質問を四択式で聞いている。正解は憲法二七条にもとづき「働くこと」になるが、正答率は一二％にとどまっている（理論上は、勘で選んでも二五％の確率で正解となる）[14]。「戦争放棄条項を含むのは第何条だと思いますか」という四択問題の正答率はこれよりはるかに高い六七％であったが、他方で二九％もの回答者が「わからない」としている。

別のデータをみてみよう。ＪＥＳⅢの二〇〇一年調査に、憲法改正に関する主要政党の立場を答えさせる設問がある。ここで取り上げられている政党のうち、自民党、社民党、共産党は（社民党は旧社会党からの流れを考えれば）いずれも長い歴史を持ち、憲法問題についても自らの立場を鮮明に打ち出している。これらの政党の基本姿勢を理解していることは、憲法改正という問題を考えるうえで不可欠な前提であると――少なくとも政治学者の目からは――みなせる。

ところが実際には、各党の立場を正しく認識している有権者は、それほど多くはないようである。表６－５は、回答者たちが自民、社民、共産の各党を、それぞれ「護憲政党」と「改憲政党」のどちらに分類したかを示している。ここでの「正答」は、自民党を改憲政党に、社民党・

13――「二一世紀日本人の社会・政治意識に関する調査（GLOPE2005）」。このデータは、東京大学社会科学研究所附属社会調査・データアーカイブ研究センター（ＳＳＪデータアーカイブ）により公開されている。本文中で紹介した数値は、同センターのホームページ上で公開されている調査票から得たものである。

14――最多回答は「税金を納めること」（四四％）であった。納税を、義務としてだけでなく、権利としても捉えている有権者が多いのは興味深い。

共産党を護憲政党に分類することである。[15] 回答の分布をみてまず目につくのは、いずれの政党についてもDK（わからない）率が高いということである。憲法問題に関する自民党の立場は、三党のなかで比較的よく知られているほうだといえるが、それでも四七％が「わからない」と回答している。社民党、共産党については、五割以上の回答者が「わからない」としている。また、護憲政党か改憲政党かの分類において、少なくない割合で「誤答」がみられる。[16] 例えば社民党の立場を答えた人のうち、四人に一人は同党を改憲政党だとしている。

表6-5　有権者による政党の分類（JES Ⅲ）

	自民党	社民党	共産党
護憲政党	8%	33	30
改憲政党	45	11	11
DK	47	56	59
計	100	100	100

この設問に対する回答を組み合わせると、回答者のうち五〇％が「〇問正解」、一六％が「一問正解」、一〇％が「二問正解」、そして「全問正解」は二四％という結果であった。平均正答数は一・一問である。多くの有権者は、憲法について明確な姿勢を打ち出している主要政党についてさえその立場を把握していない、と考えざるをえない。こうした有権者たちは、憲法条文そのものに関する知識も十分とは言えない、とみるのが自然であろう。

なお、政党の立場に関する知識の水準と、教育程度・年齢には関連性が認められる。具体的には「大卒以上かつ四〇歳代以上」の平均正答数は一・七問であるのに対し、「大卒未満かつ三〇歳代以下」のそれは〇・八問でしかない。憲法に関する知識は学校教育を通して、あるいは社会経験を積むなかで蓄積されるということを示す結果である。

知識量と意見の安定性はどう関係するか

さて問題は、憲法に関する知識の量と、憲法意識の安定性との関係であった。図6-5は、先に定義した、政党の立場に関する知識のレベル（正答数〇〜三）ごとに、一般改正質問への回答を比較したものである。折れ線グラフで表された「DK割合（二〇〇一年）」は、二〇〇一年調査において一般改正質問に「わからない」と答えた回答者の割合を示す。棒グラフで示された「相関係数（二〇〇一-〇三年）」は、二〇〇一〜〇三年における意見の安定性の度合いを表している。「DK割合（二〇〇一年）」のほうからみると、知識レベルが低いほどこの割合が高い、すなわち憲法問題に対し自分の意見を表明しない人が多いことが分かる。最も知識のレベルが低いグループでのDKの割合は三〇%にも上っている。また「相関係数（二〇〇一-〇三年）」を比較すると、知識のレベルが低い層では、各人の意見は（表明されているにしても）時間の経過とともに変化しやすいことが見て取れる。最も知識量が少ないグループでは相関係数値が〇・三程度であるのに

15——大方の政治学者はこのように分類すると思われる。もっとも、自民党は戦後長きにわたって憲法を維持してきたわけであり、実質的には護憲政党だとする考え方もあるかもしれない。逆に共産党は、天皇制についてなど、究極的には改憲を志向しているという見方もありえよう。

16——ここでもやはり、「当てずっぽう」で答えても高い確率で正答できることに注意されたい。

図6-5　憲法に関する知識と意見の関係（JES Ⅲ）

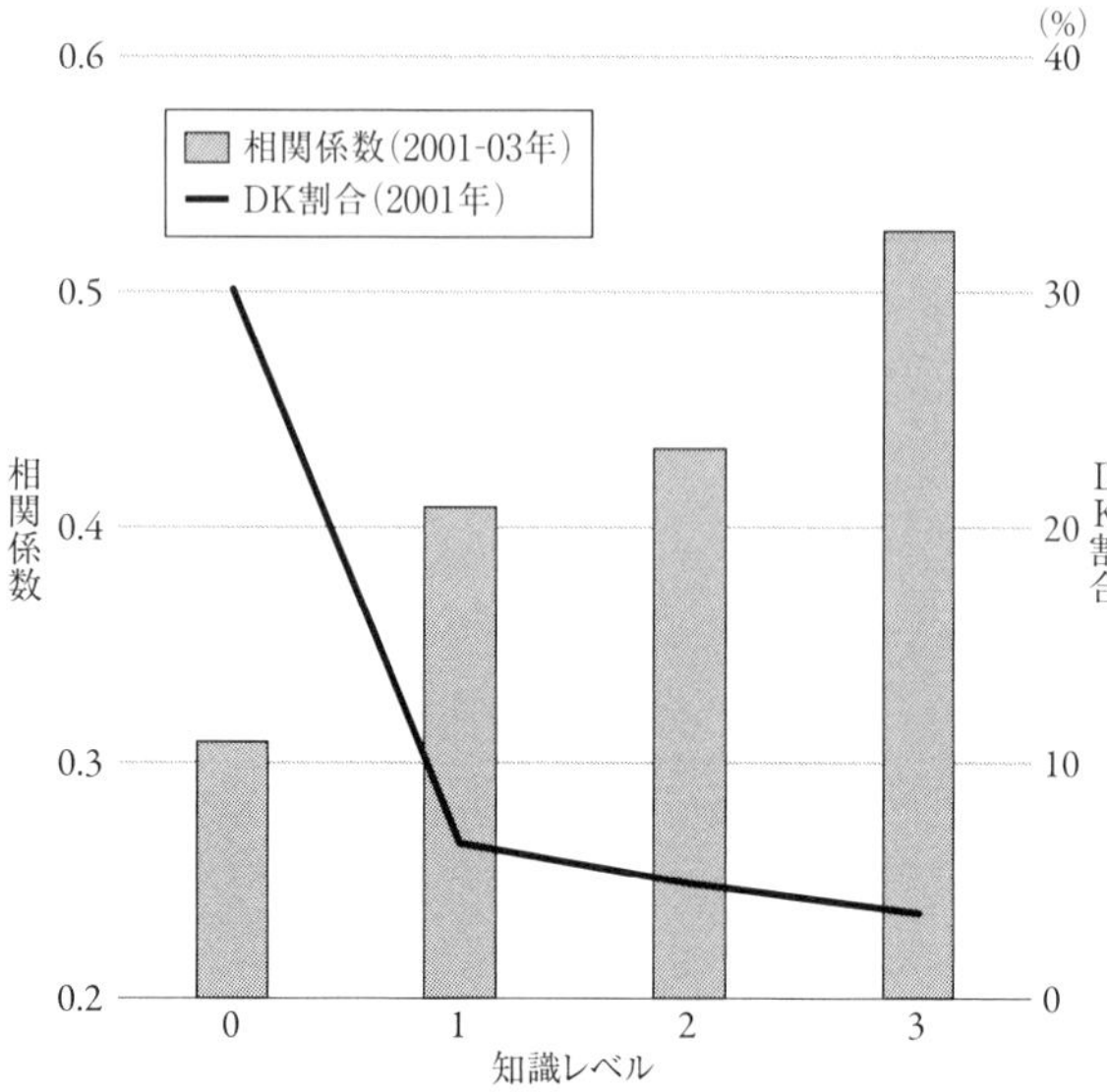

相関係数の計算では「わからない」を欠損値として処理した。

対し、最も知識量の多いグループでは〇・五以上である。

つまり、先に予想したとおり、憲法に関する知識を欠いた有権者は、自らの立ち位置を確信を持って答えておらず、短期間でも回答がブレやすい。こうした結果は、従来の研究で指摘されてきたこととも合致している。先行研究においても、政治に関する知識の乏しい有権者ほど、総じて政策争点への意見が不安定であることが明らかにされている（**Zaller** 1992:65）。政策争点について知識や関心が少ない有権者の場合、確固とした判断材料を持たないために、調査ごとに回答がぐらつきやすいのである。

有権者の意見を左右する「情報環境」

世論調査に対する回答のブレは、有権者の知識不足によって生じる。しかしだからといって、人々は調査に対して、必ずしも無根拠な「当てずっぽう」で回答しているわけではない。ザラーの議論にあったように、有権者は政策争点への意見を答える際に、その争点に多少とも関連する情報を自分たちなりに利用し、その対応の結果として特定の選択肢を選んでいるのであり、その意味で無根拠な選択をしているのではない。例えば先述のように、回答者たちは、調査の前日に偶然視聴したニュースや、質問文の内容そのものを情報として利用し、意見を決めているのである。

人々の意見を左右するのはこうした個別的で偶発的な情報ばかりではない。むしろ、世論全体の動きを考えるうえでより重要なのは、有権者を日常的に取り囲んでいる、もっと構造的で持続的な情報の総体である。こうした「情報環境」[17]の中身こそが、彼らの意見を左右する決定的な要素なのである。

具体例を挙げよう。一九六〇年代のアメリカにおける有権者の情報環境と、ベトナム戦争に対する世論の関係についてである。ベトナム戦争は六四年八月のトンキン湾事件を契機に激化したが、当初この戦争はリベラル勢力を含め、エリート層の間で圧倒的な支持を得ていた。メディア報道においても、六六年頃まで反戦論はほとんどみられず、むしろ戦争肯定論が高まっていた。

17――「情報環境とは、私たちの元に届く意図的・非意図的な伝達内容の全体を指す」(池田 2000:19)。

ところが戦争が泥沼化するとともにエリート層では意見が割れるようになり、メディア報道においても七〇年までには反戦論が強まり、戦争肯定論を上回るほどになった（Zaller 1992: 186–189）。情報環境のこうした変化に呼応するように、有権者における戦争反対論も、六七年中頃から強まるようになる。例えば、この戦争は「誤り」だとする有権者は、六七年以前には四割程度であったのが、少しずつ増えていき、七一年には約七割にも達している（Page and Shapiro 1992: 232）。ザラーは調査データの分析を行い、こうした有権者の意見の動きが、情報環境の変化に影響された結果であったことを、実証的に示している。（Zaller 1992: Chap.9）。

つまり、政策争点に関連して、どのような情報環境にふだん身を置いているかが、有権者の意見を大きく左右するのである。メディアが日常的にどのような情報を発信しているかが、世論の動きに決定的な意味を持つと言ってもいい。

読売新聞「改憲キャンペーン」の検証

日本人の憲法意識も、情報環境によって影響され変化するということを、以下で実証的に示そう。利用するデータは「変動する日本人の選挙行動（Japanese Election Study II）」（以下、ＪＥＳⅡ）調査である。この調査では、各回答者に対して一九九三年七月と九五年二月に一般改正質問が行われている。

この二回の調査の間には、憲法問題に関する情報環境に大きな変化が生じている。大手新聞社

（読売新聞社）が論調を改め、大々的に改憲キャンペーンを始めたのである。もともと読売新聞は、一九五〇年代半ば以降、「憲法の精神と理念」を尊重する立場に立ち、改憲論を封印してきた（高木 2013）。それが、湾岸危機を契機として、九二年から社内で憲法問題の研究を進めるようになり（読売新聞社編 1994）、九四年には紙上で改憲論の論陣を張るようになった。この年の元旦の社説において、社論として初めて改憲志向の立場を明確にしている。さらに同年一一月三日には、社内でのそれまでの研究成果を集約した「憲法改正試案」を紙上に発表している。以上のことから、少なくとも読売新聞の読者にとって、九四年を境に、憲法問題に関する情報環境の大きな変化があったということができよう。

一連のキャンペーンの効果であるが、同紙の主筆である渡邉恒雄は、「読売新聞が憲法改正試案を出したら、改憲論がどんどん出てきて、世論の改憲支持が高まっ［た］」（御厨・伊藤・飯尾 2007:512）と回顧しており、改憲機運を大いに高めたと評価している。この評価自体は主観的なものにすぎないが、実際はどうであっただろうか。調査データを用いて、検証してみたい。

以下では、一九九三～九五年にかけて、購読する新聞によって憲法意識の変化にどのような違いが生じたかを明らかにする。ＪＥＳⅡの九三年調査に、「［九三年衆院選の期間中に］よく見聞きした選挙のニュースや記事はどれか」を答えさせる質問があり、新聞に関しては「朝日新聞」「毎日新聞」「読売新聞」「産経新聞」「日本経済新聞」「その他の新聞」の六種類から選択することができる（複数選択可）。もちろん、ここで「読売新聞」を選んだからといって、その人が同紙を購読している保証はないが、以下では便宜上この回答者を「読売読者層」と呼び、読売新聞を日常的に読んでいると仮定して分析を進める。それと同様に「朝日新聞」を選んだ人を「朝日読者層」、いずれの新聞も選択しなかった人を「新聞無購読層」と名づけて、比較に用いる。この時期、朝日新聞の論調には大きな変化はなく、護憲志向がつねに明確である。なお対比を鮮明にするため、以下の分析では、「朝日読者層」から読売新聞併読者は除いてある。

図6－6は、一九九三年～九五年における「読売読者層」「朝日読者層」「新聞無購読層」それぞれの憲法意識の変化を示したものである。[18] まず「読売読者層」についてみると、この期間に読者の意識が改憲方向へと大きくシフトしているのが分かる。この間、護憲派は一四％ポイント減少し（三六％→二二％）、改憲派は一二％ポイント増加している（四一％→五三％）。両年の回答分布には、統計的に有意な（誤差の範囲を超えた）差が認められる。

しかしこの改憲機運の高まりは、当時の日本人すべてに起きていたわけではなかったようである。実際、「朝日読者層」や「新聞無購読層」では、意見の分布に顕著な変化はみられない。とくに後者における世論の安定性は特筆すべきものがある。

念のために注記しておくと、「朝日読者層」や「新聞無購読層」に属する人たちも、個々人のレベルでみれば、少なくない人が意見を変えている。しかし護憲派から改憲派への移動とその逆の移動が釣り合った結果として、集計レベルでは大きな差がみえなくなっているのである。

図6－6に示した、購読新聞による意識の変化の差は、それぞれのグループが置かれた情報環

図6-6　購読新聞と憲法意識の変化（JES Ⅱ）

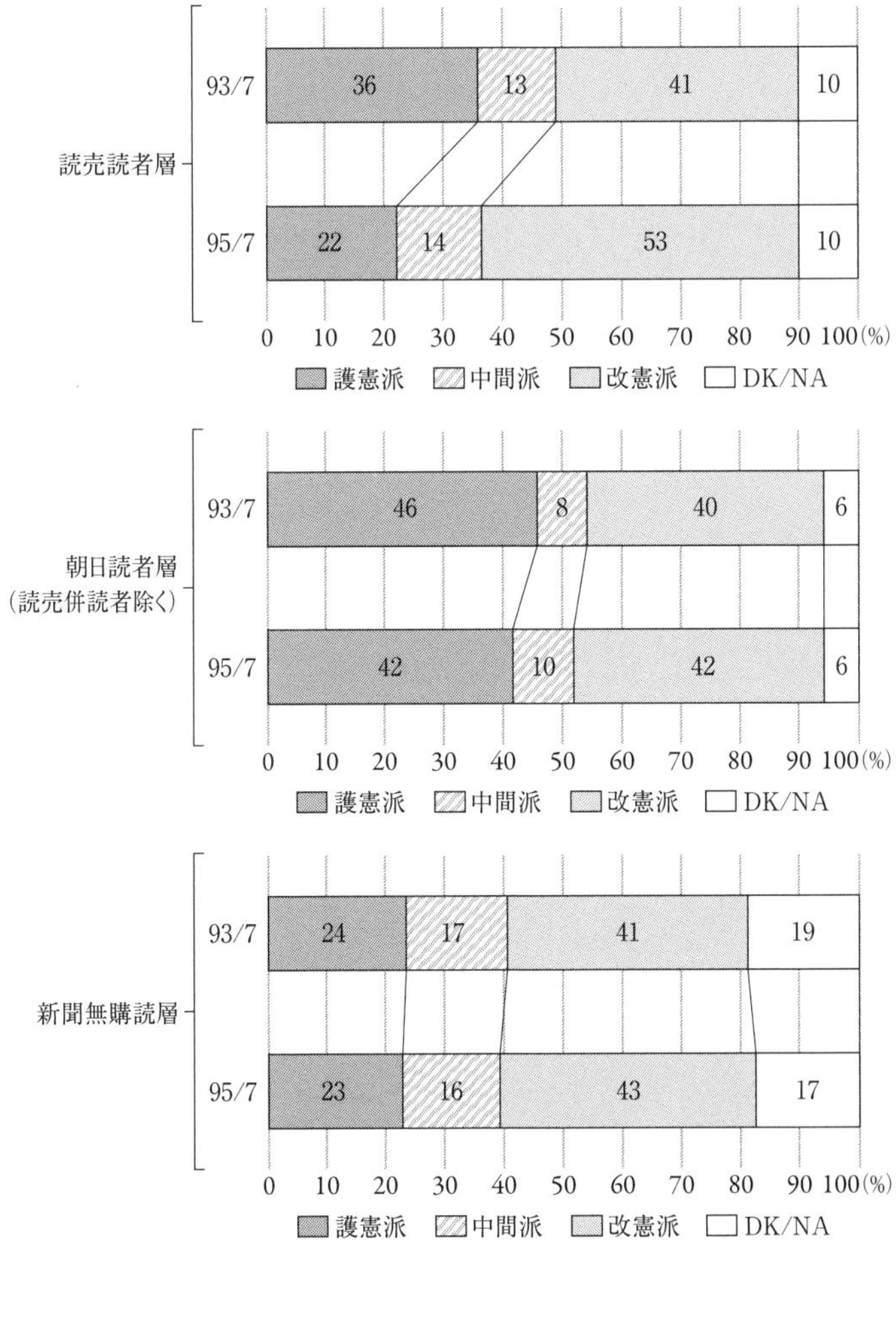
読売読者層
93/7
36
13
41
10
95/7
22
14
53
10
0 10 20 30 40 50 60 70 80 90 100(%)
護憲派
中間派
改憲派
DK/NA
朝日読者層
(読売併読者除く)
93/7
46
8
40
6
95/7
42
10
42
6
0 10 20 30 40 50 60 70 80 90 100(%)
護憲派
中間派
改憲派
DK/NA
新聞無購読層
93/7
24
17
41
19
95/7
23
16
43
17
0 10 20 30 40 50 60 70 80 90 100(%)
護憲派
中間派
改憲派
DK/NA

境の違いという観点から理解することができる。「朝日読者層」や「新聞無購読層」に属する人たちには、この時期、情報環境の大きな変化はなかった。「新聞無購読層」の場合、そもそも（おそらく新聞以外のソースを含めても）政治に関する情報に接する機会を多く持っていないはずである。「朝日読者層」は、この間、護憲志向のメッセージを受け取りつづけている。このように情報環境が安定していた結果として、集団全体における意見の変化も特段生じていない。

一方、読売新聞は一九九四年から改憲志向の強いメッセージを発信するようになり、その読者の情報環境は大きく変わることになった。その結果として「読売読者層」では、改憲派から護憲派へという意見の変化よりも、護憲派から改憲派へという意見の変化が強く生じ、全体として改憲派の大幅な増加が生じた。読売新聞の読者に限られるが、渡邉主筆の評価のとおり、たしかに同紙の改憲キャンペーンには効果があったとみてよさそうである。

ところで、こうした情報環境の変化による影響は、読売新聞の読者すべてに満遍なく表れていたわけではない。ここでも、政治あるいは憲法に関する知識が乏しいとみられる層において、より大きな意見の揺れを見て取ることができる。最後にこの点を確認しておこう。

図6－7は、一九九三年～九五年の間で、「読売読者層」における改憲派の割合がどう変化したかを、年齢層別に示したものである。[19] この図の示すところ、この間、「三〇代以下」では改憲派が二四％ポイントも増加していたのに対し、「四〇代以上」では九％ポイントしか増えていない。年代によって、意見の変化の仕方に違いが生じているが、これは統計的に有意と言える差で

図6-7　1994年前後における改憲派割合の変化
（読売読者層限定）（JES Ⅱ）

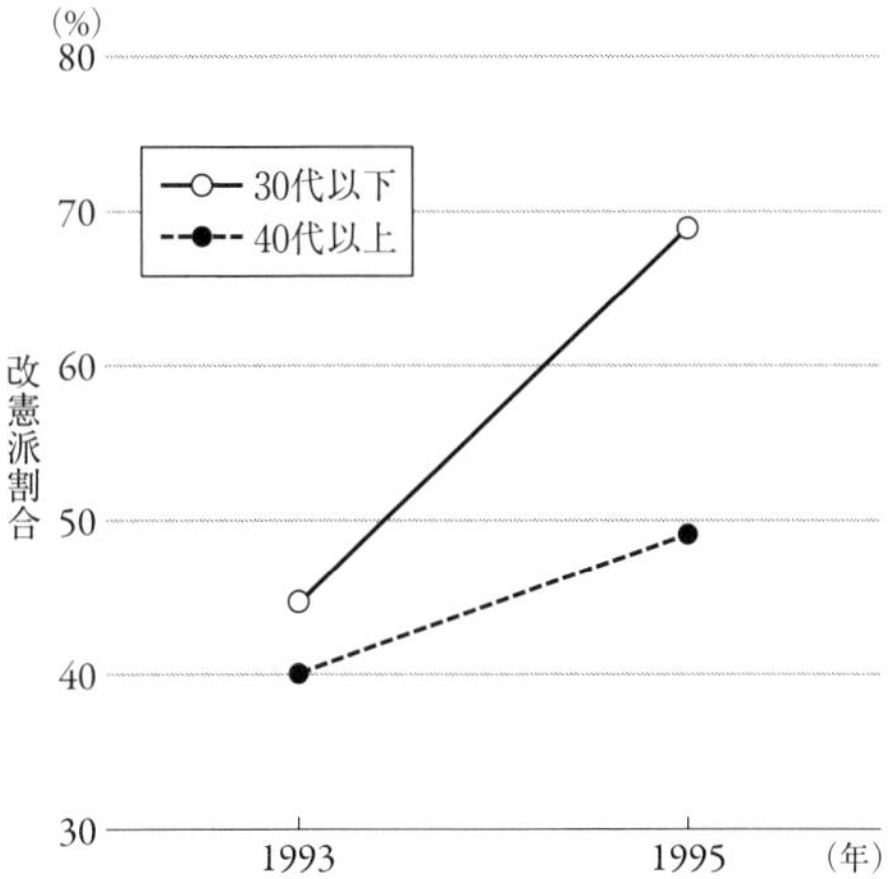

ある。[20]

若年層のように、政治的知識や関心の乏しい有権者は、政治的な情報を新聞などから得る機会も相対的に少ない（境家 2006）。しかし、いざ情報に接触する機会が与えられれば、より強くその影響を受け、意見を改める可能性も高いのである。

憲法意識の普遍性と特殊性

本章では、憲法意識の安定性と変化のメカニズムについて、さまざまな角度から分析を加えてきた。総合的にみると、現代日本人の憲法意識には、他国の事例や他の争点への意見と比較し

18――一九九三年調査では、「今の憲法は国情に合わなくなっているのでできるだけ早い時期に改憲した方が良い」という意見に「近い」と回答した人を「改憲派」、「今の憲法は大筋として立派な憲法であるから現在は改憲すべきではない」という意見に「近い」と回答した人を「護憲派」、「どちらともいえない」とした人を「中間派」と定義した。一九九五年調査では質問形式に若干の変更があるが、各派の定義は、先に示したものと同様である。

19――残念ながらＪＥＳⅡ調査には、憲法に関する知識を直接聞く設問は用意されていない。

て、一般的な傾向に合致する側面とそうでない側面——普遍性と特殊性——の二面あることが指摘できる。

そもそも、多くの有権者は、憲法に関する知識を十分には持っていない。これに関連して、多くの有権者は憲法改正に関する意見を短期間で変化させており、少なくない人が数カ月単位で賛否を反転させてさえいる。これらのことは、（憲法問題に関心をお持ちのはずの）読者にとって驚くべき事実であるかもしれない。しかし、一般的に有権者は政治に関する知識を十分には持っておらず、政策への意見が不安定であることは、これまでの研究によって指摘されてきた、普遍的な現象である。その意味で、日本人の憲法意識もまた、一般的な政治意識の範疇にあると言っていいだろう。

他方で、憲法改正に関する意見は、他の争点に関する意見と比べた場合、相対的に安定している。その意味で憲法意識は、さまざまな政策に関する意見のなかで特殊である。既存の研究からすると、憲法改正のように抽象度が高く、日常的な関心の対象から外れるような争点の場合、有権者の意見はとくに安定性を欠くはずであるのに、実態はそうではなかった。一体なぜだろうか。

筆者のみるところ、憲法意識が相対的に安定している要因は、憲法問題と防衛問題との密接な関連にある。第4～5章で議論したように、二〇〇〇年代における有権者の憲法意識は、防衛政策に関する意見と強い相関関係にある。防衛力強化に賛成するかといった安保政策上の立場は、戦後日本人の基底的な政治的価値観（イデオロギー）と強くむすびついており、時間の経過にともなう変化が比較的小さいことが知られている（蒲島・竹中 2012:128）。安全保障に関する争点への態度こそが、有権者の憲法意識を漂流から救う「碇」として機能しているのである。

「合理的」な世論

いずれにせよ、マクロレベルの世論は、多かれ少なかれ非一貫的で不確定的な個々人の意見の集合である。だとすれば、世論調査の集計結果は結局のところ、改憲論議において参照に値するような価値ある情報だといえるのだろうか。少なからぬ有権者が憲法に関する知識を持たず、意見も頻繁に変えているような状態であるとすれば、そうした意見を集約したところで、現実の改憲論議に活かせるような、意味ある情報にはならないのではないか。そうした世論を斟酌して改憲を行ったところで、必ずしも社会全体のためにならず、（改憲を一時支持した）有権者個々人を満足させることにもならないのではないか。そのような疑念が示されても不思議ではない。

しかし他方で、マクロレベルでの世論の動向は十分に解釈可能なのであり、有意味な情報として利用できるとする見方もある。こうした立場に立つ代表的な論者が、ペイジとシャピロである（**Page and Shapiro 1992**）。

20――各回答者について「一九九五年時点の改憲志向度」と「一九九三年時点の改憲志向度」の差分を取り、「三〇代以下」のグループが「四〇代以上」のグループよりも改憲志向が大幅に強まっているといえるか、t 検定（有意水準五%）という手法で検証を行った。

ペイジらは『合理的公衆』（*The Rational Public*）のなかで、「アメリカが製造すべき多弾頭核ミサイルの数」という争点を例に用いて説明している。彼らの理論によると、有権者はそれぞれの政策争点に関し、「真の長期的選好（true long-term preference）」を持っている。しかし現実には、それらの争点に関する知識を十分に持っていないなどの理由で――核兵器について一般市民が知識を欠くのはむしろ当然である――、世論調査で政策的な立場を問われた際には、しばしば「真の長期的選好」から誤差の分だけ外れた回答を行ってしまう。誤差の大小やその方向性は有権者ごとに異なっており、人によっては自分の「真の長期的選好」であるミサイル数よりも多めに、人によっては少なめに答えてしまうことになる。

さて、これらの回答を全員分集計し平均化したものがマクロレベルの世論であるが、回答者数を十分確保できている場合には、この数値はその集団の「真の長期的選好」の平均を正確に捉えているに等しいとペイジらは主張する。一見不思議な議論であるが、これは「大数の法則」という統計学の基本的な原理の応用である。簡単にいえば、調査対象者が多いとき、集計を行うことで、人々の回答に含まれる「プラスの誤差」と「マイナスの誤差」がうまく相殺され、結果的に集団全体における総合的誤差がゼロに近づいていく、というのがその原理の骨子である。

このような「誤差の相殺」メカニズムが働いていることの証左として、マクロレベルの世論は多くの場合（個人レベルの意見がきわめて不安定であるにもかかわらず）、時間的に安定しており、急激な変化は稀である。このことが多くの政策争点についていえることを、ペイジらは過去に行われた一万件以上の調査質問のデータをもとに実証している。

さらに、比較的大きな変化が世論にみられる場合でも、その動きが解釈不能であることはまずない。ペイジらのみるところ、アメリカで実際に起きた世論の変化のほとんどは、ベトナム戦争の事例でもそうであったように、新たな情報環境への有権者の反応として十分〝理にかなった〟(reasonable)現象とみなせる。こうした意味で、マクロレベルでの世論の動きには一貫性がみられる(coherent)のであり、けっしてデタラメではない。政策争点に関する有権者の意見は、少なくとも集合的にみれば「合理的」だとみなせる、というのがペイジらの主張である。

以上の議論は、日本人の憲法意識にもおおむね妥当するようにみえる。図6-1でみたように、憲法改正に関するマクロレベルの世論は、多くの場合、時間の経過に対し安定的である。また世論に明らかな変化がみられる場合、日本が置かれた国際環境や政治・社会状況の変化――より直接的には、それによって生じた情報環境の変化――の結果として、十分〝理にかなった〟解釈を与えることができた。例えば一九九〇年代初頭の世論に生じた改憲志向の急速な高まりは、湾岸危機という外的ショックによって自衛隊の海外派遣が争点化したことに起因していると解釈できた(第3章)。逆に、二〇一四年以降の改憲志向の急速な減退は、安倍政権が集団的自衛権の問題を争点化させたことがその一因であった(第4章)。憲法をめぐる世論の動きは、その時々の時代状況から理解・解釈することが可能であり、その意味において合理性がある。

本章では、一九九四年前後の購読新聞に関するデータを用いて、情報環境と憲法意識の関連性について、より直接的な検証も行った。そこで明らかになったように、情報環境に変化がある場合、それに応じて人々は集団的に意見を改めている。それに対して、情報環境に大きな変化がない、もしくは情報そのものに多くふれていない人々の意見は、個人レベルでは短期的なブレがみられるものの、集計レベルではそのブレが相殺され、意見の分布は全体としてほとんど動いていないことが示された。

こうした結果は、ペイジらのいう「個人的無知（individual ignorance）から集合的英知（collective wisdom）へ」の転換が（Page and Shapiro 1992:15）、日本人の憲法意識にも起きていることを示すものである。以上のことから本書では、結論として、世論調査の集計結果には、有権者の集団的選好をみるうえで十分に意味のある情報が含まれているという立場を取る。したがってまた、憲法改正論議を主導する政治家などエリートたちも、この情報をふまえるべきことには十分な理由があると考える。

第7章
憲法と世論のゆくえ

変容する憲法体制と、不変の憲法典

日本国憲法は七〇年にわたって、無傷のまま維持された。これだけ長い期間、憲法典がまったく不変であることは、善悪を別にして、当たり前のことではない。例えば日本と同様、第二次世界大戦後に民主化された（西）ドイツでは、二〇一六年までに六〇回もの憲法改正が行われている。[1]

日本国憲法がここまで変わらずにこれたのは、この法典の完成度がそれだけ高かったからなのか。憲法の内容を評価することは、筆者の能力を超える。しかし、現憲法が、戦後の日本人からどのように評価されてきたのかという観点からであれば、議論に貢献することは可能である。結論をいえば、日本国憲法は誕生直後から、国民から完全無欠だとみなされてはいなかったし、その後、こんにちに至るまで「神聖不可侵」と考えられたことは一日としてなかった。

少なくとも戦後初期、とくに主権回復前後の時期をとってみれば、憲法は改正されるべきだとする有権者は、改正されるべきでないとする有権者よりも、明らかに多かった。しかも、当時の改憲論は、再軍備のために九条を修正するといった、「穏やかな」主張にとどまるものではなかった。一九五〇年代の文脈で改憲に賛成するということは、象徴天皇制の見直しを含む、新憲法の「全面的改正」を支持することをも含意したのである。

高度成長期に入ると、現憲法をこのまま維持してもよいと考える有権者は、たしかに増加した。

とくに九条改正による「正式の軍隊」保有論は明らかに後退し、一九七〇年代にはそうした主張は、ごく少数の人が唱えるにすぎない異端の説となった。憲法の全面改正を志向する人はさらに少数であったろう。相対的に安定した国際環境と成長社会のなかで、現体制の維持が多くの国民から志向されるようになるのは当然のことであった。

しかし他方で、一般論として改憲を支持する人は一九六〇〜七〇年代でも消えるどころか、むしろ増加さえしていたのである。この時期、自衛隊と日米安保条約による防衛体制が現実として定着する一方で、革新勢力からは、そうした自民党政権の安保政策は違憲だと糾弾されつづけた。このため一部の（とくに革新政党を支持する）有権者は、九条問題への意識を高めることになったが、自衛隊・日米安保の廃止か九条改正かという二者択一を迫られた場合、その多くは前者よりも後者の道をより好ましいと考えたのである。かくして高度成長期には、護憲派と改憲派の有権者が並行して増加する結果となった。時代が進むにつれ、改憲を党是とする自民党の支持層において護憲志向が強まり、非武装中立を唱えた社会党の支持層において改憲志向が強まるという逆説的な現象が生じていた。

このようにして生まれた、ある種の均衡は、一九九〇年代初頭に突如として破られることにな

1——山岡・井田（2017）参照。なおドイツでは「連邦共和国基本法」が憲法の役割を果たしている。憲法ではなく基本法と名付けられているのは、もともと東西ドイツ統一までの暫定法という位置づけで制定されたためである。

る。安定した国際環境や持続的な経済成長といった、戦後日本の発展を支えた諸条件があいついで崩れたことがその背景にあった。湾岸危機に端を発する防衛政策の変更（自衛隊の海外派遣）は、国民が憲法問題を意識し、見直すきっかけとなった。さらにバブルの崩壊や大震災、テロ事件といった社会的・経済的危機の頻発は、有権者にとって、それまでの現状維持志向を改める契機となった。政界再編期に誕生した多くの新党は、統治制度改革の一環としての改憲に前向きであったが、そうした動きに平仄を合わせるように、有権者の多くも憲法改革に賛成するようになった。こうした流れの飽和点は二〇〇〇年代初頭の小泉改革期のころで、この時期にはもはや改憲論がはっきりと社会の大勢になっていた。

小泉純一郎が首相の座を下りて「改革の時代」に一区切りつくと、憲法改革の機運もまた後退するようになる。二〇〇〇年代には防衛問題、すなわち九条問題が争点としての重要性を増したことも、有権者の間で護憲論が高まりをみせる一因となっただろう。しかし、近年においてもなお、何らかの点で憲法改正が必要だと考える人は、そうでないと考える人とほとんど同じ程度に存在している。個別の論点でみれば、自衛権・自衛隊の憲法明記や「新しい人権」規定の導入など、安定して国民の多数が支持する改正論点はいくつも挙げられる。憲法典をそのまま維持することが国民の総意であると言えるような状況ではけっしてない。

つまり、戦後日本人は日本国憲法に、つねに懐疑の目を向けてきたといっていい。戦後史のおもしろさは、にもかかわらずこの憲法典が一言一句変えられることなく今日まで至った、という点にある。これまで改憲が実現されなかった最大の理由は、よく指摘されるように、ほかならぬ憲法上の制約、九六条にある。国会の改憲発議に衆参両院議員の三分の二以上の賛成を必要とするという要件は、歴代の自民党政権にとって、あまりにも高い壁であった。

もうひとつ無視してはならないのは、政府与党による憲法問題への現実的対応である。いくら国会発議の要件が厳しいといっても、世論にはっきりした改憲への意思がみられ、その状況が持続したならば、野党からも率先して憲法改正を促す機運が生じたことだろう。実際、有権者の間で改憲志向が強くみられた一九五〇年代初頭や九〇年代に、保守系の有力野党はそうしたスタンスを明確に示していたのである。こうした時期に、政権与党（自由党、自民党）が野党の提案に沿うかたちで手続きを進めていれば、改憲は実現されていた公算が高い。

しかし現実はそのようには進まなかった。政府は、野党の明文改憲提案には乗らず、代わって「解釈改憲」や憲法附属法[2]レベルの改変によって、新たな状況に対処してきた。一九五〇年代に自由党政権は事実上の再軍備政策を進め、九〇年代には自民党政権が自衛隊の海外派遣を実施し、また内閣法改正や省庁再編、地方分権改革といった統治制度の改革を進めることで、その時々の政策課題に対応していった。いずれの場合も、その帰結として、世論の改憲志向、野党勢力によ

2——内閣法、国会法、公職選挙法といった、憲法規定を具体化する、国の基本的なしくみを定める法律群を指す。

る改憲主張は退潮することになるのである。

戦後政治では、このような過程が繰り返され、結果として憲法典は維持されてきた。しかしこのことは、日本国憲法が規定する「この国のかたち」、あるいは憲法体制が終始一貫して保たれてきたことを意味しない。当初、日本国憲法は、日本の徹底的な非軍事化を意図して制定された。実際、一九五〇年までの日本はほぼ「丸腰」であった。しかしGHQと吉田茂政権は方針転換し、自衛隊と日米同盟による防衛体制を、この憲法典のもとに構築した。歴代自民党政権もまた吉田の路線を踏襲し、憲法をめぐるこうした運用体制は、高度成長期において官民の間で定着する。しかしこの「戦後憲法体制」にしても、こんにちまで同じ姿を保っているわけではない。八〇年代までは想定外であった自衛隊の海外派遣はもとより、集団的自衛権の行使まで、現在では許容されている。このように、憲法の文面は同じであっても、その都度、新たな解釈が加えられることで、憲法体制は変化し続けてきた。逆にいえば、憲法体制が変容してきたからこそ、憲法典は不変であることを許されてきたのである。

エリート間論争と世論

戦後の日本人の憲法観を辿りなおしてみると、その時々の世論とエリート（政治家、政党、知識人等）層の憲法論争には密接な関連があることが浮かび上がってくる。有権者の間で賛否が二分されるような改憲論点は、エリート層の間でも意見はたいてい割れている。また世論に変化がみられる時期には、多くの場合、エリート層の憲法論争のあり方にも変化を見て取ることができる。これはエリート層が有権者の意識をコントロールしている結果であるのか、あるいは、有権者の意思がエリート層の言動をコントロールしている結果であるのか。これら二方向の影響関係を、区別しながら分析するのはそう簡単なことではない。ただ筆者としては、一定以上の期間をとってみれば、二つの影響関係は双方ともに存在する、すなわち有権者とエリートの関係は双方向的であると理解している。これは本書で行った通史的な分析の結果全体をふまえて得た結論である。

エリート層の改憲論議に、世論が影響を与えてきたことは、これまでも歴史学者などが主張してきた。憲法政治史上とくに重要であったのは、一九五〇年代における保守政党と政府による改憲運動の挫折と、六〇年以降における自民党政権の路線転換（憲法問題の棚上げ）だろう。往々にしてこれまでの議論は、この時期の有権者の護憲志向を過大評価してきたと、第2章では指摘した。しかしそうはいっても、五〇年代末の日本人は、改憲にそれほど熱心でなくなっていたのも事実で、そうした風潮が改憲派エリートから積極性を失わせた――より「票になる」政策分野は他に存在した――ことは疑いない。

逆に、二〇〇〇年代初頭にエリート層の間で改憲運動が高まりをみせた背景には、九〇年代以来、有権者の間で強まっていた改憲志向があった。自民党は二〇〇五年に本格的な改憲草案を作成したが、そのモティベーションのひとつに、当時の世論の動向があったことは第4章で指摘したとおりである。この時期、小泉首相が提起した首相公選論も、国政への直接的な参加を求める民意への対応という側面があった。自由選挙によって代表を選ぶ民主主義体制をとっている以上、戦後日本の政治家・政党が、世論と無関係に行動することはありえないのである。

もっとも歴史を振り返れば、政権中枢が世論に逆らうかたちで憲法問題を争点化させたこともたしかにあった。一九九〇年代初頭に自民党政権は、従来の九条解釈の枠を実質的に超えて自衛隊の海外派遣を実施したが、当時、国民の間でそれを受け入れる素地ができていたわけではなかった。国民の大勢は、九条改正はもちろんのこと、自衛隊の海外派遣に対しても、強い抵抗感を示していたのである。このとき政府周辺が安保政策の転換を目指したのは、国際環境の変化に対応するためであって、世論の求めに応じるためではなかった。

こんにち、国連平和維持（ＰＫＯ）活動に自衛隊を派遣することについて、国民の多くは現行憲法の枠内で可能だと考えているし、肯定的に捉えてもいる。しかしそれは、政府が主導した自衛隊の海外派遣に対し、世論があとから「ついてきた」結果である。一九九〇年代に自民党から派生した新党は総じて軍事的な国際貢献に積極的であったし、村山富市政権の誕生をきっかけに社会党すら自衛隊のＰＫＯ参加を承認することになった。こうして九〇年代半ばには、自衛隊の海外派遣という問題は、有力政党の間で合意が取れるようになり、この論点に関する憲法論議は事実上収束したのである。有権者の多くも、エリート層におけるこうした憲法論争の変化に反応し、意見を柔軟に変えてきた。九〇年代後半になると、国際貢献のために必要ということであれば、改憲にさえ賛成という有権者が多数となっている。

つまり、世論には、エリート間の論争によって形作られる側面もあるのである。そのメカニズムについて本書では、個人レベルのデータ分析を通して検討を行った。有権者の憲法に関する意見は、情報環境——各人を取り囲む、憲法問題に関連する情報、メッセージの総体——に影響される。情報環境は、エリート間での憲法論議や国内外の客観情勢に関する報道をマスメディアが行うことによって形成される。新たな情報環境に接した有権者は、それに合わせて憲法に関する意見を修正する可能性が高まる。個々人の意見の動きには説明困難な部分が残るにしても、それらを合算して集計すればそうした「誤差」部分は相殺されていく。このようにして、個人の意見の集合体である世論は、情報環境の変化に対応したものとして理解できるようになる。

世論の変動は、無軌道なものではなく、各時代のエリート論争のあり方に応じたものとして我々は説明することができる。このことをもって、世論には一定の「合理性」があると評価してよいだろうと第6章で述べた。しかし、エリート層の論争によって世論が形作られることに対し、有権者が「エリートの意見を参考にしている」とみるか、「エリートの意見に流されている」——より露骨に言えば、「操られている」——とみるかは、本来、評価の難しいところである。

とくに懸念されるのは、特定の政治勢力によって情報統制が行われ、自身に都合のよい（捏造を含む）メッセージばかりが国民に流布されるような状況である。[3] 例えば、ときの政府が自由に情報環境を作り上げ、国民の意見を完全に誘導できるとすれば、政府に対する民主的な統制は実質的には存在しないも同然となる。こうした事態を避けるには、それぞれの政治勢力に情報発信の機会を開き、そこから発信されたメッセージが国民にきちんと伝えられる環境を整えることがきわめて重要である。ロバート・ダールも指摘するように、市民が得る情報源の多様性、結社の自由、表現・報道の自由といった条件が、政治体制の基本制度として埋め込まれていることが、何より大事な民主主義の条件ということになる（ダール 2001:116-117）。

　戦後日本は、比較政治学的にみて、疑う余地のない自由社会であり、きわめて高度な水準の民主主義的制度を備えている[4]。情報発信の機会という面での政治勢力間の均衡は、少なくとも制度上は高度に保証された社会であるといっていい。「大本営発表」のような強力な情報統制は、戦後憲法のもとではほとんど不可能であり、政府が世論を思い通りに誘導することは困難である。自主憲法制定を党是とする政党が、これまで半世紀以上にわたり政権の座に就いていたのである。政権が世論を自由に誘導できたとすれば、とうの昔に現憲法は廃棄されていたはずであろう。他方で戦後の日本人は、非武装中立論のような対抗エリート（革新政党）の主張に対して賛意を表したわけでもなかった。改憲派エリートは、メディア報道に護憲寄りのバイアスが強すぎると批判的に捉えがちであるが、これもまた一面的なものの見方である。

　以上の意味において有権者は、エリートの議論から一定の自律性を備えていると言えるだろう。日本人の憲法観はけっして不変ではない。だからといって、無軌道に動いているわけでもなければ、特定の党派勢力のメッセージに誘導されつづけているわけでもない。そうした意味で世論は、バランスがとれた、十分に「合理的」な存在であると言ってよい。

「継続性」と「具体性」のある世論調査を

有権者の意思を把握する手段として、世論調査はじつに不備の多い方法である。しかし現状では、これに代わる技術は存在しておらず、今後も我々は世論調査と向き合っていかざるをえない。願わくは今後、憲法論議の建設的な発展のためにも、世論の解釈により役立つ調査が多くなされることを期待したい。

本書では膨大な数の世論調査を検討してきたが、そのことを通じて、事後的にみて役に立つ調査とそうでないものがあるということが分かった。では、長期的にみて役立つ調査とはどのようなものか。筆者のみるところ、日本人の憲法観を辿りなおすうえで有用だった調査には、「継続性」と「具体性」という二つの要素が備わっていた。

まず「継続性」とは、過去に行われた調査の方法をどれだけ踏襲しているかという点にかかわる。ここでいう「調査の方法」には、質問文や選択肢の文言だけでなく、調査の回収方法やサン

3――アメリカの世論に関して、Page and Shapiro（1992: Chap. 10）も、同様の観点から検討を行っている。
4――こんにち、フリーダム・ハウス（Freedom House）やポリティ・プロジェクト（Polity Project）といった団体によって、世界各国の「民主主義度」の測定が行われている。こうした外部評価において、戦後日本はほぼ最高ランクの民主主義国に分類されるのが常である。

プルの抽出方法、質問順序など、あらゆる面が含まれる。似た趣旨の質問であっても、調査方法の違いによって回答結果が変わることは往々にしてある。回答者たちは、微妙な方法の違いにも敏感に反応するのである。したがって、回答結果を時系列に沿って比較する場合には、(可能な限り)同じ方法の質問どうしで行うことが原則ということになる。継続性を備えた調査は、世論の推移を追ううえで有用性が高いのである。

本書で憲法意識に関する時系列比較を行った際に、特定の機関の調査にばかり依拠する場合があった。これは、その機関の調査結果が本書の論旨にかなうものであったからではなく、方法における一貫性が相対的に高かったからである。いくら数多く質問を聞いていても、方法を頻繁に変えているような調査主体のデータは利用の仕方が難しい。少なくとも世論の時間的な推移の把握を目的とするのであれば、調査機関はこれまでに行ってきた質問の方法を理由なく変更すべきではない。

世論の解釈に有用な調査が備える第二の性質は、「具体性」である。具体性の乏しい質問の結果を解釈することは難しい。九条改正質問をとってみると、一九八〇年代までは「正式の軍隊を持つための改憲に賛成か」と直截に問う形式が標準的であった。この結果の解釈はそれほど難しくはない。ところが、二〇〇〇年代以降の九条改正質問では「どの点をどのように」という部分が曖昧にされ、一般論として同条の改正に賛成か否かを聞くことが増えている。このような「総論的九条改正質問」の場合、賛成の回答であっても、九条のどのような改正を望んでいるのか、自衛権明記なのか国防軍設置なのか、九条全面削除を期待しているのか、まったく区別がつけられない。区別がつかなければ、この調査結果から何をくみ取ればよいのか、解釈が定まらなくなる。[5]

この観点からすると、憲法意識調査のなかでもとくに長い歴史を持ち、こんにちでも最も頻繁に参照される、「憲法改正に賛成か」と一般的に問う質問（一般改正質問）は望ましい形式とはとてもいえない。この質問を九条改正質問とみなして解釈されることも多いが、それが適切でないことは本書のなかで繰り返し説明してきた。二〇〇〇年代には一般改正質問に対し九条問題に引きつけて答える人が増えていると第4章では結論づけた。しかしだからといって、近年でも回答者の大半が九条のみを想起してこの質問に答えているとは到底いえない。九条改正派の有権者が、一般改正質問で測定した改憲派よりも総じて少ないことは、多くの九条関連質問の結果から明らかである。

一般改正質問の「一般性」の高さ、言い換えれば内容の曖昧さ、不明確さは異様といえるほどである。「死刑廃止に賛成か」という質問はありえても、「刑法改正に賛成か」という質問がなされることはけっしてないことを考えれば、この異様さはお分かりいただけよう。そもそも、どの

5――実際には、恣意的な「解釈」が往々にして提示されるが、これは質問文の内容以上に憂慮すべき問題である。

ような経緯で、こうした曖昧な質問が標準的に用いられるようになったのか。この種の質問が最初になされたのは、一九五〇年代初頭の主権回復期である。当時、占領下で制定された憲法の正統性について疑問視する声が少なくなかった。五〇年代の改憲論議では、個別の条項の是非を問う以前に、日本国憲法の全面改正、自主憲法制定の是非が問われたのである。一般改正質問は、こうした政治状況・社会的風潮のなかで、憲法全面改正の是非を有権者に問うために始められたと考えられる。当時においては、一般改正質問の意図はその意味で明確であった。

ところが一九六〇年代以降になると、憲法全面改正論はエリート層の間ですら後退するようになり、論点として取り上げられること自体が少なくなっていく。にもかかわらず調査機関は、おそらく惰性で一般改正質問を使いつづけ、いつしか当初の意図も忘れられることになった。こんにちでは、回答者だけでなく調査をする側も、この質問を（「憲法を全面的に入れ替えるべきか」ではなく）「憲法をどこか一カ所でも変えるべきか」を問うものとして理解しているに違いない。

同じ形式の質問を継続して用いることは、先に述べたように一般論としては望ましいことである。しかし、憲法全面改正論がほとんど現実味を失って以降、一般改正質問はもはや「大雑把なだけの質問」と化しており、このため調査結果の解釈がきわめて困難になっている。方法の継続は重要とはいえ、回答結果の解釈が困難なのは致命的な欠点であり、こんにちにあって、一般改正質問を設ける意味はじつのところ大きくないと言わなければならない。

改憲の是非について調査したいのであれば、「何条を」という点はもちろん、「どのように」変えるのかまで具体的に質問文に盛り込むべきである。結果が解釈しやすいという意味で最も望ましい形式は、「改正案となる条文を具体的に掲げてその賛否を問う」ものである。例えば、自民党の改憲草案における九条案の是非を聞きたいのであれば、この改正案の文面をそのまま掲げ、それに対する賛否を聞くことである。この形式が最も回答結果の解釈に恣意性が混じりにくく、他の調査との比較も行いやすい。要するに、最終的な改憲国民投票にどれだけ近い形式で意見を問うているかが、調査の有用性を決めるひとつの基準になるだろう。

改憲発議の条件

二〇一六年七月に参院選が行われ、国会では衆参両院で改憲容認勢力が全議席の三分の二を超えることになった。改憲発議に向けた環境は、エリート層についていえば、一九五〇年代以来、最も整った状況にあるとみてよい。今後、発議の手続きが実際に進められるかどうかは、世論の動向をにらんでの判断となってくるだろう。改憲派エリートにとっては、発議に踏み込むのであれば、国民投票での否決という事態は絶対に避けなければならない。二〇一六年にイギリスのキャメロン政権がEU離脱の是非を問う国民投票で犯したような、世論の読み違えは許されないのである。

つまりは今後、改憲発議の可否を実質的に決めるのは、世論調査の結果だということになる。精度の高い調査によって、世論の安定的かつ明確な賛成多数が示されたとき、その改正案について国会発議する条件が整ったと改憲派エリートはみなすであろう。[6]「世論の安定的かつ明確な賛成多数」が期待できる改憲論点とはどのようなものか。本書で得た知見をふまえれば、エリート層の間で議論が十分に尽くされており、その結果として幅広い合意が形成されていることが、まず前提となってくる。エリート層での憲法論争と世論のあり方は、少なくとも長期的には連動する。改憲について、エリート間で幅広いコンセンサスがあり、そこでの論議がきちんと伝えられていけば、国民の間でも、その改正論点に対する賛成の声は広がっていくだろう。

まずはエリート層の間で熟議を尽くし、合意形成に努めること、またその議論の過程を可視化し、多様なメディアを通じて、国民に十分な情報が提供されること。月並みではあるが、改憲発議までに求められるのは、こうしたプロセスである。このうちいずれかの条件が欠けたまま発議に持ち込まれた場合、国民投票の審判がどのようなものであれ、深刻な混乱と分断が、この国の政治・社会にもたらされかねない。そうではなく、先に示したプロセスを着実にふんで発議が行われたならば、世論はおのずと改正案を受け入れ、新しい憲法にも正統性を認めることであろう。

6――ここでの世論調査の精度は、今後の日本政治のあり方にまで影響を与えかねない。調査方法を洗練させることは社会的にきわめて重要な意義を持っているといえよう。

付録　世論調査データの収集方法

本書の執筆にあたり、戦後の全期間にわたる憲法意識調査のデータ収集を行った。その具体的な方法について記録を残しておきたい。

まずデータ収集の対象とした調査主体であるが、朝日新聞、毎日新聞、読売新聞、日本放送協会（NHK）、時事通信社、政府の六機関とした。これらの機関は、比較的信頼性の高い全国調査を戦後の早い時期から行ってきている。また以下で具体的に述べるように、過去の調査に関する情報を追跡しやすいという特徴がある。

検討対象に含めなかった調査機関には、このいずれかの条件が欠けている。そのなかで重要な調査主体は（NHKを除く）テレビ局である。放送メディアの調査は、過去にさかのぼってその情報を追跡することが容易ではない。NHKに関しては、附属研究所（NHK放送文化研究所）が機関誌等で定期的に調査情報を提供しており、貴重な例外である。

データ収集の対象期間は、一九四五年から二〇一六年までである。当然のことながら、古い時期の調査ほど、その追跡には困難がともなう。今日では世論調査の結果を公表する場合、具体的な質問文や選択肢はもちろん、メタデータと呼ばれる調査実施方法（調査時期、標本抽出方法、標本サイズ、回収率など）の詳細を記すことが標準的な作法となっている。しかし古い時期の調査報告では、メタデータはおろか、質問文すら具体的に示されないことも珍しくない。なるべく多くの情報ソースを参照することで欠落を補っていくことを試みたが、それでも戦後初期の調査では、（憲法関連質問があること自体は判明しているものの）方法の詳細が不明なものが若干ながら残された。ただし、憲法関連質問の完全な「取り逃がし」に関しては、戦後全期間にわたり（むろんゼロではないにせよ）きわめて少ないと自負している。この点が満たされるよう配慮して、六調査機関を検討対象としたのである。

つぎに、収集対象とした質問の、具体的な内容について説明したい。今回、収集に際して用いた基準は、「質問文に「憲法」という語が含まれる」というものである。厳密には「合憲」「違憲」「改憲」など、「憲法」に類した語があれば収集の対象とした。ただし、日本国憲法以外の憲法に関する質問は（そのような例は実際にはほとんど存在しないが）当然ながら除外する。

もうひとつ重要な除外対象は、「標本全体に対して聞いていない質問」である。例えば、直前の質問で特定の回答をした人に対してのみ、憲法関連質問を行うといったことは往々にしてある。「憲法に関心があるか」とまず問い、関心があると答えた人にのみ、「憲法改正に賛成か」と問うような場合である。この例では前問の「憲法に関心があるか」は収集対象となり、後問の「憲法改正に賛成か」は対象とならない。本書では基本的に有権者全体における意見の分布に関心があるので、標本の一部にしか聞かない質問は、扱いが難しいとの判断からである。同じ理由から、調査自体が日本の有権者全体を対象にしていない（特定の地域や年齢層のみを対象としている）場合は、上記の条件が満たされていたとしても収集対象にしていない。

なお、「憲法」という語が質問文には含まれないが選択肢には含まれている、という質問はかなりの数存在する。例えば、「今回の選挙で投票時に考慮した政策争点は何か」といった質問の選択肢に、しばしば「憲法改正問題」が含まれている。今回はこうした質問は最初から検討の対象にしていない。その理由は、もっぱら筆者の作業量の節約にある。

具体的な情報ソースについて以下、調査主体ごとに説明していきたい。六主体全体をカバーするものとしては、ＮＨＫ放送世論研究所が出版した『図説 戦後世論史』（初版一九七五年、第二版一九八二年）が――一九八〇年代初頭までについてであるが――、きわめて有用であった。

朝日新聞――同紙の記事データベース「聞蔵《きくぞう》Ⅱ」を利用した。また朝日新聞出版が発行する『**Journalism**［ジャーナリズム］』誌（およびその前身『朝日総研リポート』）には新聞紙面以上に詳細な情報が掲載されており、全号を参照した。朝日新聞社世論調査室編『テーマ別に見た全国世論調査一覧：民意五〇年の流れ 一九四六-一九九五年調査』（一九九六年）も、とりわけ古い時期に関して重要な情報源となった。

毎日新聞――世論調査の網羅的な収集は、毎日新聞が最も容易である。同紙が戦後に行った調査の情報はすべて、データベース「毎索《まいさく》」の「毎日ヨロンサーチ」を用いて収集できる。

読売新聞――同紙の記事データベース「ヨミダス歴史館」を利用した。

日本放送協会（ＮＨＫ）――基本的にはＮＨＫ放送文化研究所が発行する『放送研究と調査』（およびその前身『文研月報』）各号を参照した。同研究所の編集による『ＮＨＫ世論調査資料集：資料と分析』各集や『現代日本人の意識構造［第八版］』（二〇一五年）にも憲法意識調査に関する情報がある。なおＮＨＫのデータセットに関しては、放送文化研究所に協力を要請し、その内容の確認と補足をいただいている。

時事通信社――同社が毎月一回発行している『時事世論調査特報』の全号を参照した。終戦直後の調査については、吉田裕・川島高峰監修『時事通信占領期世論調査』（全一〇巻、一九九四年）が貴重な情報を提供している。

政府――政府が戦後実施した調査に関する情報は、内閣府大臣官房政府広報室によりインターネット上で公開されている（http://survey.gov-online.go.jp/）。

個票データの出所

本書では以上六機関の世論調査の集計結果を収集したほか、憲法関連調査に関する公開個票データ（集計結果ではなく、個々人の回答結果そのもののデータ）を入手し、随所で分析に利用した。読者の便宜を図るため、それぞれの調査の出所をまとめておく（それぞれ、調査名、調査主体、調査時期、入手先の順で掲示）。

政治意識1958年調査——京都大学人文科学研究所、1958年、SSJデータアーカイブ*

Japanese National Election Study, 1967——University of Michigan, Center for Japanese Studies、1967年、ICPSR**・ICPSR国内利用協議会

時事月例調査——中央調査社、1970年、SSJデータアーカイブ

変動する日本人の選挙行動（JESⅡ）——蒲島郁夫・綿貫譲治・三宅一郎・小林良彰・池田謙一、1993〜96年、レヴァイアサン・データバンク

21世紀初頭の投票行動の全国的・時系列的調査研究（JESⅢ）——JESⅢ研究会（池田謙一・小林良彰・平野浩）、2001〜05年、SSJデータアーカイブ

変動期における投票行動の全国的・時系列的調査研究（JESⅣ）——JESⅣ研究会（平野浩・小林良彰・池田謙一・山田真裕）、2007〜11年、SSJデータアーカイブ

東京大学谷口研究室・朝日新聞社共同有権者調査——東京大学蒲島・谷口両研究室および朝日新聞社、2003年〜、東京大学谷口将紀研究室（http://www.masaki.j.utokyo.ac.jp/utas/utasindex.html）

*東京大学社会科学研究所附属社会調査・データアーカイブ研究センターSSJデータアーカイブ

**The Inter-university Consortium for Political and Social Research

筆者は大学時代、法学部生であった以上、日本国憲法に関する授業を必修課目として受講したはずである。しかしその講義の（内容はおろか）風景というものは、本当にまったく記憶に残っていない。べつに憲法学をとくに舐めていたというのではなく、今でいう「意識の低い」学生の典型であった筆者は、大学そのものにほとんど行かず、ただ毎日遊び呆けていたのである。

学部二年生のとき、蒲島郁夫教授（現熊本県知事）による「政治過程論」という講義があった。この授業は少し聞いてみて、面白味があるように感じた。政治現象を数量データの分析により解明するという学問分野が存在すること自体、このとき初めて知り、関心を持った。結局この講義には、半数以上もの回に出席したはずである。そのまま気がつけば、筆者はこの分野の研究者を志すようになり、そのように決めた結果、法律からは一層遠ざかることになった。こうして筆者は、「六法」すら一度も買わずに法学部を卒業した。

そのような人間が、憲法に関する本を書こうとは、不遜もよいところである。しかし逆に、法律畑の人間でないからこそ書ける、憲法に関する本というものもあるだろう。政治学者もまた、目下の改憲論議に対し、何らかの提言を政治学者独自の観点からなすべきではないか。そのように思い至り、蛮勇を奮う決心をした。

実際、実証研究者として、憲法問題に踏み込むことは勇気のいる行為だといっていい。憲法問題は、戦後政治における最重要争点といえるもので、これに言及することなしに日本政治について語ることはまず不可能である。一方で、それがゆえにこの争点は、現在進行形の政治問題に直結しており、学問の対象とするにはあまりに「生臭い」のである。

実際、本書を書き上げるうえでも、戦後初期に関する部分は気軽に書けたのに対し、現在に近づくにしたがって悩むことが増えた。筆者自身にも改憲問題への個人的スタンスというものは当然あるわけだが、それが記述を歪めるのではないかという危惧をしばしば持った。この本は「憲法をどうみるべきか」に関するものではない。そうである以上、筆者自身の価値判断はなるべく抑えながら、冷静にデータと向き合わねばならない。そうした姿勢がはたして貫けたか、読者の判断を待つことにしたい。

本書が完成に至るまで、多くの人の助力と導きがあった。まず、筆者の勤務先である首都大学東京都市教養学部法学系の同僚連、とくに政治学系のスタッフに感謝したい。このように恵まれた研究環境が与えられていなければ、このタイミングで本が仕上がることはなかったろう。

本書の内容の一部は、これまでいくつかの研究会で発表され、同業者からのフィードバックを得ている。個別の名を挙げるときりがないが、複数の機会に詳細なコメントをいただいた、前田幸男東京大学教授にとくに謝意を表したい。

本プロジェクトの核をなす、世論調査データの収集については、二〇一六年度（前期）境家ゼミのメンバー、大原文、小林伸樹、鈴木陸、髙井宏恵、田口恵都、森雄太の尽力を得た。ＮＨＫのデータに関しては、ＮＨＫ放送文化研究所の荒牧央氏にもご協力を賜った。

本書の出版は偶然の重なりで可能となった。調布であの日、筑摩書房の石島裕之氏と偶然相席しなければ、このプロジェクトが実現されることはなかったに違いない。石島氏は本企画の「押し売り」を快く受け入れただけでなく、完成に向けて筆者を丁寧に導いてくれた。

最後に、家族に向けて書くことを許されたい。出版物というものは公共物であり、とくに本書は公共性の高いテーマを扱うものであるから私事はけっして書くまい、と原稿執筆中には生意気にも考えていた。しかしこうして実際に「あとがき」の最後まで進んでみると、やはりこれを書かずにはオチがつかないことがわかった。この仕事に専念できる環境を作ってくれた妻と二人の娘に改めて感謝したい。

二〇一七年九月　残暑厳しい南大沢の研究室にて

境家 史郎

参考文献一覧

雨宮昭一『占領と改革』岩波新書、二〇〇八年。

荒牧央／政木みき「賛否が拮抗する憲法改正──NHK放送文化研究所編「憲法に関する意識調査」から」『放送研究と調査』二〇一五年七月号、NHK出版、三八─五三頁、二〇一五年。

飯田健／松林哲也／大村華子『政治行動論──有権者は政治を変えられるのか』有斐閣、二〇一五年。

五百旗頭真編『戦後日本外交史〔第3版補訂版〕』有斐閣、二〇一四年。

池田謙一『コミュニケーション』東京大学出版会、二〇〇〇年。

石川真澄／山口二郎『戦後政治史　第三版』岩波新書、二〇一〇年。

稲増一憲『政治を語るフレーム──乖離する有権者、政治家、メディア』東京大学出版会、二〇一五年。

今村誠次『世論調査の基礎知識』国民図書刊行会、一九五一年。

内田健三『戦後日本の保守政治──政治記者の証言』岩波新書、一九六九年。

NHK放送世論調査所編『図説　戦後世論史〔第2版〕』日本放送出版協会、一九八二年。

遠藤晶久／ウィリー・ジョウ「若者にとっての「保守」と「革新」──世代で異なる政党間対立」『アステイオン』八〇号、阪急コミュニケーションズ、一四九─一六八頁、二〇一四年。

大嶽秀夫『再軍備とナショナリズム──保守、リベラル、社会民主主義者の防衛観』中公新書、一九八八年。

──『日本政治の対立軸──93年以降の政界再編の中で』中公新書、一九九九年。

──『日本型ポピュリズム──政治への期待と幻滅』中公新書、二〇〇三年。

──『小泉純一郎　ポピュリズムの研究──その戦略と手法』東洋経済新報社、二〇〇六年。

岡田直之『世論の政治社会学』東京大学出版会、二〇〇一年。

鹿毛利枝子「憲法改正をめぐる世論」新川敏光編『現代日本政治の争点』法律文化社、第七章、二〇一三年。

梶居佳広「1950年代改憲論と新聞論説（1952─1957年）：地方紙を中心に」立命館大学法学会編『立命館法学』二〇一二年三─四号、二〇一二年。

加藤淳子・境家史郎・山本健太郎編『政治学の方法』有斐閣、二〇一四年。

加藤典洋『戦後入門』ちくま新書、二〇一五年。

蒲島郁夫『政治参加』東京大学出版会、一九八八年。

――『戦後政治の軌跡――自民党システムの形成と変容』岩波書店、二〇一四年。

蒲島郁夫／竹下俊郎／芹川洋一『メディアと政治』有斐閣、二〇〇七年。

蒲島郁夫／竹中佳彦『現代日本人のイデオロギー』東京大学出版会、一九九六年。

――『イデオロギー』東京大学出版会、二〇一二年。

川島高峰「解説」吉田裕／川島高峰監修『時事通信占領期世論調査　第1巻』大空社、一―九頁、一九九四年。

――「戦後世論調査事始――占領軍の情報政策と日本政府の調査機関」『メディア史研究』第二号、ゆまに書房、四九―六五頁、一九九五年。

川本俊三「憲法施行60年、変わらぬ世論と変化した世論」『朝日総研リポートＡＩＲ21』二〇〇七年六月号、朝日新聞社総合研究本部、二〇〇七年。

岸信介／矢次一夫／伊藤隆『岸信介の回想』文藝春秋、二〇一四年。

高坂正堯『宰相 吉田茂』中公クラシックス、二〇〇六年。

河野康子『戦後と高度成長の終焉』講談社学術文庫、二〇一〇年。

古関彰一「日本国憲法制定の過程をどう見るか」歴史教育者協議会編『日本国憲法を国民はどう迎えたか』高文研、一一―三九頁、一九九七年。

――『日本国憲法の誕生』岩波現代文庫、二〇〇九年。

小林直樹『日本における憲法動態の分析』岩波書店、一九六三年。

小林直樹編『日本人の憲法意識』東京大学出版会、一九六八年。

境家史郎『政治的情報と選挙過程』木鐸社、二〇〇六年。

――「戦後日本人の政治参加――「投票参加の平等性」論を再考する」日本政治学会編『年報政治学』２０１３―Ⅰ、木鐸社、二三六―二五五頁、二〇一三年。

佐々木毅編著『政治改革１８００日の真実』講談社、一九九九年。

佐藤郁哉『社会調査の考え方　上』東京大学出版会、二〇一五年。

佐藤功「憲法改正論の系譜と現状」『ジュリスト』No.638、有斐閣、四四―五六頁、一九七七年。

佐藤卓己『輿論と世論――日本的民意の系譜学』新潮選書、二〇〇八年。

菅原琢『世論の曲解――なぜ自民党は大敗したのか』光文社新書、二〇〇九年。

鈴木昭典『日本国憲法を生んだ密室の九日間』創元社、一九九五年。

善教将大『日本における政治への信頼と不信』木鐸社、二〇一三年。

総務省選挙部「目で見る投票率」二〇一七年（http://www.soumu.go.jp/main_content/000365958.pdf）。

ダール、R・A（中村孝文訳）『デモクラシーとは何か』岩波書店、二〇〇一年。

高木智章「憲法記念日の言説分析」日本マス・コミュニケーション学会・二〇一三年度秋季研究発表会・研究発表論文、二〇一三年。

高柳賢三『天皇・憲法第九條』有紀書房、一九六三年。

谷岡一郎『「社会調査」のウソ――リサーチ・リテラシーのすすめ』文春新書、二〇〇〇年。

辻村みよ子『比較のなかの改憲論――日本国憲法の位置』岩波新書、二〇一四年。

東大法・蒲島郁夫ゼミ編『「新党」全記録　第1巻』木鐸社、一九九八年。

中北浩爾『自民党政治の変容』NHK出版、二〇一四年。

中曽根康弘『自主憲法の基本的性格――憲法擁護論の誤りを衝く』憲法調査会、一九五五年。

中村政則『戦後史』岩波新書、二〇〇五年。

服部龍二『中曽根康弘――「大統領的首相」の軌跡』中公新書、二〇一五年。

原彬久『戦後史のなかの日本社会党――その理想主義とは何であったのか』中公新書、二〇〇〇年。

半谷高雄「「憲法問題」に対する新聞論調の変遷」『新聞研究』一九六四年七月号、日本新聞協会、四〇―四五頁、一九六四年。

前田幸男「世論調査と政治過程――調査方法の変化との関係を中心に」日本政治学会編『年報政治学』2013―I、木鐸社、二一五―二三五頁、二〇一三年。

牧原出『権力移行――何が政治を安定させるのか』NHK出版、二〇一三年。

――『「安倍一強」の謎』朝日新書、二〇一六年。

舛添要一『憲法改正のオモテとウラ』講談社現代新書、二〇一四年。

待鳥聡史『首相政治の制度分析――現代日本政治の権力基盤形成』千倉書房、二〇一二年。

――『代議制民主主義――「民意」と「政治家」を問い直す』中公新書、二〇一五年。

松田なつ「ジェンダーと投票行動」山田真裕／飯田健編著『投票行動研究のフロンティア』おうふう、第二章、二〇〇九年。

松本正生『「世論調査」のゆくえ』中央公論新社、二〇〇三年。

御厨貴／伊藤隆／飯尾潤『渡邉恒雄回顧録』中公文庫、二〇〇七年。

三宅一郎『投票行動』東京大学出版会、一九八九年。

ミルブレイス、L・W（内山秀夫訳）『政治参加の心理と行動』早稲田大学出版部、一九七六年。

森裕城『日本社会党の研究――路線転換の政治過程』木鐸社、二〇〇一年。

薬師寺克行『現代日本政治史――政治改革と政権交代』有斐閣、二〇一四年。

山岡規雄／井田敦彦「諸外国における戦後の憲法改正（第5版）」『調査と情報―ISSUE BRIEF―』№932、国立国会図書館調査及び立法考査局、二〇一七年。

吉川洋『高度成長――日本を変えた六〇〇〇日』中公文庫、二〇一二年。

読売新聞社編・西修資料監修『憲法 21世紀に向けて――読売改正試案・解説・資料』読売新聞社、一九九四年。

読売新聞社世論調査部編『日本の世論』弘文堂、二〇〇二年。

和田進「経済大国化と国民意識の変貌」渡辺治／三輪隆／和田進／浦田一郎／森英樹／浦部法穂『「憲法改正」批判』第三章、労働旬報社、一九九四年。

渡辺治『日本国憲法「改正」史』日本評論社、一九八七年。

――『政治改革と憲法改正――中曽根康弘から小沢一郎へ』青木書店、一九九四年。

――『増補 憲法「改正」――軍事大国化・構造改革から改憲へ』旬報社、二〇〇五年。

渡辺治編著『憲法改正問題資料 全二巻』旬報社、二〇一五年。

綿貫譲治『日本政治の分析視角』中央公論社、一九七六年。

綿貫譲治／三宅一郎『環境変動と態度変容』木鐸社、一九九七年。

Converse, Jean M. 1987. *Survey Research in the United States: Roots and Emergence 1890-1960*. Berkeley: University of California Press.

Converse, Philip E. 1964. "The Nature of Belief Systems in Mass Publics." In *Ideology and Discontent*, ed. David E. Apter. New York: Free Press. Pp. 206-261.

——1970. "Attitudes and Non-attitudes: Continuation of a Dialogue." In *The Quantitative Analysis of Social Problems*, ed. Edward R. Tufte. Reading, MA: Addison-Wesley. Pp. 168-189.

Converse, Philip E. and Roy Pierce. 1986. *Political Representation in France*. Cambridge, MA: Harvard University Press.

Delli Carpini, Michael X., and Scott Keeter. 1996. *What Americans Know about Politics and Why It Matters*. New Haven: Yale University Press.

Fried, Amy. 2012. *Pathways to Polling: Crisis, Cooperation and the Making of Public Opinion Professions*. New York: Routledge.

Hill, Jennifer L., and Hanspeter Kriesi. 2001. "An Extension and Test of Converse's "Black-and-White" Model of Response Stability." *American Political Science Review* 95(2): 397-413.

McElwain, Kenneth Mori, and Christian G. Winkler. 2015. "What's Unique about the Japanese Constitution?: A Comparative and Historical Analysis." *Journal of Japanese Studies* 41(2): 249-280.

Nie, Norman H., and Kristi Andersen. 1974. "Mass Belief Systems Revisited: Political Change and Attitude Structure." *Journal of Politics* 36(3): 540-591.

Page, Benjamin I., and Robert Y. Shapiro. 1992. *The Rational Public*. Chicago: University of Chicago Press.

Schwarz, Norbert. 2008. "The Psychology of Survey Response." In *The SAGE Handbook of Public Opinion Research*, ed. Wolfgang Donsbach and Michael W. Traugott. Los Angeles, CA: SAGE Publications. Pp. 374-387.

Zaller, John R. 1992. *The Nature and Origins of Mass Opinion*. New York: Cambridge University Press.

境家史郎（さかいや・しろう）

一九七八年、大阪府生まれ。二〇〇二年、東京大学法学部卒業。二〇〇四年、東京大学大学院法学政治学研究科修士課程修了。二〇〇六年、カリフォルニア大学バークレー校修士号（政治学）取得。二〇〇八年、東京大学博士（法学）取得。日本政治論、政治過程論を専攻。東京大学社会科学研究所准教授等を経て、現在、首都大学東京准教授。著書に『政治的情報と選挙過程』（木鐸社）、『政治学の方法』（有斐閣、共著）などがある。

筑摩選書 0150

憲法《けんぽう》と世論《よろん》　戦後《せんご》日本人《にほんじん》は憲法《けんぽう》とどう向《む》き合《あ》ってきたのか

二〇一七年一〇月一五日　初版第一刷発行

著　者　境家《さかいや》史郎《しろう》

発行者　山野浩一

発行所　株式会社筑摩書房

東京都台東区蔵前二-五-三　郵便番号　一一一-八七五五

振替　〇〇一六〇-八-四一二三

装幀者　神田昇和

印刷 製本　中央精版印刷株式会社

本書をコピー、スキャニング等の方法により無許諾で複製することは、法令に規定された場合を除いて禁止されています。請負業者等の第三者によるデジタル化は一切認められていませんので、ご注意ください。

乱丁・落丁本の場合は左記宛にご送付ください。送料小社負担でお取り替えいたします。ご注文、お問い合わせも左記へお願いいたします。

筑摩書房サービスセンター
さいたま市北区櫛引町二-六〇四　〒三三一-八五〇七　電話　〇四八-六五一-〇〇五三

©Sakaiya Shiro 2017 Printed in Japan ISBN978-4-480-01656-0 C0331

筑摩選書 0054

世界正義論

井上達夫

超大国による「正義」の濫用、世界的な規模で広がりゆく貧富の格差……。こうした中にあって「グローバルな正義」の可能性を原理的に追究する政治哲学の書。

筑摩選書 0070

社会心理学講義
〈閉ざされた社会〉と〈開かれた社会〉

小坂井敏晶

社会心理学とはどのような学問なのか。本書では、社会を支える「同一性と変化」の原理を軸にこの学の発想と意義を伝える。人間理解への示唆に満ちた渾身の講義。

筑摩選書 0076

民主主義のつくり方

宇野重規

民主主義への不信が募る現代日本。より身近で使い勝手のよいものへと転換するには何が必要なのか。〈プラグマティズム〉型民主主義に可能性を見出す希望の書！

筑摩選書 0127

分断社会を終わらせる
「だれもが受益者」という財政戦略

井手英策　古市将人
宮崎雅人

所得・世代・性別・地域間の対立が激化し、分断化が進む現代日本。なぜか？　どうすればいいのか？　「救済」から「必要」へと政治理念の変革を訴える希望の書。

筑摩選書 0133

憲法9条とわれらが日本
未来世代へ手渡す

大澤真幸 編

憲法九条を徹底して考え、戦後日本を鋭く問う。社会学者の編著者が、強靭な思索者たる井上達夫、加藤典洋、中島岳志の諸氏とともに、「これから」を提言する！

筑摩選書 0142

徹底検証　日本の右傾化

塚田穂高 編著

日本会議、ヘイトスピーチ、改憲、草の根保守、「慰安婦報道」……。現代日本の「右傾化」を、ジャーナリストから研究者まで第一級の著者が多角的に検証！